21世纪经济管理新形态教材·工商管理系列

U0369378

运营管理

万涛 ◎ 编著

清华大学出版社
北 京

内 容 简 介

本书介绍了运营战略的竞争策略和价值链集成与整合,产品开发与设计流程规划,运营能力规划与工作设计研究,设施选址与设施布局,供应链管理与库存管理,以及运营活动的计划与控制。重点论述了 ERP 和运营调度的能力提升,项目管理的知识领域和网络计划技术,质量管理与连续改进,精益管理与管理创新。

本书基于新时代背景和系统论的观点使学科前沿动态融入教学研究,能够促进学生对逻辑原理和逻辑问题的理解与探索。本书适合作为工商管理专业本科生和研究生以及相关培训学员的课程教材。

图书在版编目(CIP)数据

运营管理 / 万涛编著. -- 北京:清华大学出版社,
2024.9. --(21 世纪经济管理新形态教材). -- ISBN
978-7-302-67317-0

Ⅰ. F273

中国国家版本馆 CIP 数据核字第 202475SL96 号

责任编辑:张　伟
封面设计:汉风唐韵
责任校对:王荣静
责任印制:刘海龙

出版发行:清华大学出版社
　　　　网　　　址:https://www.tup.com.cn,https://www.wqxuetang.com
　　　　地　　　址:北京清华大学学研大厦 A 座　　　邮　　编:100084
　　　　社 总 机:010-83470000　　　　邮　　购:010-62786544
　　　　投稿与读者服务:010-62776969,c-service@tup.tsinghua.edu.cn
　　　　质量反馈:010-62772015,zhiliang@tup.tsinghua.edu.cn
　　　　课件下载:https://www.tup.com.cn,010-83470332
印 装 者:北京同文印刷有限责任公司
经　　销:全国新华书店
开　　本:185mm×260mm　　印　张:13.25　　　　字　　数:302 千字
版　　次:2024 年 9 月第 1 版　　　　　　　　印　　次:2024 年 9 月第 1 次印刷
定　　价:49.00 元

产品编号:105814-01

前　言

　　运营管理(operation management,OM)带有很强的科学技术色彩,需要使用科学定量的方法对企业运营过程进行衡量和判断。现代企业注重先进生产方式对企业的作用,更加注重服务活动,服务活动的特殊性质决定了其有别于制造活动;更加注重先进生产方式研发,使新的先进生产方式成为企业运营管理的组成部分。我国制造业与服务业取得了长足的进步,但与发达国家相比仍有较大差距,需要年轻一辈继续努力奋斗,树立使命担当意识。

　　本书基于系统论的观点覆盖了运营管理的重要知识点:第一,系统性地梳理了运营管理系统性特征和发展趋势,探讨了运营战略(operations strategy)的竞争策略和价值链集成与整合;第二,讲述了产品开发与设计流程规划,进行了运营能力(operation capability)规划与工作设计研究;第三,论述了设施选址与设施布局,如何进行供应链管理(SCM)与库存管理以及运营活动(operating activities)的计划与控制,重点论述了ERP(enterprise resource planning,企业资源计划)和运营调度的能力提升;第四,讲述了项目管理的知识领域和网络计划技术;第五,探讨了质量管理与连续改进,特别是阐述了服务质量系统运营要素和管理。第六,论述了精益管理与管理创新,基于IE(industrial engineering,工业工程)、TPS(丰田生产体系)和LP(精益生产)探讨了价值管理——全信息化精益管理模式。

　　本书内容全面丰富,课程结构优化合理,系统地探索和凝练新时代背景下企业运营管理与服务创新管理的新机遇、新理论、新方法。本书促使学生学会运用运营管理的新方法与新模型分析解决实际问题。案例题覆盖了各个难度级别,有助于研究生巩固知识和提高思维能力。本书对于重点难点进行突出,有助于研究生快速掌握难点并提高成绩。

　　本书必有许多不足之处,诚望读者指正。

万　涛

2024 年 4 月 16 日

目 录

第 1 章

导　论

京东的运营管理

京东商城是中国最大的电商平台之一,拥有庞大的产品库存和仓储系统。京东建立了高效的仓储网络,在全国范围内建立了多个仓库,覆盖了大部分地区。这样一来,无论顾客在哪个地方下单,都能够尽快地收到商品。同时,京东还根据不同地区的订单量和销售情况,合理规划了仓库的位置和规模,以提高物流效率。京东采用了先进的仓储技术;引入了自动化设备,如机器人、自动分拣系统等,大大提高了仓库的作业效率和准确性。通过使用这些设备,京东能够快速、准确地将商品从仓库中取出并送往物流中心,从而缩短商品的出库时间。京东还实施了严格的库存管理措施,利用先进的仓储管理系统,实时监控商品的库存情况,及时调整订货量和补货计划。京东还根据商品的销售情况和季节性需求,制定了合理的库存预警机制,以确保商品的供应稳定性和销售的连续性。京东还注重仓储运营的人力资源管理,通过培训和激励措施,提高员工的工作效率和专业素质。京东还建立了完善的绩效评估体系,根据员工的表现给予相应的奖励和晋升机会,激发员工的积极性和创造力。京东还实施了严格的质量控制措施,对商品进行严格的品质检验和质量把关,确保每个发出的商品都符合标准。京东还定期进行仓库设施的维护和保养,确保设备的正常运转和安全可靠。京东注重与供应商的合作,与供应商建立了良好的合作关系,共同制订了供应链管理计划。京东与供应商定期沟通,分享销售数据和市场信息,以便供应商根据市场需求及时调整生产和供货计划。京东能够保证商品的及时交付和良好的用户体验。

资料来源:苟晓.新发展格局下智慧物流运营管理研究——以京东物流为例[J].物流工程与管理,2022,44(5):151-153.

1.1 运营管理的基本概念

1.1.1 运营活动

1. 运营活动的概念

运营活动是指活动公司针对不同活动、不同性质的活动进行运营，包含活动策划、活动实施，以及嫁接相关产业打造产业链。运营活动的过程如图 1-1 所示。

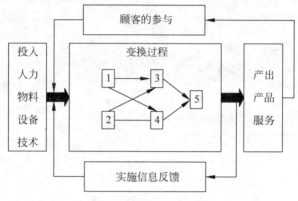

图 1-1 运营活动的过程

2. 运营活动的分类

（1）营销主导型：指其活动以盈利销售为主、品牌宣传为辅而展开的主题运营，主要体现在市场营销策划。

（2）传播主导型：①品牌宣传普及为目的：指以品牌宣传为主、盈利销售为辅的策划。②娱乐政治色彩为目的：指受人的文件指示或人为安排而进行的策划。

（3）混合型：兼备了以上两个类型的特点，既做营销又做传播，属于"鱼和熊掌兼得"型。

1.1.2 运营管理概念及内涵

1. 运营管理的概念

运营管理，是对运营过程（或运营系统）的计划、组织、实施和控制（图 1-2），是与产品生产和服务创造密切相关的各项管理工作的总称。运营管理也可以指对生产和提供公司主要的产品和服务的系统进行设计、运行、评价和改进。

狭义地理解，运营就是拉新、转化、促活、留存。

广义地理解，运营就是更好地连接产品和用户。而连接的前提必须是对企业价值观和产品、用户的深刻理解。

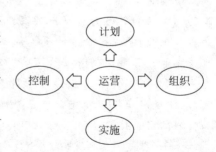

图 1-2 运营系统的概念模型

2. 运营管理的内涵

运营管理是实现社会组织"输入—输出"转换、实现价值增值的过程。运营管理的转换过程包括产品形成、质量形成、成本形成、价值增值等，最终体现出产品性能、质量、价格等产品竞争力相关的信息。首先，企业向客户推荐产品或服务，以满足客户的需求，这属于市场营销。若客户接受公司的产品（或服务），公司需要接待客户、生产产品或服务，并向客户交付，这个过程属于做生产运营。而企业的目的是赚取利润（或其他目标），这就需要核算营销、运营等，以确定是否能够获得利润，这个过程属于财务会计的范畴。具体的工作需要员工执行，需要招聘员工、培训员工、设计薪酬、绩效考评等，这属于人力资源（human resources，HR）的范畴。运营管理的内涵示意图如图 1-3 所示。

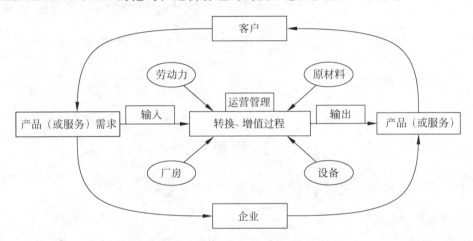

图 1-3　运营管理的内涵示意图

随着服务业的兴起，生产的概念进一步扩展，逐步容纳了非制造的服务业领域，不仅包括有形产品的制造，而且包括无形服务的提供。过去，西方学者把与工厂联系在一起的有形产品的生产称为"production"或"manufacturing"，即生产，而将提供服务的活动称为"operations"，即运营。现在的趋势是将两者均称为"运营"，生产管理也就演化为运营管理。

运营管理的对象是运营过程和运营系统。运营过程是一个投入、转换、产出的过程，是一个劳动过程或价值增值的过程，是运营的第一大对象，运营必须考虑如何对这样的生产运营活动进行计划、组织和控制。运营系统是指上述变换过程得以实现的手段。其构成与变换过程中的物质转换过程和管理过程相对应，包括一个物质系统和一个管理系统。因此，运营管理的内容包括运营计划、组织实施、运营控制三个主要部分。

1.1.3　运营管理的系统性特征

（1）运营系统是指利用运营资源把投入转换成产出的过程，使其价值增值，最后以某种形式的产出提供给社会。运营资源是指企业内部支持运营活动的资源条件，主要由人、财、物和技术等构成，是运营过程的支撑体系。

（2）运营过程中的运营投入，又称待转换资源，主要有原材料、信息和顾客等，运营产出则是企业满足顾客需要的产成品或者服务。一般来说,运营系统中发生的转换过程包括物理过程、位置变化过程、交易过程、存储过程、生理过程和信息过程。

（3）投入和产出的不同就是转换的结果,转换的本质要求是增加价值,即通过运营对运营的投入进行转换的过程必须为企业增加价值。企业中的采购、生产、销售和售后服务与"投入—转换—产出"过程一一对应,即投入系统主要是采购流程,转换系统主要是生产流程,产出系统主要是销售流程和售后服务流程,如图1-4所示。

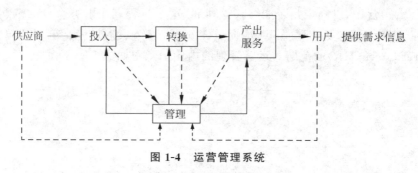

图1-4　运营管理系统

1.2　运营管理概述

1.2.1　运营管理的现状与目标

1. 运营管理的现状

现代运营管理涵盖的范围扩大到运营战略的制定、运营系统设计以及运营系统运行等多个层次的内容,把运营战略、新产品开发、产品设计、采购供应、生产制造、产品配送直至售后服务看作一个完整的"价值链",对其进行集成管理。信息技术(IT)已成为运营管理的重要手段。

"全球化运营"成为现代企业运营的一个重要课题,现在的金融服务业常常把后台的运营部门放到成本较低的区域,运营系统柔性化。在生产运营多样化前提下,努力做好专业化生产运营,实现多样化和专业化的有机统一,现代运营在实践中努力推广柔性运营系统。供应链管理成为运营管理的重要内容。企业开始致力于整个供应链(supply chain)上物流、信息流和资金流的合理化和优化,与供应链上的企业结成联盟,以应对日趋激烈的市场竞争。运营管理是现代企业管理科学中最活跃的一个分支,也是近年来新思想、新理论大量涌现的一个分支。图1-5为数字化使能:运营管理的价值创新。

2. 运营管理的目标

运营管理要控制的主要目标是质量、成本、时间和柔性。信息技术突飞猛进的发展,为运营增添了新的有力手段,也使运营学的研究进入一个新阶段,使其内容更加丰富,范围更加扩大,体系更加完整。可持续运营管理正成为运营管理新的重要研究领域。可持续运营管理的研究经历"从内部运营到外部运营""从正向供应链到逆向供应链""可持续运营研究主题的演变"等发展历程。可持续运营管理未来的研究趋势反映在"正逆向供应链集成""从供应链到价值链"和"经济、环境和社会协同发展"等方面。

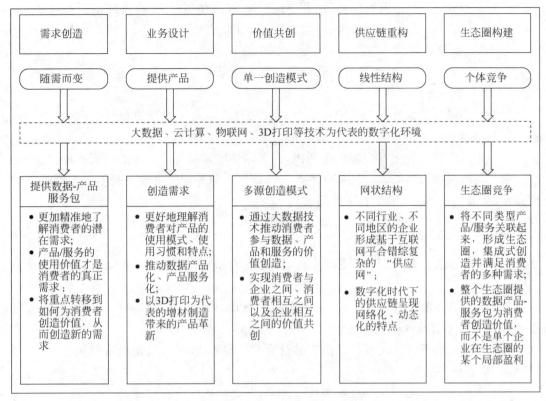

图 1-5 数字化使能：运营管理的价值创新

1.2.2 运营管理的职能范围与决策领域

1. 运营管理的职能范围

(1) 预算管理：依据公司《全面预算暂行规定》和公司战略发展规划,组织编制、审核、汇总公司全面预算,拟订公司年度经营目标,并督导实施。

(2) 运营监控：监控下属公司经济运行,分析偏差,督促改进;建立风险预警机制,防范经营风险。

(3) 业绩考核：依据公司《关于公司部室和企业负责人业绩考核暂行办法》,建立公司部室和企业负责人业绩考核体系,并组织业绩考核。

(4) 成本管理：根据经营目标,审核、拟订成本、费用目标,督导各公司分解、控制;进行成本分析,组织成本考核。

(5) 节能管理：制订节能规划,下达节能指标,开展节能监察;协调做好政府优惠政策和资金争取工作。

(6) 统计管理：编制、审核、汇总(报送)统计报告,发布统计信息;制定统计管理办法,组织统计工作检查和考核。

(7) 供应链管理：整合公司供应链管理,引导发挥公司协同效应,挖掘第三方利润源。

（8）营销管理：拟定营销规划，整合营销资源，发挥协同效应，提升公司营销水平。

（9）价格管理：完善"决策、执行、监督"三权分立定价机制，拟定公司内部关联交易定价办法，并督导实施。

（10）质量管理：推进物资采购和销售产品质量保证体系建设，并组织实施与考核。

2. 运营管理的决策领域

（1）产品设计和服务。例如产品设计通常决定成本的下限和质量的上限，以及对可持续性和所需人力资源的重大影响。

（2）管理质量。确定客户的质量期望，并制定鉴定和实现该质量的政策与程序。

（3）流程和能力战略。确定如何生产产品或服务并管理决定公司基本成本结构的特定技术、质量、人力资源和资本投资。

（4）选址。需要判断是否接近客户、供应商和人才，并考虑成本、基础设施、物流和政府。

（5）设备布置。整合能力需求、人员层次、技术和库存要求，以确保原材料、人员和信息。

（6）人力资源和工作设计。确定如何招聘、激励和留住所需人才和技术人员。人是整个系统设计不可或缺的资源。

（7）供应链管理。决定如何将供应链整合到公司的战略中，包括决定购买什么、从哪里购买、从哪种渠道购买的决策。

（8）库存管理。考虑库存订购和持有决策，并在考虑客户满意度、供应商能力和生产计划的情况下使其最优化。

（9）作业计划。确定并实施周期计划和短期计划，以有效和高效地利用人员和设施，同时满足客户的需求。

（10）设备维护。需要考虑设施容量、生产需求和维持可靠与稳定流程所需人员的决策。

1.2.3　运营管理系统的特殊性

1. 技术性

由信息技术引起的一系列管理模式和管理方法上的变革，成为运营的重要研究内容，计算机辅助设计、计算机辅助制造、计算机集成制造系统、物料需求计划、制造资源计划以及企业资源计划等，在企业运营管理中得到广泛的应用。

2. 全球性

随着全球经济一体化趋势的加剧，全球化运营成为现代企业运营的一个重要课题，因此，全球化运营也越来越成为运营学的一个新热点。

3. 柔性化

生产管理运营的多样化和高效率是相矛盾的，因此，在生产管理运营多样化前提下，努力做好专业化生产管理运营，实现多样化和专业化的有机统一，也是现代运营追求的方向，供应链管理成为运营管理的主要内容，价值链整合管理日趋重要。

1.3　运营管理的基本职能和作用

1.3.1　企业管理的基本职能

（1）运营管理是企业三大主要职能（财务、运营、营销）之一，企业通过运营管理把投入转换成产出。

（2）运营管理除了要考虑基于价格、质量、时间的竞争之外，还要考虑基于服务、柔性和环保的竞争。尤其是在以人为本、全面发展、协调发展、可持续发展等问题日益受到关注的今天，这些因素将显得更加重要。

（3）企业内部的领导分工是否清楚、系统分工是否清楚、部门工作职责是否清楚、岗位员工工作岗位职责是否清楚等是建立企业运营制度和运营流程的基础。

（4）企业内部部门间的配合度、企业内部员工的协作性、企业领导的团结度也是企业运营的重要条件，以上这些因素能够为企业运营提供良好的环境和执行力氛围，也是保证企业内部工作效率提升的重要因素。

（5）企业诚信的服务态度也不可忽略，企业不但对客户有诚信度，还需对员工有人情味。

1.3.2　创造价值与竞争力提升

运营管理在完成目标的过程中是通过各个环节配合来完成的，而其中最核心的环节包括市场、研发、营销、销售和售后，也就是指产品从无到有、从有到售。确定了市场以后，需要研发出具体的产品来解决用户的问题。产品研发出来需要上市，以便让更多的用户了解它的存在。当目标用户知道产品后，尽可能让用户主动购买。用户在拥有产品后，必须保障售后服务，然后根据用户的反馈不断改进产品。总之，每一个环节都有自己特有的目标。解决问题的突破口是必须重新给传统流通企业、零售企业、服务企业定位，把关注点从传递价值转到创造价值上。当然要理解创造价值的含义就必然涉及市场营销更高层次的理论，唯有理解了完整产品的概念，运营管理才能懂得在哪个层面去创造价值。

1. 有效运营和规模经济可以降低生产与分销成本

运营管理中的零库存模式则是通过应用"供应商管理库存"（VMI）模式，卖方为买方建立并管理库存，这种方式可以有效降低买方的库存，甚至能够实现零库存。运用运营管理和全面成本领导战略观念，企业可以通过创新制造流程、提高运作效率、追求原料采购成本优先、降低人工成本、追求规模经济效益、降低产品特殊性能数目、寻找降低生产成本方法、定价低于竞争对手等方法提高企业核心竞争力。

2. 运营管理中的供应链管理可以满足用户个性化、多样化需求

通过运营管理实现差异化的竞争模式。提供具有独特产品特征或高质量的产品、新产品开发，以高端产品市场为目标提供良好的售后服务与支持，提升品牌知名度，提高营销技巧方法创新，加大广告投放力度，进行分销渠道管理，建立和保持企业声誉等。

3. 企业实行集中焦点战略，通过最优运作供应链更好满足细分市场需求

企业实现集中焦点战略可以通过制造/销售特定产品、服务于特定市场领域、专注于

特定市场领域提高运营效率、专注于理解和服务于特定市场领域的需求提高质量等方法。当供应链的运作达到最优时,从采购到满足最终客户的所有过程都达到最低的成本。

4. 订单资格要素和订单赢得要素也是企业竞争的焦点

订单资格要素和订单赢得要素这两种要素处于不断的变化之中,通过竞争,一个时期的赢得要素很快会转变为资格要素,不断创造出新的赢得要素,使企业处于市场的核心地位。企业要把握市场竞争要素,即交货期、一致性质量、快速交货能力、服务、产品稳定性和工作质量等,增强企业自身优势,提升企业核心竞争力。

5. 研发投入驱动企业竞争优势

近年来研发投入驱动企业竞争优势的作用效果越发显著,众多学者开始关注创新投入与企业发展之间的作用机制,考虑到创新活动跨度长等特点,创新投入能带来营利性的提升并提高劳动生产效率,且随着时间推移这种影响作用越来越强。

6. 数字化变革促进企业的市场竞争力

全要素生产率、企业绩效、创新效率、企业价值等变革取得了企业数字化变革的积极效果,在企业实施数字化变革的同时,其他企业也会积极布局数字化转型,数字化变革能显著促进企业的市场竞争力。

1.4　运营管理系统的发展过程

1.4.1　运营管理学的发展过程

运营管理学是指在企业中负责管理和优化运营活动的一系列管理方法和工具。

1. 运营管理学的起源

运营管理学可以追溯到 19 世纪末 20 世纪初的美国。当时,工业化进程快速推进,企业面临诸多管理问题,如生产效率低下、产品质量不稳定等。弗雷德里克·泰勒(Frederick Taylor)被视为运营管理学学科的奠基人,所提出的科学管理理念强调通过科学方法来分析和优化工作流程,以提高生产效率。这标志着运营管理学开始成为一门独立的学科。

2. 运营管理学的发展

随着科学管理理论的发展,运营管理学逐渐从制造业领域扩展到其他行业。20 世纪 20 年代,运营管理学开始在服务业和公共事业中得到应用,强调通过规划、设计和管理服务过程,提高服务质量和效率。此外,运营管理学还开始关注供应链管理、质量管理、项目管理等领域。随着企业规模的扩大和全球化的发展,运营管理学的重要性进一步提升。

3. 运营管理学的现代化

运营管理学开始注重数据分析和决策支持系统的建设,以提升决策的科学性和准确性。企业还开始关注如何通过信息技术来优化供应链、提高产品质量和服务水平(service level),标志着运营管理学进入了现代化阶段。全球化和数字化的趋势使得市场竞争更加激烈,企业需要更加灵活和敏捷地应对市场变化。因此,运营管理学开始注重创新和持续改进。此外,运营管理学还开始关注可持续发展和环境保护,通过绿色供应链和循环经济等方式实现可持续运营。

1.4.2　运营管理学系统性发展过程

1. 传统运营管理系统

传统运营管理系统以生产为中心,注重效率和成本控制,关注生产制造过程,通过提高生产效率、降低成本来增强企业的盈利能力。其主要方法包括工艺改进、生产线优化、物料管理等,以提高生产效率和降低成本为目标。

2. 质量管理系统

市场竞争的加剧使企业意识到质量对于企业竞争力的重要性。质量管理阶段关注如何提高产品和服务的质量,以满足客户需求并提升顾客满意度。企业引入了 ISO(国际标准化组织)质量管理体系、六西格玛(Six Sigma)等工具和方法,实施全员参与、连续改进等原则,以提高产品质量和服务质量。

3. 供应链管理系统

其关注如何优化供应链的各个环节以提高企业的运营效率和响应能力。企业与供应商、分销商建立紧密合作关系,共同协调和优化供应链中流程,以减少库存、降低成本、提高交付能力。

4. 创新和数字化管理系统

创新和数字化管理系统主要关注如何利用互联网、大数据、人工智能等技术,对运营管理学进行优化和改进。企业开始实施数字化转型,建立数字化运营平台,通过数据分析和智能化技术提升运营效率和决策能力。

5. 可持续发展管理系统

可持续发展管理系统主要关注如何在追求经济效益的同时,实现社会效益和环境效益的平衡。企业开始注重环境保护、资源节约和社会责任,通过绿色供应链、循环经济等方式实现可持续发展。未来随着科技的不断发展和社会不断变化,运营管理系统还将继续演进,为企业创造更大的价值。

1.5　现代运营管理的新特征与发展趋势

1.5.1　现代企业运营所处的环境特征

1. 市场需求多样化

随着经济的发展和社会的进步,市场需求逐渐朝着多样化、个性化的方向发展。顾客有了极大的选择余地,对各种产品有了更高的要求。产品的寿命周期越来越短。企业必须经常投入更大力量和更多精力进行新产品的研究与开发,多品种、小批量的生产方式成为主流。

2. 技术迅猛发展

随着自动化技术、微电子技术、计算机技术、新材料技术、网络技术等一大批新技术的迅猛发展,企业有了更多的手段制造多样化的产品、提供多样化的服务,企业不断面向生产运作技术的选择与生产运作系统的重新设计、调整和组合。

3. 竞争日趋激烈

竞争的方式和种类越来越多,竞争的内容已不单纯是低廉的价格。质量、交货时间、售后服务、对顾客需求的快速反应、产品设计的不断更新、较宽的产品档次、更加灵活的供应链、更具有价值的产品等成为竞争的主题。

1.5.2　现代运营管理发展趋势

1. 现代运营管理的范围越来越广

现代企业的运营管理不再局限于传统的购买、生产、销售三个方面,开始将精力放在新产品的开发和研究上,将运营系统变更为多个层次生产的内容,生产过程和生产技术发生不同程度变化的运营系统提升企业在市场中的竞争能力。

2. 生产方式发生改变

随着科技的进步,开始崇尚高科技的使用,市场逐渐变得多样化与多元化,多种小商品的需求逐渐成为当今社会的主流,多种物品、少量且多元化的生产系统层出不穷,同时对技术工人需求量也大大增加,而且需要多元化的技术人员。

3. 信息技术逐渐成为企业发展的重要手段

飞速发展的信息技术对企业的管理方法和管理模式进行变革,先进的计算机技术运用到企业中,可以让企业的运转事半功倍。特别是现今社会信息的采集可以影响到企业一个十分重大的决策,信息技术的运用使企业的发展步入一个新的时代。

4. 跨企业的集成管理成为企业运营管理中的一个重要部分

物品供应链由原材料、生产商、批发商、零售商或者运输商等组成,企业开始致力于整条供应链上物流与资金的优化,把整条供应链当成一个组织,通过与供应链上的各个对手进行合作与分工,形成价值链来共同面对日益激烈的市场竞争。

宝钢：争创世界一流企业的运营管理研究

宝钢的现代化管理体制是实现现代生产管理的保证,以作业长为中心,以计划值为目标,以设备点检定修为重点,以标准化作业为准绳,以自主管理为基础(图1-6)。以上五个方面按照它们各自的地位和作用有机地结合起来,被称为"五制配套"的宝钢基层管理模式。宝钢走"引进、消化、跟踪、创新"之路,加大研究和开发力度,重视科技进步,增强激励制度,实施用户满意(CS)工程,维护、提高企业信誉,增强企业发展后劲和市场竞争能力。

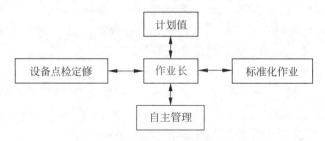

图1-6　宝钢基层管理模式示意图

资料来源：宝钢基层管理模式[EB/OL]. https://abg.baidu.com/view/b7301d2f2af90242a895e544.

本章思考题

1. 运营管理概念及内涵是什么？
2. 运营管理的系统性特征有哪些？
3. 运营管理的目标和现状是什么？
4. 简述现代运营管理所处的环境特征与发展趋势。

 即测即练

第2章

运 营 战 略

本章学习目标
1. 了解运营战略制定的系统性思维。
2. 了解竞争力的转移和改变的系统性思维。
3. 剖析智能制造能力等级与竞争策略。
4. 理解战略性新兴服务业能力等级与竞争策略。
5. 了解价值链集成与整合。

联想的跨国并购与整合

并购给联想带来的益处是：可以从14％的毛利实现5％的净利；可以从IBM(国际商业机器公司)得到国际市场的销售渠道；可以吸收和利用IBM在笔记本上的技术；从生产、研发到服务每个环节都能大幅度降低成本；可以提升自身品牌形象；在采购上产生巨大的规模效应；有望跻身世界一流PC(个人计算机)制造。联想并购的风险包含：①市场风险。联想认为保持产品品牌不变,跟客户打交道的业务人员不变,将总部设在美国就可以完全控制市场风险。②员工流失风险。第一,对IBM的高层骨干员工讲述新公司的愿景,突出联想在PC主业务上的地位,激发员工的工作热情,使骨干员工的能力得到充分施展。第二,保持原公司员工的待遇,提高部分高层骨干的待遇,以稳定军心。第三,整合业务。联想认为虽然语言和文化背景不同,但是两家公司的工作语言是相通的,管理模式也是在一个层次上的,可以实行业务的整合。第四,双方业务是互补的,减少了碰撞的机会,两家公司的战略定位、业务销售,以及区域市场都是互补的。因此双方的业务关系整体上是以互补为主。第五,联想与IBM进行合作尽量做到坦诚、尊重、妥协,避免中国员工与美国员工的冲突,从而引起的队伍分化。

资料来源：倪箫吟.中国上市公司跨国并购的整合效应分析——以联想集团并购IBM PC业务为例[J].全国商情·理论研究,2019(13)：7-9.

2.1 运营战略的基本概念

2.1.1 运营战略的概念及其分类

1. 运营战略的概念与特点

运营战略是指在企业经营战略的总体框架下,通过运营管理活动来支持和完成企业的总体战略目标的战略。运营战略的特点包含以下几个。

（1）从属于经营战略，从产品选择到生产组织都是研究的具体对象。

（2）与营销战略、财务战略等紧密相关，即一方面运营战略不能脱离财务战略与营销战略等自我发展、自我实现，另一方面它又是实现营销战略与财务战略的必要保证。

（3）考虑的面比较宽，时间跨度比较大。

2. 运营战略的分类

按照迈克尔·波特（Michael Porter）竞争战略理论观点，运营战略有以下三种基本类型。

（1）成本领先战略：在某一产业领域内使成本低于竞争对手而取得领先地位的战略，其着眼点是取得价格竞争优势。成本领先战略一般是运营系统具有一定的规模和技术高、产量大等优势。

（2）差异化战略：要求运营系统与其竞争特色的优势相适应。如产品特殊的功能、高超的质量、优质的服务、独特的品牌等。企业把成本控制在比竞争对手低的同时，也可将其产品进行差别化。

（3）目标集聚战略：企业通常将全力集中在某一特定区域的市场或顾客群。企业要么采用成本领先战略，要么采用差异化战略，但仅关注于特定的目标市场。此外，服务运营战略通常与企业总体战略联系在一起。制定服务运营战略的基本思想是以顾客为中心，即顾客是设计服务系统、制定企业战略和运行管理的核心。在此基础上确定竞争重点和目标：为用户提供良好的服务、服务的快捷性与方便性、合理的服务价格、服务内容的多样性、在服务中占有重要地位的有形产品的质量、服务技术水平与设施水平等。许多有关制造业的运营战略概念也同样适用于服务业。例如，服务性企业也可以构建世界级的服务系统，形成竞争优势。

3. 运营战略与企业经营战略的关系

运营战略是指企业在实现其长期目标的过程中，为了提高效率和降低成本而制订的具体行动计划。运营战略通常关注企业的内部运营，如生产流程、供应链管理、人力资源管理等。其主要目标是提高生产效率、降低成本、提高质量，并确保企业按时交付产品或服务。与运营战略相比，企业战略更加宏观和综合。企业战略是指企业在整个组织层面上制订的长期发展方向和目标。它涵盖了企业的使命、愿景和价值观，并为企业的各个部门和职能提供了一个共同的框架。企业战略的制定需要综合考虑内外部环境的因素，包括市场趋势、竞争对手、政策法规、技术创新等。运营战略和企业战略概念上存在明显的区别，但它们之间相互依存。运营战略是企业战略的一部分，为企业战略的实施提供了具体的行动方案。企业战略为运营战略提供了一个整体框架和指导方向。两者密切配合，共同推动企业的发展。

运营战略与企业经营战略的关系如图 2-1 所示。

图 2-1　运营战略与企业经营战略的关系

2.1.2   运营战略制定的影响因素及运营管理战略的经济环境影响因素

1. 运营战略制定的影响因素

制定生产运作战略时,需要考虑许多影响因素,这些因素可分为两大类:企业外部因素和企业内部因素。

(1)企业外部因素。国内外宏观经济环境和经济产业政策、市场需求及其变化、技术进步、供应市场。

(2)企业内部因素。企业整体经营目标与各部门职能战略、企业能力以及其他一些影响因素,如过剩生产能力的利用、专利保护问题等。

企业在具体制定运营战略时,产品和服务需要考虑目标市场,泛指产品和服务需要针对的目标市场是谁,需求是什么,消费习惯是怎样的,对价格的敏感度如何等。这些因素会影响到产品和服务的定位、定价、推广等方面,主要包括以下几方面。

(1)竞争环境。了解竞争对手的产品和服务特点,包括价格、质量、服务以及他们的定位、品牌形象等,可以帮助企业更好地制定自己的定位和差异化策略。

(2)产品和服务特点。产品和服务的特点是影响客户购买决策的重要因素。例如,产品的品质、功能、外观等,服务的质量、速度、态度等都会影响客户的购买意愿和忠诚度。

(3)客户需求。了解客户的需求是产品和服务设计的基础。可以通过市场调研、客户反馈等方式了解客户的需求,从而针对客户需求设计出更加符合市场需求的产品和服务。

(4)技术和生产能力。产品和服务的技术含量和生产能力也是制定运营战略时需要考虑的因素。企业需要评估自己的技术和生产能力是否能够满足市场需求,并进行必要的技术升级和设备更新,以保证产品和服务的质量和效率。

(5)法律和监管环境。在制定产品和服务策略时,还需要考虑法律和监管环境。企业需要遵守相关法律法规,确保产品和服务的安全、合法和合规。

2. 运营管理战略的经济环境影响因素

运营管理战略的影响因素包括很多方面,其中常见的经济环境因素包含以下几个。

(1)经济周期:经济的周期性波动会直接影响到企业的运营管理战略。在经济低迷时期,企业可能会采取降低成本、提高效率的策略;而在经济繁荣时期,企业则可能会致力于扩张、创新等策略。

(2)市场竞争:经济环境因素也会影响到市场的竞争程度。在竞争激烈的市场,企业需要通过不同的运营策略来提升自身的竞争力,如提供优质的产品和服务、降低成本等。

(3)货币政策:货币政策的变化会直接影响企业的融资成本和资金流动性。当货币政策宽松时,企业可以更容易获取低成本的融资,从而支持运营管理战略的实施。

(4)劳动力市场:经济环境因素也会影响到劳动力市场的供需状况。在人才缺乏的时期,企业需要采取相应的措施来吸引和留住人才,如提供良好的福利待遇、培训机会等。

(5)消费者需求:经济环境的变化也会直接影响到消费者的需求水平。当经济增长放缓时,消费者可能会减少消费支出,企业需要调整产品定位、市场定位等策略来满足消费者的需求。

以上仅为一些常见的经济环境因素,实际影响因素还有很多,企业需要根据具体情况进行分析和应对。互联网平台不同生命周期的运营策略如图2-2所示。

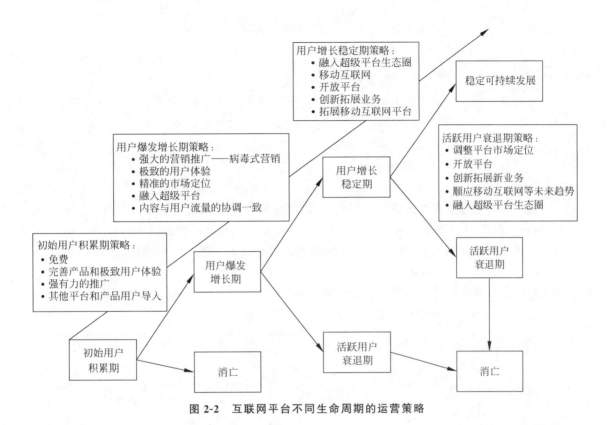

图 2-2　互联网平台不同生命周期的运营策略

2.1.3　运营战略制定的系统性思维

1. 运营活动的系统性思维

系统性思维就是一种整合全局业务流的思维,通过适当地分解工作内容,梳理工作环节之间的内在联系,搭建完善的运营体系框架,来保障工作持续高效运行,创造价值。在运营工作中,找到主线,将面临的问题条理清晰地剖析出来,显得尤为重要。将系统性思维融入运营工作当中,通过梳理相关业务流程,搭建系统性运营框架,更高效地帮助解决工作中的问题,提升学习与产出效率。系统性思维就是认识事物的一种方式,在面对问题的时候,能够针对复杂的问题,列出关键的要素与解决方法,将散乱无序的运营问题,变得逻辑清晰、有章可循。完整的系统性思维,包括明确目标、拆解问题、细化方案、执行落地、闭环总结、项目迭代几个关键部分。将系统性思维实体化地映射到运营工作中,就是快速搭建起一个系统性运营框架,并据此步步为营,稳扎稳打,持续迭代优化,提高工作效率。

构建系统性思维的六路打狗棒法

上三路:企业、愿景、价值观

下三路:组织、人才、KPI(关键绩效指标)

构建系统性思维的关键在于学会思考"关系",更多地关注整体而非局部,关注变化而非静止,关注联系而非元素,关注结构而非表面。

2. 运营战略制定的系统性思维框架

运营战略制定的系统性思框架定义了系统的边界与组件,是一套体系化的逻辑,支撑着整个系统的运转与迭代。而要构建一套完备的系统性运营战略框架,需要聚焦以下内容。

(1) 构建运营框架定义了运营系统的边界与组件,一套体系化的逻辑支撑着整个系统的运转与迭代。框架通过约束边界,帮助收敛思维,聚焦责任与边界,把控运营战略的方向;框架还通过标准化认知、行动,帮助在单位时间内产生更大的剩余价值。

(2) 具备理解业务的能力。业务的运营需要深入理解行业和业务,确保产品功能与业务目标保持一致,并且调动一切可用资源,为业务的发展提供增长路径和价值决策。业务运营需要立足于行业,不断学习、思考,最终系统地回答一系列关键问题,以确保对业务的理解是在以下正确的方向上。①业务/产品值得投入吗?②LTV(收入)和CAC(成本)是什么样的?③业务壁垒是什么?④竞争者表现怎么样?⑤业务的第一关键指标(OMTM)是什么?运营系统性思维框架如图2-3所示。

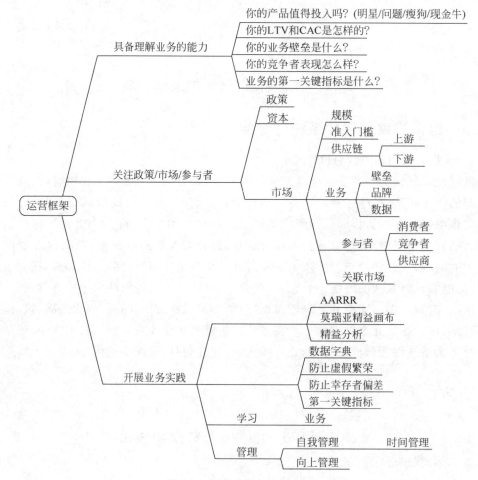

图 2-3　运营系统性思维框架

小贴士

基于协同创新的数字化供应链运营系统构建

供应链竞争能力不仅体现在数字化、智能化的信息技术层面,更重要的影响因素在于协同创新,通过合理运用技术化手段来增进企业间信息沟通,在长期互动与互通模式下积累企业运作的新思想、新创意,将其付诸企业实际运营改革活动中,即为创新,同时有价值的创意分享于外部合作伙伴实现的商业化成果,即为双赢。协同创新是数字化供应链获得持续竞争优势的关键。基于协同创新思维,可以构建数字化供应链运营系统,将其划分为 3 个主体系统和 1 个支持系统(图 2-4)。

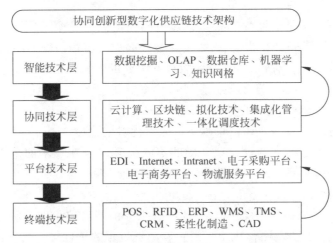

图 2-4　基于协同创新的数字化供应链技术架构

2.2　运营战略的竞争策略研究

2.2.1　竞争力与竞争战略

1. 竞争力

竞争力是参与者双方或多方的一种角逐或比较而体现出来的综合能力,企业在平等和自由的市场经济条件下生产经得起市场考验的产品和服务,创造附加价值,从而维持和增加企业实际收入的能力程度。企业在市场上销售产品和提供劳务必然要面临竞争,竞争力是决定一家企业能够不断发展壮大,还是仅能维持生存或是失败的一个重要因素。这是企业经营成功的关键所在。需要解决两个问题:一个是明确顾客需要什么;另一个是明确能做些什么。要求企业做到两条:一是抓住自己的竞争优势;二是要坚持发挥其竞争优势。企业的竞争实力取决于企业独特的强项以及它是否能保持这一强项。企业常见的强项往往出现在运营领域,如表现为低价格、高质量、新技术等方面。因此,运营战略的一项重要任务就是确定企业的竞争重点,并保持其竞争优势。

2. 竞争力的常见类型

（1）区域竞争力：区域内各经济主体在市场竞争过程中形成并表现出来的争夺资源或市场的能力，或者说是一个区域在更大区域中相对于其他同类区域的资源优化配置能力。

（2）动态竞争力：适应、集成和重构组织资源以跟上环境变化要求的能力。"动态"是指为适应不断变化的市场环境，企业必须具有不断更新自身能力的能力，"能力"是指战略管理在更新自身能力中的关键作用。

（3）企业竞争力：在竞争性市场条件下，企业通过培育自身资源和能力，获取外部可寻址资源，并综合加以利用，在为顾客创造价值的基础上，实现自身价值的综合性能力。

（4）核心竞争力：企业赖以生存和发展的关键要素，包括"软"的和"硬"的方面，也可能是无形的、不可测度的。

（5）品牌竞争力：某一品牌产品超越其他同类产品的竞争能力，其他同类产品不易甚至是无法模仿的能力，开拓市场、占领市场并获取更大市场份额的能力。

（6）财务竞争力：一种以知识、创新为基本内核的，公司理财专有的、优异的、扎根于企业财务能力体系中的有利于实现企业可持续竞争优势的整合性能力，企业各项财务能力高效整合后作用于企业财务可控资源的竞争力。

（7）质量竞争力：竞争主体以卓越质量赢得优势的能力。

（8）管理竞争力：企业通过管理基础的不断提高以及新技术的采用，在外部环境和内部资源的制约下，能够对各种资源进行优化和配置，并最终以低成本、高效率从事企业经营管理活动的能力。

（9）服务竞争力：一个综合性指标，即所有服务消费者评价的总和，企业在服务方面相对其他竞争对手的比较优势，决定了消费者消费过程的感性思维决策情况，建立企业特色品牌的一个必要手段、企业个性化竞争的一个重要评价因素。

（10）个人竞争力：个人的社会适应和社会生存能力，以及个人的创造能力和发展能力，个人能否在社会中安身立命的根本。

3. 竞争战略

竞争战略被认为是运营战略的一部分，指导和管理具体战略经营单位的计划和行动。竞争战略要解决的核心问题是如何通过确定顾客需求、竞争者产品及企业产品三者之间的关系，来奠定该企业产品在市场上的特定地位并维持这一地位。竞争战略一般分为以下几个层次。

（1）形式竞争。形式竞争是狭义的一种竞争，反映了企业竞争主要是产品品牌竞争的观点。这些品牌属同类产品，具有相同的产品特征，面对同样的细分市场。

（2）品类竞争。具有类似特征的产品或服务之间的竞争，称为产品品类竞争。在界定竞争对手时，企业应重点考虑这一层次的竞争对手。

（3）属类竞争。属类竞争以更大的时间跨度为导向，着重于可替代的产品分类，是满足同一顾客需求的产品或服务之间的竞争。

（4）预算竞争。预算竞争是"营销大师"菲利普·科特勒（Philip Kotler）提出的"对抗"。该竞争考虑了市场上争夺同一消费者钱包份额的所有产品和服务。

4．竞争战略的类型

（1）总成本领先战略（overall cost leadership）。最大努力降低成本，通过低成本降低商品价格，维持竞争优势。对成本严格控制尽可能将降低费用的指标落实在人头上，处于低成本地位的公司可以获得高于产业平均水平的利润。

（2）差异化战略。差异化战略又称别具一格战略（differentiation）。公司提供的产品或服务别具一格，或功能多，或款式新，或更加美观。在行业中赢得超常收益的可行战略，能建立对付五种竞争作用力的防御地位，利用客户对品牌的忠诚而处于竞争优势。

（3）集中化战略。集中化战略又称目标集中战略、目标聚集战略、专一化战略（focus），主攻某个特定的客户群、某产品系列的一个细分区段或某一个地区市场。集中化战略具有赢得超过行业平均水平收益的潜力。

2.2.2 竞争力转移和改变的系统性思维

系统性思维是建立核心竞争力的关键思维，能够帮助企业从顶层的架构出发，去全局性地思考问题；在规划阶段就可以安排执行阶段可能遇到的问题，避免执行阶段改动方案带来的返工和涉变。现代企业竞争范畴扩向整个国际体系，并基于复杂性科学、系统动力学等学科，提出以"系统化"思维确立竞争目标愿景、思维原则、战略行动。

1．国际体系的竞争

诸多国家正是凭借对地区或全球体系格局构成、运行范式的影响力，而获取了在战略对抗中的竞争优势。中国所实施的战略，正在影响着体系的运行。中国的目标和途径更具综合系统性，正通过基建、外汇、数字设施建设、贸易、军事合作、文化等方面的投资和网络构建，创造符合中国利益的体系规则和结构关系。在当前的新兴对抗中，除了在武器装备、新兴技术等具体领域采取针对性举措，竞争将在一个更具历史性、体系性的层面展开。

2．以系统性思维构建国际竞争新模式

在世界多极化趋势下，制定实施体系竞争的整体、可持续战略。从系统性的角度去思考，意味着摒弃线性思维，即不要限制在具体领域和直接影响中，而应该更多考虑行动所带来的更深层次、更大范围的多重影响；不仅要竞争那些物化为组织机构的国际体系，更要从动态动力学角度，重视这个体系背后的力量、格局和影响。而产生体系效应的另一个途径，是针对体系内的行为者进行约束、激励、干扰或引导等。其手段包括法律、协议、经济或政治关系、文化规则，通过改变各人、各企业、各实体的行为动机，随着时间的推移，进而改变整个国家的运行，产生体系效应。目前有关战略竞争的讨论，多在针对特定国家或特定主题上去衡量孰优孰劣，亦有争论关注结构性因素与关系性因素孰轻孰重。根据竞争所聚焦领域的广度和深度，提出四类竞争，如图 2-5 所示。

3．系统性竞夺的展开

系统性竞夺涉及追求逐步重塑环境，使系统性环境（包括结构、动机、预想等）与政策目标一致。需要塑造国际系统性的路径方案，即分析—设计—实施。

（1）前期分析。从系统层面进行国际环境的评估，明确系统性的目标，分析问题和差距；剖解系统构成要素及内部关系；找到撬动系统性杠杆或拉动系统性的枢纽，明确竞争的变量因素。

图 2-5　基于系统性思维的竞争类型

（2）制定战略和方法。设计战略或方法；确立和推广明确的、具有强吸引力的愿景或核心价值,建立相对于对手的价值观优越感;思考、协调、把控不同层级、不同领域的秩序和活动,且任何系统战略都应含外交、经济、信息、军事等内容;找出能产生更大系统性效应的少数问题,作为聚力的优先事项;重视权力的非直接表现形式,从影响价值观、理念信仰等背景环境入手;确定系统内各行为体的共同目标领域。

（3）采取行动。获取系统优势的战略与一般策略有不同,根据反馈不断进行体系内部调整,朝着目标循序渐进;做好竞争举措的排序,最大限度避免失误;避免系统对对手的每个举措都作出应激反应,个体行动要服务于长期战略;将变革和行动用制度固化下来,以获得更高层和长久的支持;为与自己价值观一致的团体和组织提供支持,支持国际机构改革;强调体系内的广泛参与。

2.2.3　智能制造能力等级与竞争策略

1. 智能制造能力等级评价方法

智能制造是指在数字化、智能化、网络化、柔性化的基础上,通过人工智能、大数据分析、自动化技术等手段,实现生产制造全过程的智能化、自动化、自适应和协同化,从而提高生产效率、产品质量和企业竞争力。智能制造能力评价是指对企业智能制造能力进行量化评估,以便企业了解自身的智能制造水平并制定相应的提升策略。评价方法有以下几种。

（1）智能制造能力等级划分。智能制造能力等级划分是评价智能制造能力的基础,通常将智能制造能力分为五个等级,分别为初始级、标准级、进阶级、领先级和卓越级。初始级表示企业对智能制造的认识和应用水平还很低;标准级表示企业已经初步掌握了智能制造的基本技术和应用;进阶级表示企业已经在智能制造方面实现了一定的突破和创新;领先级表示企业在智能制造方面已经达到了国内领先水平;卓越级则表示企业在智能制造方面已经达到了国际领先水平。

（2）智能制造能力评价指标体系。智能制造能力评价指标体系是评价智能制造能力

的核心,包括技术、人员、流程、设备、管理、环境等多个方面的指标。其具体指标如下:
①技术指标:智能化程度、数字化程度、软硬件集成度、模型化程度等。②人员指标:智能制造人才数量、人才结构、人才培养等。③流程指标:智能制造流程设计、优化、协同等。④设备指标:智能制造设备自主研发能力、设备精度、可靠性等。⑤管理指标:智能制造管理体系、管理模式、管理效能等。⑥环境指标:智能制造环境卫生、安全等。

(3)智能制造能力评价方法。①专家评估法:专家对企业智能制造能力进行评估,从而得出企业的智能制造能力等级。②问卷调查法:通过向企业员工、客户等发放调查问卷,收集企业的智能制造能力数据,从而评估企业的智能制造能力等级。③数据分析法:通过对企业的生产数据、质量数据、设备数据等进行分析,评估企业的智能制造能力等级。

(4)智能制造能力评价应用。智能制造能力评价可以应用于企业自我评估、行业竞争力评估、政府政策制定等多个方面。企业可以通过评估自身的智能制造能力水平,找到提升的瓶颈和方向,以便更好地发挥智能制造的优势,提高生产效率和产品质量;行业可以通过对智能制造能力的评估,了解各个企业在智能制造方面的水平和差距,以便制定行业发展规划;政府可以通过对智能制造能力的评估,制定相应的政策和支持措施,以推动智能制造的发展。智能制造能力评价是企业了解自身智能制造水平和发展方向的重要工具,同时也是推动智能制造发展的重要手段。企业应该积极进行智能制造能力评价,并根据评估结果制定相应的智能制造发展策略,以便更好地适应市场需求和行业变革。

2. 智能制造模式下的竞争策略

(1)正确理解智能制造的核心目的。智能制造的核心目的是帮助企业通过实现降本增效、节能降耗、提高产品质量、提升产品附加值、缩短产品上市周期、满足客户个性化需求,以及向服务要效益等途径,提升企业的核心竞争力和盈利能力。

(2)必须对智能制造有正确的理解和认识。智能制造覆盖企业全价值链,是一个极其复杂的系统工程;推进智能制造需要规划、IT、自动化、精益等部门通力合作,不同行业的企业推进智能制造差异很大。推进智能制造,需要引入中立、专业的服务机构,开展多层次、多种形式的培训、考察、交流与学习,让企业上下树立对智能制造的正确认识。此外,需要强调的是,小批量、多品种的企业,不要盲目推进无人工厂;个性化定制和无人工厂不可兼得;不能盲目推进机器换人。

(3)大处着眼,小处着手。企业要想推进智能制造取得实效,可以通过智能制造现状评估、业务流程和工艺流程梳理、需求调研与诊断、整体规划及落地实施五个步骤,画出清晰的智能制造路线图,然后根据路线图和智能制造整体规划,稳步推进具体的项目,注重对每个智能制造项目明确其 KPI,在测度关键绩效指标的基础上,评估是否达到预期目标。智能制造要取得实效,需要清晰的思路、明的目标、高层的引领、专业的团队和高度的执行力。

(4)紧密跟踪先进制造技术的发展前沿。金属增材制造技术不仅改变了复杂产品的制造方式,还改变了产品结构,也彻底打破了可制造性的桎梏,催生了创成设计等新的设计模式,从计算机辅助人设计,演化为人辅助计算机设计。碳纤维复合材料的广泛应用催生了全新的制造工艺和制造装备。材料和工艺的改进,往往会给产品的性能带来提升。

精密测量技术也在迅速发展,由接触式测量发展到非接触式测量,由离线检测演化为在线检测,由事后检测演化为边测量边加工,从而帮助制造企业提升产品质量。

(5)积极稳妥地推进数字化和智能化技术的应用。当前,人工智能技术的发展如火如荼,必将在制造业不断得到应用,尤其是在无人驾驶汽车、质量检测与优化、设备故障诊断和预测等领域。现在已经出现了 Google 的 TensorFlow 等开源的人工智能引擎。此外,虚拟现实(VR)、增强现实(AR)、混合现实(MR)等可视化技术,在制造业也有很好的应用场景。

(6)选择真正靠谱的合作伙伴。智能制造系统架构十分复杂,也非常个性化,相关技术在不断演进,企业本身也在动态变化,智能制造评估体系和规划方法论也还处于不断完善的过程中,智能制造的推进是一个长期的过程。因此,企业推进智能制造需要寻找专业的合作伙伴,从培训、现状评估、规划,到具体的数字化工厂仿真、产线设计,到真正实现工控网络的建设,并建立工控安全体系,实现 IT 与 OT(运营技术)系统的集成。智能制造总体框架范例如图 2-6 所示。

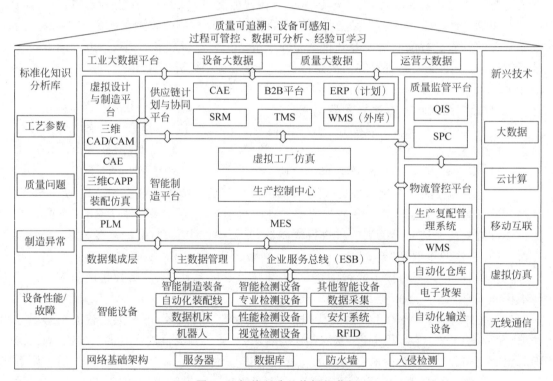

图 2-6　智能制造总体框架范例

2.2.4　战略性新兴服务业能力等级与竞争策略

1. 战略性新兴服务业的概念与范围

战略性新兴服务业是指伴随着信息技术的发展和知识经济的出现以及社会分工的细化和消费结构的升级而新生的行业。战略性新兴服务业包括新一代信息技术产业、高端装备制造产业、新材料产业、生物产业、新能源汽车产业、新能源产业、节能环保产业和数字创意产业等八大产业中的服务业相关行业,以及新技术与创新创业等相关服务业。

2. 战略性新兴服务业能力等级及特点

(1)熟练服务的特点:①无形性,服务是无形的,这是服务与实物产品最基本的区别。②同步性,一般而言,服务的提供和消费是同时进行的。大部分实物产品的生产和消费是分离的。

(2)优势服务的特点:①异质性,由于服务的无形性和同步性,就不会有两个完全一样的服务。②易逝性,服务无法存储。

3. 战略性新兴服务业的竞争策略

(1)标新立异,就是通过技术创新,实现产品和服务的差异化,从而提高价格,获取更高的收益。

(2)成本领先,就是模仿领先者的产品和服务,但是在成本上努力降低,从而以更低的成本赢得市场的青睐并获取利润。

(3)细分市场,避开与当前市场中竞争者的竞争,而是努力寻找市场中细分的空白领域,然后从该领域做起,壮大后再扩大企业的经营范围,在前期避开竞争。

2.3　不同运营管理系统的结构特点与运营模式

2.3.1　制造业运营管理系统的结构特点与类型

1. 制造业运营管理系统的结构特点

(1)制造业运营管理系统范围与传统生产管理相比,变得更宽。制造业运营管理系统决策范围在向新产品的研究与开发、生产系统的选择、设计与调整这样的"向下"方向延伸;生产管理从其特有的地位与立场出发,也必然要参与到产品的开发与生产系统的选择、设计中去,以便使生产系统运行的前提:产品的工艺可行性、生产系统的合理性得到保障。制造业运营管理系统的范围从历来的生产系统内部运行管理在向"外"延伸。

(2)多品种、中小批量混合生产将成为生产方式的主流,从而带来制造业运营管理系统上的新变化。飞速发展的电子技术、自动化技术以及计算机技术等,从生产工艺技术以及生产管理方法两方面,都使大量生产方式向多品种、中小批量生产方式的转换成为可能。

(3)计算机技术给制造业运营管理系统带来的变化。计算机技术已经给企业的经营生产活动以及包括制造业运营管理系统在内的企业管理带来了惊人的变化。计算机辅助设计和计算机办公自动化(OA)等技术在制造业运营管理系统以及企业管理中的应用极大地提高了生产和管理的自动化水平,以及生产率。计算机技术更使企业的经营计划、产品开发、产品设计、生产制造以及营销等一系列活动有可能构成一个完整的有机系统,从而更加灵活地适应环境的变化和要求。计算机技术具有巨大的潜在效力,应用和普及将给企业带来巨大的效益。但这也要求企业必须建立能够与之相适应的生产经营综合管理体制,并进一步朝着经营与生产一体化、制造与管理一体化的高度集成方向发展。

2. 制造业运营管理系统的类型

研究制造业运营管理系统问题,首先要对制造业运营管理系统的类型进行划分。不同的制造业运营管理系统类型有着不同的运作特点,其管理的重点也不尽相同。对于制造业运营管理系统,从不同的角度有不同的分类方法,如表 2-1 所示。

表 2-1　制造业生产类型的划分及其特点

分 类 方 法	生 产 类 型
按产品使用性能分类	通用产品生产 专用产品生产
按生产工艺特征分类	流程型生产 加工装配型生产
按生产稳定性和重复性分类	大量生产 成批生产 单件小批生产
按产品需求特性分类	订货生产 备货生产

(1)通用产品生产和专用产品生产。按产品的使用性能,可将制造业的生产类型分为通用产品生产和专用产品生产。

① 通用产品生产,企业生产的产品是按照一定标准设计的,产品适用面广,需求量大。企业通常通过市场需求预测,根据自己的生产能力和销售能力制订生产计划,并且通过保持一定的库存来应对市场需求的波动。通用产品的生产规模可以很大,生产过程相对稳定,可以采用高效的专用生产设备,在生产计划方式上也有条件采用胆大心细的标准计划。

② 专用产品生产,产品是根据用户的特殊需求专门设计的,产品适用范围狭小,需求量不大。生产专用产品的企业由于产品不断变换,生产计划过程运行的稳定性较差,所需设备应具有较高的柔性,生产计划工作和生产过程的控制都比较复杂。

(2)流程型生产与加工装配型生产。按生产工艺的特征,可将制造业的生产类型分为流程型生产和加工装配型生产。

① 流程型生产。工艺过程是连续的,且工艺过程的顺序是固定不变的。生产设施按工艺流程布置,原材料按照固定的工艺流程连续不断地通过一系列装置设备加工处理成产品。生产设施地理位置集中,生产过程自动化程度高,只要设备体系运行正常,工艺参数得到控制,就能生产出合格的产品,生产过程中的协作与协调任务比较少,但对生产系统的可靠性和安全性的要求很高。

② 加工装配型生产。加工装配型的产品是由许多零部件构成的,各零部件的加工过程彼此独立,而且零部件可以在不同地区,甚至不同国家制造,制成的零部件通过组装最后成为产品。加工装配型生产的设施地理位置分散,零件种类繁多,加工工艺多样化,又涉及多个加工单位、工人和设备,整个生产过程的协作关系十分复杂,计划、组织、协调任务相当繁重,生产管理比较复杂。

2.3.2　服务业运营管理系统的结构特点与创新运营模式

1. 服务业运营管理系统的结构特点

服务业运营管理系统经济活动最基本的特点是服务产品的生产、交换和消费紧密结合,由此而形成了其经营系统上的特点。

(1) 范围广。服务业对社会生产、流通、消费所需要的服务产品都应当经营,在经营品种上没有限制。服务业可以在任何地方开展业务,因而也没有地域上的限制。在社会分工中,其是经营路子最宽、活动范围最广的行业。

(2) 综合服务。消费者的需要具有连带性,如旅店除住宿外,还需要有通信、交通、饮食、洗衣、理发、购物、医疗等多种服务配合。大型服务企业一般采取综合经营的方式;小型服务企业多采取专业经营的形式,而同一个地区的各专业服务企业必然要相互联系以形成综合服务能力。

(3) 业务技术性强。强调服务的技术性和产品技术参数和运行的知情度。

(4) 分散性和地方性较大。服务业多数直接为消费者服务,而消费是分散进行的。因此服务业一般实行分散经营。各地的自然条件和社会条件的不同,经济、文化发展的一定差别,使一些为生活服务的行业地方色彩浓厚,因而服务业又具有较强的地方性。

2. 服务业运营管理系统的创新运营模式

在市场竞争日益激烈的时代,服务业运营管理系统在市场中脱颖而出并持续发展,需要创新的运营模式来帮助企业实现数字化服务、智能化运营、个性化服务、大数据分析和生态合作。

(1) 数字化服务。数字化已经成为企业发展的关键驱动力,为服务业运营管理系统提供了更多的服务和运营方式。数字化服务的实现创新包括多种方式。通过数字化服务,服务业运营管理系统可以更加准确和实时满足客户需求,并且提升服务品质和客户满意度。

(2) 智能化运营。这是服务业运营管理系统创新运营的重要方面,通过人工智能、物联网等技术来进行运营的优化和管理。智能化运营可以使服务业运营管理系统实现更高效、更灵活的运营,同时也可以优化企业管理流程,从而提高企业的工作成效。

(3) 个性化服务。个性化服务是服务业运营管理系统的重要战略,通过服务个性化,能够更好地满足客户的需求,提高客户满意度和忠诚度。个性化服务的实现需要服务业运营管理系统的创新运营模式。

(4) 大数据分析。大数据分析是新时代的企业创新运营中的重要方面,通过对数据的收集、分析和应用,服务业运营管理系统可以更好地理解市场和客户需求,提高服务质量和客户满意度。

(5) 生态合作。服务业运营管理系统创新运营模式的另一个方向,也是对竞争市场中更加小众化和特殊化的客户需求的快速响应。通过合作伙伴的帮助和资源整合,服务业运营管理系统可以更快地响应客户需求并提供更好的服务与产品。

2.4　价值链集成与整合

2.4.1　价值链集成与变迁

1. 价值链集成的概念

价值链集成就是在客户、企业、供应商以及其他的业务伙伴之间,实现业务流程和信息系统的融合。企业在整个多元关系网中达到经营运作一体化,从辅助客户进行产品设计或是产品购买,到与供应商在生产和产品交付过程中传送商业文件,都必须具有电子化通信能力。互联网这种具有成本效率的技术的出现首次为价值链集成提供了可能性。

2. 价值链集成的内容

价值链集成是在优先保证质量的前提下,管理信息、实物和服务的过程,以使位置、时间、成本和数量都合适。价值链集成包括改善内部流程和外部流程。外部流程涉及如何集成供应商、制造商、分销商和顾客。

价值链集成的好处就是可以降低价值链总成本、减少库存损耗、在所有参与者之间进行更好的全球化沟通、获得新技术以及更好地服务顾客。制造企业的价值链集成需要统一供应商、工厂、分销商和顾客之间的信息系统,管理供应链并安排业务进度,掌握新技术的使用方法。比如沃尔玛会自己管理价值链,而其他公司会利用第三方"系统集成商"来管理这个过程。服务业价值一般体现在低价格、便利性以及便于处理特殊的交易,而价值链集成的体现形式更多。例如,休闲旅游业价值链的第三方集成商,包括线上旅游公司沃比茨、艾派迪、普瑞斯林以及"城市旅游"等公司。管理信息,使得价值链更有效,并且为顾客创造价值。许多金融服务会使用第三方信息技术集成商,如 AT&T、斯普林特、IBM和弗莱森电讯提供的信息网络。医院也会选用第三方集成商来处理信息和实物,比如管理病人账单和医院库存。

3. 价值链变迁

价值链变迁趋势和流程分类的主要变化有:由关注股东价值到关注客户价值、由活动的分类到流程的观点、由通用到柔性的流程分类和技术(创新)流程由辅助流程到基本流程等。

面向客户价值的流程框架模型由基础设施、价值创造流程、管理和支持流程三大类流程组成。基础设施是保证价值创造流程和客户价值期望实现的前提条件,价值创造流程是客户价值实现的途径,管理和支持流程是基础设施和价值创造流程的支撑性流程。其中基础设施包括战略管理、人力资本、组织资本、信息资本等;价值创造流程包括技术流程、客户流程和运营流程,是价值创造的核心;管理和支持流程则由财务、质量、外部关系管理、环境健康安全管理以及其他管理流程构成。企业可以在流程变革中应用或借鉴面向客户价值的流程框架模型,梳理和建立企业流程框架,在提升流程能力的基础上创造卓越的客户价值。

2.4.2　价值链整合

1. 价值链整合的概念

价值链整合是指企业为了让自己所负责的业务领域更广泛、更直接,将企业价值链活动范围后向扩展到供应源或前向扩展到最终产品的消费者。

2. 价值链整合的分类

基于价值链的战略选择的本质在于对价值链各环节的选择和组合,表现为分解、整合、共享、外包等类型。

(1)专注于价值链的某个环节做精、做强。企业研究价值链环节上自己具有比较优势,或有可能建立竞争优势,集中力量培育并发展优势,利用市场寻求合作伙伴,共同完成整个价值链的全过程。

(2)整合社会资源,构建新的价值链。构建新的价值链把原有价值链上分散环节具有一定比较优势的增值环节有机地串联起来。

(3)虚拟经营和外包战略。虚拟经营有利于增强企业在选择合作伙伴、合作领域、合作方式、组织结构等方面的灵活性,企业之间便于借助互联网快速、高效地发布和接收业务数据和信息,在资源、技术、人员、物流、配送、安全等多方面协同发挥优势。外包战略是指将价值链的非核心环节业务外包给其他企业,特别是中小型企业,可以有效地降低产品成本,引进和利用外部资源,有效地确立企业的竞争优势。业务外包可以给企业提供较大的灵活性,尤其是在购买高速发展的新技术、新式样的产品,或复杂系统组成的零部件方面更是如此。价值链的外包战略把其所研制的技术和零部件所要承担的风险分散到每个供应商身上,不必为每一零部件系统投资或不断地扩大配件本身的生产能力,企业就可以全力提升本身核心业务的竞争力。

3.价值链整合的企业效应

企业并购重组完成了优势价值链对劣势价值链的替代,实现优势集中。通过价值功能分析,剔除原企业中多余的只消耗资源、不创造价值的空价值链环节。基于实物价值链整合,根据不同行业和各种生产要素对经济增长的不同贡献率,对企业的虚拟价值链进行整合,使新的企业价值链实现功能价值最优配置,企业的产出效益和效率都会得到很大的提升。

价值链整合包含了对企业实物价值链和虚拟价值链的整合。实物价值链的整合意味着企业将进行全面整合,包括产品线的整合、顾客的整合、供应商的整合等。虚拟价值链整合涵盖了企业中与信息活动有关的多数职能活动和资源配置活动,是对企业战略、文化、管理、组织等进行整合。两个层面上的价值链整合可以形成优于重组整合前企业的理想价值体系,使供应、生产、销售等环节的各项价值活动形成连续、同步的进程,消除浪费并不断提高产品质量的价值活动,使价值体系不断改进、不断完善和提高。企业整合是资本、技术、商品和管理的融合,而其深层次内涵则是双方文化的撞击、冲突、融合和吸收,是企业看不见却又非常重要的虚拟文化价值链整合。重组整合后的企业需要吸收双方的精华,创造出适合企业快速发展的新企业文化虚拟价值链。

安踏的产品策略

安踏品牌采用多品类的产品策略,扩大了消费群体的覆盖面。目前安踏有安踏成人运动、安踏时尚鞋类、安踏童装三大品类,形成一个较为完整的运动产品群集。童装品类使得产品覆盖年龄段大大增加,并为安踏成人产品储备潜在的品牌忠诚者;而时尚品类则将运动元素与时尚元素融合,为喜欢运动又追求新潮的时尚达人提供个性化的运动装备。这是安踏多元化经营布局的开端,新的品类既能享有安踏品牌强大的影响力,又能削减安踏公司对成人品类的强依赖性,降低经营的风险。

安踏品牌采用多系列的产品策略,给消费者提供更丰富的选择。安踏与中国奥委会成为战略合作伙伴,安踏将开发COC(中国奥林匹克委员会)特许商品,并开设COC特许商品专卖店,这将成为安踏的又一拳头产品。此外,安踏的斯科拉系列、弗朗西斯系列、CBA(中国男子篮球职业联赛)系列、女子网球系列都将为更多喜爱运动的人打造专业的运动保护装备,提供更丰富的选择。

资料来源:董国蓉.安踏品牌的战略营销分析与设计[J].中国市场,2023(5):129-131.

方太厨具案例

茅理翔先生是宁波飞翔集团公司和宁波方太厨具有限公司董事长,为了研制新一代油烟机,在国内第一个将工业设计理念引入抽油烟机设计。方太将开发出更贴近目标市场需求的产品作为企业的奋斗目标,先后推出了电脑控制型、人工智能型、智能调速式、VFD(真空荧光显示)型、煤气自动报警型等高科技含量的产品,以及适合上海等地小厨房的特点、具有一定的功率和吸力的介于深型与薄型之间的"亚深型"等型号的抽油烟机。公司下设产品开发部、厨具研究所、技术管理中心、测试中心,凭借在新产品推出方面的优势,共推出"厨后""日后""近吸式""鼎后""靓风"五大系列数十种油烟机。除了力争技术领先外,方太非常重视产品质量,方太抽油烟机在全国抽油烟机质量评比中,7项指标名列第一。其所生产的大圆弧流线型抽油烟机、人工智能型抽油烟机、智能调速抽油烟机等以独特的外观、卓越的性能代表了抽油烟机行业的精品形象,在国内市场上连续刮起六次"方太旋风",获得外观及实用新型等国家专利55项。目前,公司具有年产抽油烟机100万台、燃气灶30万台、消毒碗柜10万台、整体橱柜1万套的生产能力。方太正在努力向专业厨具生产商的方向发展。

资料来源:胡秘芬,王心悦.宁波方太厨具有限公司 全面提升自主创新能力 引领厨电行业高质量发展[J].今日科技,2023(7):69-70.

本章思考题

1. 运营战略制定的系统性思维是什么?
2. 竞争力的转移和改变的系统性思维是什么?
3. 智能制造能力等级与竞争策略有哪些?
4. 战略性新兴服务业能力等级与竞争策略有哪些?
5. 简述价值链集成与整合。

第 3 章

产品开发与设计流程规划

本章学习目标
1. 理解新产品开发与设计流程。
2. 学习产品设计与制造工艺设计的 DFM 与 DFS。
3. 理解运营流程管理系统的内涵与运营能力。
4. 理解运营流程的度量与优化。

海尔 "水波纹"

海尔"水波纹"系列冰箱设计理念源自波光粼粼的海面,纯白色面板,半透明磨砂立体纹路设计将面板装饰得如银色海面一样,在阳光下十分绚丽,对于年轻时尚消费者比较有吸引力。在细节方面,海尔冰箱采用了触摸式按键操作,消费者能够在显示屏上清晰了解。在能效方面,海尔冰箱容量大,耗电量小。在冷冻方面,海尔冰箱提供了多种保鲜技术,主要采用了抽屉式设计,能够很好地避免各冷冻室直接的串味现象,更加方便用户存放食物。同时,其也提供目前最为主流的制冰室,为用户生活提供了多种方便。

资料来源:海尔 BCD-649WM(haier)649 升风冷定频对开门冰箱介绍价格参考-海尔官网〔EB/OL〕. https://www.haier.com/cooling/20130723_86485.shtml.

3.1 产品开发与设计

3.1.1 新产品开发与设计概述

1. 新产品开发与设计的概念

新产品开发与设计是指从研究选择适应市场需要的产品开始到产品设计、工艺制造设计,直到投入正常生产的一系列决策过程。新产品开发与设计为企业发展和新业务拓展提供了重要机会,成为企业获得长期稳定发展的核心竞争力。新产品开发与设计既包括新产品的研制,也包括原有老产品的改进与换代。大多数企业是改进现有产品而非创造全新产品。随着全球化市场竞争的日益加剧,企业及政府逐渐认识到新产品开发与设计具有的巨大潜力,不断加大新产品开发与设计力度,以应对激烈的国际、国内市场竞争。

2．新产品开发与设计分类

（1）按新产品创新程序分类。①全新新产品：利用全新的技术和原理生产出来的产品。②改进新产品：在原有产品的技术和原理的基础上，采用相应的改进技术，使外观、性能有一定进步的新产品。③换代新产品：采用新技术、新结构、新方法或新材料在原有技术基础上有较大突破的新产品。

（2）按新产品所在地的特征分类。①地区或企业新产品：国内其他地区或企业已经生产但该地区或该企业初次生产和销售的产品。②国内新产品：国外已经试制成功但国内尚属首次生产和销售的产品。③国际新产品：世界范围内首次研制成功并投入生产和销售的产品。

（3）按新产品的开发方式分类。①技术引进新产品：直接引进市场上已有的成熟技术制造的产品。②独立开发新产品：从用户所需要的产品功能出发，探索能够满足功能需求的原理和结构，结合新技术、新材料的研究独立开发制造的产品。③混合开发的产品：在新产品的开发过程中，既有直接引进的部分，又有独立开发的部分，将两者有机结合在一起而制造出的新产品。

3.1.2 新产品开发与设计流程

新产品开发与设计流程是指从提出产品构思到正式投入生产的整个过程。这是从根据用户需要提出设想到正式生产产品投放市场，经历许多阶段，涉及面广、科学性强、持续时间长，按照一定的流程开展工作，流程之间互相促进、互相制约，才能使产品开发工作协调、顺利地进行的一项极其复杂的工作，由于行业的差别和产品生产技术的不同特点，特别是选择产品开发方式的不同，所经历的阶段和具体内容并不完全一样。新产品开发与设计流程如图 3-1 所示。

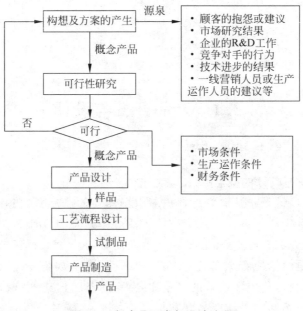

图 3-1 新产品开发与设计流程

1．调查研究阶段

发展新产品的目的是满足社会和用户需要，是新产品开发与设计和设计选择决策的主要依据。提出新产品构思以及原理、结构、功能、材料和工艺方面的开发设想和总体方案。

2．新产品开发与设计的构思创意阶段

新产品开发与设计是一种创新活动，产品创意是开发新产品的关键。要根据社会调查掌握的市场需求情况以及企业本身条件，充分考虑用户的使用要求和竞争对手的动向，有针对性地提出开发新产品的设想和构思。

（1）构思创意主要来自：①用户；②该企业职工；③专业科研人员。

（2）新产品创意的内容：①产品构思；②构思筛选；③产品概念的形成。

3．新产品设计阶段

产品设计是指从确定产品设计任务书到确定产品结构的一系列技术工作准备和管理，是产品开发的重要环节，是产品生产过程的开始，必须严格遵循"三段设计"程序：①初步设计阶段；②技术设计阶段；③工作图设计阶段。产品的"黑箱"功能模型可以使设计者直接关注产品的最主要功能并加强对产品功能技术的理解。通用的产品"黑箱"功能模型如图 3-2 所示。

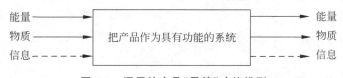

图 3-2　通用的产品"黑箱"功能模型

4．工作图设计阶段

工作图设计的目的是在技术设计的基础上完成供试制（生产）及随机出厂用的全部工作图样和设计文件。必须严格遵守有关标准规程和指导性文件规定，设计绘制各项产品工作图。

5．新产品试制与评价鉴定阶段

（1）样品试制阶段。

（2）小批试制阶段。试制后，必须进行鉴定，对新产品从技术上、经济上作出全面评价。然后才能得出全面定型结论，投入正式生产。

6．生产技术准备阶段

应完成全部工作图的设计，确定各种零部件的技术要求。

7．正式生产和销售阶段

需要做好生产计划、劳动组织、物资供应、设备管理等一系列工作，还要考虑如何把新产品引入市场，如研究产品的促销宣传方式、价格策略、销售渠道和提供服务等方面问题。

新产品的市场开发既是新产品开发与设计过程的终点，又是下一代新产品再开发的起点。通过市场开发，可确切地了解开发的产品是否适应需要以及适应的程度；分析与产品开发有关的市场情报，可为开发产品决策、改进下一批（代）产品、提高开发研制水平提供依据，同时还可取得有关潜在市场大小的数据资料。

3.2 产品开发与设计的方向和方法

3.2.1 产品开发与设计的方向

企业开发新产品,把有限的人、财、物有效地分配在急需的开发项目上,使新产品开发与设计取得最佳效果,关键在于确定新产品开发与设计方向。随着市场竞争日益激烈,消费需求日益多样化和个性化,新产品开发与设计呈现出多能化、系列化、复合化、微型化、智能化、艺术化等发展趋势。企业在选择新产品开发与设计方向时应考虑以下几点。

1. 产品性质和用途

在进行新产品开发与设计前,应充分考察同类产品和相应替代产品的技术含量和性能用途,确保所开发产品的先进性和独创性,避免"新"产品自诞生之日起就被市场淘汰。

2. 价格和销售量

系列化产品成本低,可以降价出售增加销售量,但是系列化产品单调,也可能影响销售量。因此,对系列化、多样化产品以及价格、销售之间的关系,要经过调查研究再加以确定。

3. 消费者需求变化速度和变化方向

随着人们物质生活水平的提高,消费者需求呈多样化趋势且变化速度很快。开发新产品需要一定的时间,时间一定要比消费者需求变动的时间短,才能有市场,才能获得经济效益。

4. 企业产品创新满足市场需求的能力

曾经代表中华民族通信旗帜的巨龙、大唐、中兴、华为四家企业,经过三四年时间,华为、中兴已经走在了前面,巨龙则几乎退出了通信市场。而决定四家企业差距的最关键因素就是各自推向市场的产品所包含技术创新的能力。

5. 企业技术储备和产品开发团队建设

技术储备包含:技术战略;主产品系定位;主产品系技术储备;技术转化条件;非主产品系定位;储备必要性研判;非主产品系研发;非主产品系储备;储备技术价值评价等。构建强大的产品研发团队需要:清晰的组织战略;选对人才;鼓励协作;赋权和激励;加强技术基础设施;不断学习等。

3.2.2 产品开发与设计的方法

企业开发与设计新产品,选择合适的方式很重要。选择得当,适合企业实际,就能少承担风险,易获成功。其一般有独创方式、引进方式、改进方式和结合方式四种。

1. 独创方式

企业开发新产品最根本的途径是自行设计、自行研制,即独创方式。其有利于产品更新换代及形成企业的技术优势,也有利于产品竞争。自行研制、开发产品需要企业建立一支实力雄厚的研发队伍、一个深厚的技术平台和一个科学、高效率的产品开发流程。

2. 引进方式

技术引进是开发新产品的一种常用方式,可以很快地掌握新产品制造技术,减少研制经费和投入的力量,从而赢得时间,缩短与其他企业的差距。但引进技术不利于形成企业的技术优势和企业产品的更新换代。

3. 改进方式

以企业的现有产品为基础,根据用户的需要,采取改变性能、变换型式或扩大用途等措施来开发新产品。可以依靠企业现有设备和技术力量,开发费用低,成功把握大。但是,长期采用改进方式开发新产品,会影响企业的发展速度。

4. 结合方式

独创与引进相结合方式。例如:企业新产品开发的敏捷管理模式,如图 3-3 所示。

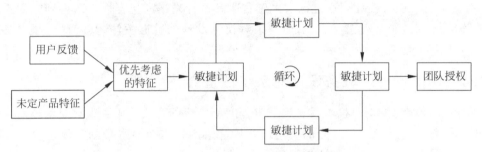

图 3-3　企业新产品开发的敏捷管理模式

3.2.3　面向制造的设计与面向服务的设计

1. 产品设计与后继加工制造并行设计的方法

面向制造的设计(design for manufacturing,DFM)技术是全寿命周期设计的重要研究内容之一,也是产品设计与后继加工制造并行设计的方法。在设计阶段尽早考虑与制造有关的约束,全面评价和及时改进产品设计,可以得到综合目标较优的设计方案,并可争取产品设计和制造一次成功,以达到降低成本、提高质量、缩短产品开发周期的目的。

开发计算机辅助 DFM 软件系统,面向制造的设计关键在于把产品设计和工艺设计集成起来,目的是使设计的产品易于制造、易于装配,在满足用户要求的前提下降低产品成本,缩短产品开发周期。DFM 是在产品设计过程中充分考虑产品制造的相关约束,全面评价产品设计和工艺设计方案。提供改进信息,优化产品的总体性能,以保证其可制造性,DFM 是并行设计的核心,在信息集成与共享的基础上实现产品开发过程的功能集成。

2. 面向服务的设计

面向服务的设计(design for service,DFS)泛指简化零件和工艺,以改进产品的售后服务的设计方法。DFS 结合新的行业趋势和背景研究,可以体现在全面体验(total experience),可持续创新,"私域—全域"数字化营销管理,电商、社交、内容三者边界模糊化,多感官服务设计等方面。

(1) 全面体验。此即客户体验、用户体验、员工体验、业务体验及其"多重体验"。其中一个想法是将其中的每一个关联并增强,从而为利益相关者实现更全面的整体体验。

(2) 可持续创新。服务设计可以引导可持续创新的工具帮助企业从过往的关注点转移到可持续上来,同时要改变的不仅仅是业务上的可持续,还有价值观上的可持续的理念,从上到下、从领导到员工、从业务到生产的可持续理念的渗透。

(3)"私域—全域"数字化营销管理。根据企业的体量和阶段不同,服务设计将制定合理合适的策略帮助企业实现"私域—全域"的数字化营销管理,细化具体营销流程,有效连接研发、产品、销售、市场等关键部门,从客户视角设定关键信息和传播策略,制定营销服务概念,从而提升销售量和曝光。

(4)电商、社交、内容三者边界模糊化。服务设计可依据任何一方优势整合新生业态,内容平台通过内容吸引感兴趣的用户,以大数据和智能技术对用户进行分类,通过内容引力实现流量的反复触达,形成高转化的零售链路。

(5)多感官服务设计。通过探索多感官服务设计来提高包容性。认识到人们反映产品或服务、环境或体验的多种方式,超越了对视觉设计的普遍关注,其特征也吸引了其他感官,如嗅觉或触觉。

3.2.4 产品设计与服务设计的系统性整合

服务设计理念是工业技术发展到一定程度所生成的产物。服务设计是沟通对话的技巧(即如何舒适自然地将设计师的概念模式传达给用户),产品本身则是传达设计师思想的媒介,设计师与消费者的沟通过程如图3-4所示。此外,由于服务设计的无形性与易逝性的特性,需要找到有形的产品作为依托,所以服务设计是附加在有形产品上的无形持续价值。

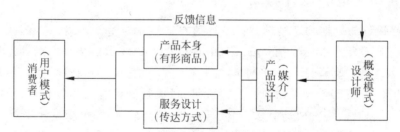

图 3-4　设计师与消费者的沟通过程

服务设计和产品设计有密切的关系,可以相互补充和促进实施系统性整合。以用户体验为中心,以用户需求为导向,通过整合不同的服务要素,设计出满足用户需求、提供优质服务的过程。服务设计强调服务的过程、环境、用户参与度等方面,注重用户的感受和互动;产品设计则是指通过创新、技术、材料等手段,设计和制造出符合市场需求、满足用户使用需求、具备美学和工程性能的产品。产品设计更注重的是产品的形式、功能、品质等方面,强调用户的使用和体验。服务设计和产品设计可以相互补充和促进实施系统性整合。服务设计和产品设计系统性整合可以由以下几个方面进行。

1. 用户体验

服务设计和产品设计都以用户为中心,注重用户体验和满意度,可以相互借鉴和补充。

2. 品牌价值

服务和产品的设计都能够提升品牌价值,提升用户黏性和忠诚度,进而提升企业竞争力。

3．服务产品一体化

随着服务经济的发展，服务和产品的融合已经成为趋势。通过服务设计和产品设计的融合，可以打造出更加完整的服务产品。

4．创新和技术

服务和产品的设计都需要创新与技术的支持，可以相互促进和补充。

3.3　运营流程的选择与设计

3.3.1　运营流程的环节

运营流程指的是为战略的实施人员提供明确指导方向，也即领导者在制订计划的过程中要考虑到运营流程中可能出现的问题，并制订出一份能够将战略和人员及结果连在一起的运营计划。运营活动基本都遵循以下逻辑。其可以表现为以下四个环节。

1．制定策略

根据产品形态、产品所处阶段、用户（渠道）状态、目前一些核心相关数据来制定策略。

2．工作规划和指标的拆解

根据制定的运营策略，进行正确合理的拆解，并对各项工作设定指标。

3．执行落地、达成目标

基于具体工作规划，通过一些运营手段和方法，包括但不限于活动、事件传播、商务拓展，产品机制设计等，来达成目标。

4．数据的监测和调整优化

所有计划执行后作为一个合格的运营要通过数据收集、分析数据和用户反馈来评估运营工作的成效；根据数据分析的结果和用户的反馈做总结，为下一步的运营工作做依据和积累；然后循环进入第一个环节。运营部门的工作流程基本逻辑详解图如图 3-5 所示。

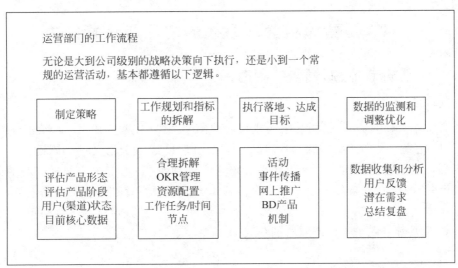

图 3-5　运营部门的工作流程基本逻辑详解图

3.3.2　运营流程的活动与构成要素

1. 运营流程的活动

运营流程是"一系列的、连续的、有规律的活动"。"活动"是有先后顺序或并列关系的,同时这种先后顺序或并列关系是连续和有规律的。在流程运作的过程中,不同公司、不同发展阶段其"活动"之间的运作方式是不同的。流程是"导致特定结果的产生"。流程最终目的在于创造价值,也就是增值,增值可能是效率提升、成本降低、销售增加、利润增长、质量提高,也可能是客户满意、员工满意,这与每个流程的目的(绩效目标)有关。

2. 运营流程的构成要素

完整的运营流程包含以下方面。

(1)流程输入:流程运作初期所涉及的基本要素。常见的流程输入有资料、物料、客户订单、顾客需求、资源、设备、说明、标准、计划、信息、资金等。

(2)流程供应商:为流程活动提供相关物料、信息或其他资源的个体或部门,所提供的物料、信息或资源对流程运作将产生重要影响。

(3)流程过程:为了满足客户需求所必须持续进行的相关作业活动的集合。只有优化流程过程才能为组织创造价值,因此需要提高流程的质量和效率,使流程路径最短、效率最高。

(4)流程执行者:具体的流程过程活动的实施者,既包括个体,也包括部门。流程执行者的识别,与各个部门在流程中所扮演的角色和流程本身的层级划分有着重要关系。

(5)流程输出:流程的最终产出结果。硬件主要指生产制造过程中所产生的各种产品,软件就是相关的信息或者服务。

(6)流程客户:流程输出结果的最终消费者。必须首先明确流程的客户是谁,仔细把握客户的最终需求。

3.4　运营流程管理系统的内涵与运营能力

3.4.1　流程的节拍、瓶颈与空闲时间

1. 流程节拍

流程节拍(cycle time)是指连续完成相同的两个产品(或两次服务,或两批产品)的间隔时间,即完成一个产品所需的平均时间。节拍通常只是用于定义一个流程中某一具体工序或环节的单位产出时间。如果产品必须是成批制作的,则节拍指两批产品的间隔时间。在流程设计中,如果预先给定了一个流程每天(或其他单位时间段)必需的产出,首先需要考虑的是流程节拍。在机械加工生产线的设计中,节拍是设计的一个很重要的因素。生产节拍的平衡很重要。生产节拍的公式为

$$t = 60T\beta/N$$

其中: t 为生产节拍; T 为一年基本工时,一般规定,一班制工时为 2 360 小时/年,两班制

工时为 4 650 小时/年；β 为复杂系数，一般取 $0.65\sim0.85$；N 为生产线加工工件的年生产纲领。

机械加工生产线的主要类型有单一产品固定节拍生产线、单一产品非固定节拍生产线、成组产品可调节生产线、柔性制造生产线。节拍就是顺序生产两件相同制品的时间间隔，表明了流水线生产率的高低，是流水线最重要的工作参数。其计算公式如下：

$$r = F/N$$

其中：r 为流水线的节拍(分/件)；F 为计划期内有效工作时间(分)；N 为计划期的产品产量(件)。

此时：$F = F_0 K$；F_0 为计划期内制度工作时间(分)；K 为时间利用系数。

确定系数 K 时要考虑这样几个因素：设备修理、调整、更换模具的时间，工人休息的时间。一般 K 取 $0.9\sim0.96$，两班工作时间 K 取 0.95，则 $F = F_0 K = 306 \times 2 \times 8 \times 0.95 \times 60 = 279\,072$(分)。计划期的产品产量 N，除应根据生产大纲规定的出产量计算外，还应考虑生产中不可避免的废品和备品的数量。

2. 流程瓶颈

流程中的"瓶颈"是指某一点的工作负荷大大超过了此处的处理能力，从而延缓了整个流程的工作进度。瓶颈工序是指制约整条生产线产出量的那一部分工作步骤或工艺过程。如果流程中的某一个环节出现问题，就可能影响整条流程所输出结果的效率和质量，将这些出现问题影响流程执行结果的环节称为流程瓶颈。流程瓶颈形成原因主要有以下几种。

(1) 流程在执行过程中资源分配不均衡。流程在执行过程中需要投入人力资源和财物资源，解决由于资源分配不均衡而造成的流程瓶颈的唯一办法就是综观整条流程，重新规划、分配对整条流程的资源投入。

(2) 流程的执行者没有尽职。人是流程的主要执行者。可以使用加强激励、加强组织与个人之间的沟通、调整组织内的人员构成等手段提高执行力。

(3) 流程之间资源抢占冲突。在制订生产计划时优先考虑自身产品的生产，并合理地提高生产流程的工作强度或资源投入，以提高整条生产流程的生产力。

3. 流程的空闲时间

流程中的"空闲时间"(idle time)是指工作时间内没有执行有效工作任务的那段时间，可以是设备或人的时间。当一个流程中各个工序的节拍不一致时，瓶颈工序以外的其他工序就会产生空闲时间。这就需要对生产工艺进行平衡。

3.4.2 流程的运营能力及其平衡

1. 流程的运营能力

(1) 文案策划能力。此即对文字的敏感度和驾驭能力，对用户心理痛点的抓取和分析，能否清晰地将信息用简洁的文字传达给用户，并影响用户进行某项操作，最终让用户买单并主动传播。

(2) 数据分析能力。做运营是需要持续性地依据数据来做参考和决策分析。通过分析数据，发现问题、解决问题，最终帮助公司产品带来更好的结果。

（3）思维能力。其包含：①流程化思维；②精细化思维；③杠杆化思维。

（4）人群特征洞察能力。

2．流程的运营能力平衡

（1）资源平衡：需要平衡各方面的资源，包括人力、物力、财力等，以确保运营的顺利和高效。

（2）风险平衡：需要平衡风险，包括市场风险、经营风险、技术风险等。在保证企业发展的前提下，控制风险的承受能力。

（3）成本平衡：需要平衡成本，包括生产成本、经营成本和管理成本等，以确保企业的盈利和发展。

（4）人才培养平衡：需要平衡人才培养，包括内部人才培养和外部人才引进，以确保企业人才队伍的结构和素质的合理性。

3.5 运营流程的度量与优化

3.5.1 流程度量系统

运营度量系统（operational measurement system）指的是根据企业的战略目标和业务需求，设计和建立一套对运营业绩进行定量测量和监控的系统。其目的是帮助企业评估和监控运营绩效，从而及时调整运营策略，提高运营效率和业务质量。其通常包括以下几方面。

1．销售和收入指标

其包括：销售额、销售增长率、平均价格、销售渠道等指标，收入、毛利润、净利润等财务指标。

2．客户满意度指标

其包括客户满意度调查、投诉率、客户保留率等指标，以评估客户对产品和服务的满意程度。

3．运营效率指标

其包括成本控制、生产效率、资源利用率等指标，以评估企业的运营效率和资源利用情况。

4．市场份额指标

其包括市场份额、市场增长率、竞争对手分析等指标，评估企业在市场中的竞争力和发展潜力。

5．产品质量和服务指标

其包括产品质量、投诉率、产品退换货率等指标，以评估产品质量和提供的服务水平。

6．品牌价值指标

其包括品牌影响力、品牌知名度、品牌忠诚度等指标，以评估品牌在市场中的价值和认可度。

3.5.2　运营流程改进与优化

流程改进与优化就是找出常规流程中的低效之处,对其加以修正以提高效率。优化业务流程包括:简化人力资源流程,节约资金,自动化生成潜在客户,对于周期性任务和复杂过程业务,优化业务流程将使结果更加一致;提高生产效率;使风险降低;使错误发生的机会更少;使遵从性更加轻松;使沟通更加顺畅;使团队成员更专注于更重要任务。可以使用以下已经创立的(非模糊的)优化框架来识别和纠正工作流程问题。

1. 精益项目管理

精益项目管理有助于遏制:时间浪费;生产过剩;过度加工;无用的转运;低效的移动;库存浪费;错误和次品等情况发生。要实现精益,需要遵循以下五个步骤:第一步:创立产品价值;第二步:发现工作流程中的浪费;第三步:重新配置工作流程;第四步:满足需求;第五步:不断改进。特点:适用于减少工作流程、生产和其他过程中的浪费。

2. SIPOC 高阶流程图

SIPOC 高阶流程图为业务流程创建了更易理解的可视化描述。能帮助决策者以更广阔的视角,审视可以优化的领域,决策者就可以更好地给流程排序。

S(suppliers)的含义为供应商:影响流程中关键结果("产出")的资源("投入")来源;

I(inputs)的含义为输入:执行流程所需的单个元素(无论是资源还是操作);

P(processes)的含义为流程:执行输入流程后,从头到尾运行任务所需的步骤;

O(outputs)的含义为产出:从过程中得到的结果,如产品、服务或行为;

C(customers)的含义为客户:那些将接收、使用或参与输出的人,包括客户、合作伙伴和内部团队成员。

特点:SIPOC 高阶流程图适用于深层次梳理流程。

3. 流程挖掘

与数据挖掘类似,流程挖掘通过利用现有数据来发现适用于流程的模式,绘制当前业务流程的图表,并输入实数来支持这个模式。特点:流程挖掘方法适合应用历史数据对现有业务流程做进一步分析。

4. 六西格玛方法

六西格玛是以特定数字为标准的制造业质量控制方法,可以减少浪费,提高准确性和整体效率,并提高可预测性等有用的精益技术,甚至可以用于敏捷项目管理。六西格玛的名字指的是错误率与平均值的偏差要保持在六个标准差以内。根据"改进一个现有的流程"和"创建一个新的流程"这两种不同的需求,在应用六西格玛时可分别采用 DMAIC 和 DMADV。

(1) DMAIC 流程优化方法介绍。

D(define)的含义为定义:从定义问题、目标、过程、参数和客户开始。

M(measure)的含义为度量:收集数据作为控件,以便将来比较更改。

A(analyze)的含义为分析:使用可测量的数据来寻找导致在开始时定义的目标效率低或失败的原因。

I(improve)的含义为改进:提出并解决那些效率低下或失败的流程,记录具体的改进过程,与初始流程做比较。

C(control)的含义为控制:将这些流程集成到之前的流程中,将新流程付诸实践。

(2) DMADV 流程优化方法介绍。

D(define)的含义为定义:清晰地列出这个流程的目标。

M(measure)的含义为度量:关于任何对客户、产品或流程结果的质量(CTQ)至关重要的东西,要对其明确赋值。

A(analyze)的含义为分析:基于赋值和预期结果,提出一个满足需求的设计。

D(design)的含义为设计:构建流程,在应用之前测试流程,检验其是否满足期望。

V(verify)的含义为验证:执行流程,确保它与期望一致并能满足目标,保证在任何限制条件之下这套流程都可以运行。

特点:六西格玛方法适用于为改进流程或设计新流程提供概念化的解决方案。

5. 价值流映射

可以使用价值流映射(value stream mapping,VSM)将当前运行的流程打包到一个方便的流程图中。像 SIPOC 高阶流程图一样,精益友好型的可视化会帮助了解事情的原本面目,以便找到改进的机会。VSM 将具有抽象成本和资源的复杂流程转化为具有明确价值的简明流程。要创建 VSM,就要列出给定流程中的每个步骤。对于每个步骤,标明所需的时间和一切相关费用,以及它是否为终端用户增加了价值(如果增加了,增加了多少)。一旦看到以明确的价值标识的流程,就可以设计一个更好的模型,这个模型删除了需花费太长时间或成本过高的步骤。

特点:价值流映射适用于可视化复杂过程、发现浪费的步骤。

6. 5 个"为什么"

5 个"为什么"的核心思想是用理论指导事实,最终达到解决问题的目的。一旦发现了一个问题,应用 5 个"为什么"技巧看起来就很简单了:要问 5 次"为什么?"。其迫使以事实和证据为基础:面对问题,不是首先对发生的事情作出反应,而是思考到底发生了什么才导致了问题的出现。每回答一个"为什么",就更接近问题的核心。一旦有一个明确的答案,问问为什么这个答案是正确的。重复这个过程,直到得到最后那个俄罗斯套娃式的答案。解决了最后一个问题,也就可以解决之前提出的 4 个更宽泛的"为什么"。

特点:5 个"为什么"方法适用于找到复杂问题的核心。

7. 5S

整理(seiri):将必要的和不必要的项目分开,去掉当前流程不需要的任何东西。

排序(seiton):一旦只剩下了自己需要的物品,就把它们整理好,这样就很容易找到并随时使用它们。

擦亮(seiso):给新整理的空间(虚拟的或物理的)做次深度清洁,设置一个新标准。

标准化(seiketsu):通过雇用专业人员或在内部轮换特定岗位来继续保持空间的清洁。

维持(shitsuke):制订一项计划,来保持明亮、闪光、有序的新办公室的新标准。

特点:5S 适用于创造一个有序的工作环境。

8. 计划—实施—研究—行动(plan-do-study-act,PDSA)

计划:清楚地定义一个具体的问题、与该问题相关的可测量的目标、解决该问题的具体变化以及可以证明该变化有效性的可量化指标。

实施：把计划付诸行动。过程目的是证明变更的有效性，标记一个性能基线，以便与以后的结果进行比较。确定一个时间轴，继续记录数据，一段时间后从变化中看到可测量结果。

研究：在确定的时间轴末尾，把变更后的性能与标记的基线做对比。回顾一下早期设定的目标，看看所做的改变是否达到了所期望的效果。

行动：如果所做的变更成功地解决了"计划"步骤中列出的问题，那么变更有效。将变更集成到正在进行的流程中。如果变更没有解决问题，使用新的解决方案重新开始此过程。

特点：PDSA 适用于证明特定变更的有效性。

9．全面质量管理

全面质量管理(total quality management，TQM)采用了一种整体的哲学，通过发现和纠正问题并赋予员工权力来提高绩效、交付成果和客户体验。在实施全面质量管理时，以下的指导原则需要牢记：质量不断提高；质量改进是一个持续的流程；质量改进可以证明。

特点：全面质量管理适用于建立一个连续改进的框架。

3.5.3 流程图的运用

流程图作为一种信息展现方式，能够清晰地展示事件或过程的流程，非常适合在商业、科技等领域中使用。流程图是一种图形化框图，用于描绘事物发展或规划目标的过程，主要目的是使抽象、复杂的事物更加易于理解。在流程图中，箭头表示步骤之间的关系，矩形表示过程，钻石形状表示决策点，圆圈表示起点或终点。流程图的优点在于能够清晰地表示一个过程和其各个环节，方便分析和改进。通用的流程如图 3-6 所示。

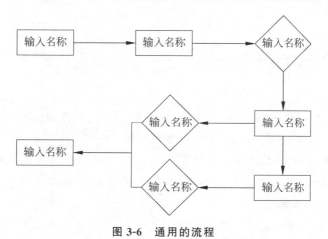

图 3-6 通用的流程

流程图已成为各大企业和机构常用的工具之一，广泛用于事业流程、数据流程、程序设计等各领域，其发展历程也见证了社会和科技的高速发展。而研究、优化、更新流程图的理念，也正在助力逐步高效和自动化地进行生产和服务。

流程图是一种非常有效的工具，通过合理地布置节点和连接线，可以清晰简明地呈现复杂的流程和逻辑,更容易理解。其在工业制造和生产方面,有着广泛的应用,在软件开发和系统设计方面也是必不可少的工具。流程图也常用于项目管理、市场营销和顾客服务等方面。

德芙巧克力的"牛奶香浓,丝般感受"

德芙巧克力是世界最大的宠物食品和休闲食品制造商美国跨国食品公司玛氏(Mars)公司在中国推出的系列产品之一,"牛奶香浓,丝般感受"成为经典广告语。其包装主题设计理念:色彩以暖色调为主,围绕 Logo 的是咖啡色丝带,呼应了其倡导的"丝般感受"口感,直观地表现了产品特点。德芙的所有产品包装均是在此基础上设计的。

德芙包装分析:第一,在包装图形上,德芙巧克力包装以写实的产品形象为主,以此给消费者一种信任感和美感;第二,在色彩上,德芙巧克力仍然沿用巧克力行业的经典咖啡色,并根据不同的产品辅以不同的系列色彩,在包装中,主要的辅助色彩是粉红,浪漫的粉红营造一种温馨的感觉;第三,在字体设计上,德芙巧克力采用了以曲线为主的设计方法,以此更接近消费人群(青年情侣)。

德芙的外包装基本上都以巧克力色为底色,直接对购买者的视觉进行诱惑,同时金色的德芙字体和封口镶边,突出了巧克力的华丽,丝绸飘动的背景衬托出了德芙巧克力所推崇的丝滑诱惑,让人一看到包装就有一尝为快的冲动。包装风格定位偏向于感性设计,将德芙巧克力"牛奶香浓,丝般感受"表现得淋漓尽致。

资料来源:德芙文案赏析:牛奶浓香,丝般感受[EB/OL].(2019-09-25).https://www.sohu.com/a/343283211_714586.

智能手机

智能手机,是像个人电脑一样,具有独立的操作系统、独立的运行空间,可以由用户自行安装软件、游戏、导航等第三方服务商提供的程序,并可以通过移动通信网络来实现无线网络接入的这样一类手机的总称。智能手机的涉及范围已经布满全世界,因为智能手机具有优秀的操作系统、可自由安装各类软件、大屏的全触屏式操作感这三大特性,所以完全终结了以前的键盘式手机。

智能手机还具有高速度、高精度的处理芯片;大存储芯片和存储扩展能力;面积大、标准化、可触摸的显示屏;支持播放式的手机电视;支持 GPS(全球定位系统)导航;操作系统必须支持新应用的安装;配备大容量电池,并支持电池更换;优秀的人机交互界面等特点。

资料来源:智能手机[EB/OL].https://baike.baidu.com/item/%E6%99%BA%E8%83%BD%E6%89%8B%E6%9C%BA/94396?fr=ge_ala.

本章思考题

1. 产品开发与设计的方向和方法是什么？
2. 简述产品设计与制造工艺设计的 DFM 与 DFS。
3. 简述运营流程管理系统的内涵与运营能力。
4. 运营流程的度量与优化是什么？

 即测即练

第 4 章

运营能力规划与工作设计研究

本章学习目标

1. 了解运营能力的种类与运营能力规划。
2. 剖析运营能力规划的辅助决策方法。
3. 了解学习效应和学习曲线。
4. 理解运营系统的工作方式研究。

专用集装箱应对多样性

自从有了航船在海上行驶,港口就面临着无限多样性带来的巨大困扰:既要装卸这些内容、大小、重量千差万别的货物,还要保护货物在航程及存放期间免受恶劣气候和盗贼的侵害。运输公司们与国际超标准化组织合作制定了一项关于船运集装箱的设计标准。几乎在一夜之间,安全问题就被彻底解决了。凡是有大批货物需要海上运输的顾客,只需要将货物用集装箱封好并移交给船运公司即可。然后,港务部门会利用专用装卸设备进行标准化作业,并为其分配仓库。铁路和卡车公司则可以重新设计拖车来运载这些集装箱。新的箱体设计标准得到巨大的成功。许多符合国际超标准化组织制定的标准的专用集装箱,如可以为易腐食品提供恒温环境的冷藏集装箱,很快就在市场上出现了。

资料来源:集装箱运输什么货物? 如何优化多品种货物装载[EB/OL]. (2023-10-13). https://baijiahao. baidu. com/s?id=17796181918408898222&wfr=spider&for=pc.

4.1 运营能力规划与影响因素

4.1.1 运营能力的基本概念

1. 运营能力的概念

运营能力,是指企业基于外部市场环境的约束,通过内部人力资源和生产资料的配置组合而对实现财务目标所产生作用的大小。

2. 人力资源运营能力指标

人力资源运营能力通常采用劳动效率指标来分析。劳动效率是指企业营业收入或净产值与平均职工人数(可以视不同情况具体确定)的比率。其计算公式为

$$劳动效率＝营业收入或净产值/平均职工人数$$

3. 生产资料运营能力指标

生产资料的运营能力实际上就是企业的总资产及其各个组成要素的运营能力。资产运营能力的强弱取决于资产的周转速度、资产运行状况、资产管理水平等多种因素。资产的周转速度,通常用周转率和周转期来表示。

(1) 周转率:企业在一定时期内资产的周转额与平均余额的比率,反映企业资产在一定时期的周转次数。周转次数越多,表明周转速度越快,资产运营能力越强。

(2) 周转期:周转次数的倒数与计算期天数的乘积,反映资产周转一次所需要的天数。周转期越短,表明周转速度越快,资产运营能力越强。其计算公式为

$$周转率(周转次数)＝周转额/资产平均余额$$
$$周转数(周转天数)＝计算期天数/周转次数＝资产平均余额×计算期天数/周转额$$

4.1.2　运营能力规划

运营能力规划就是对企业的规模作出决策。运营能力事关长远;运营能力决定着初始投资与运营成本;运营能力影响组织的竞争力;运营能力影响到组织的日常运营管理。

1. 运营能力的度量

(1) 设计能力:建厂或扩建后运营系统理论上达到的最大能力。实际中,设计方案中确定的能力即为设计能力。

(2) 有效能力:在理想运营条件下能达到的能力,即交工验收后查定的能力。其理想条件包括:原料、动力正常供应,设备正常维修,工作制度和人员出勤等。有效能力总是小于设计能力。

(3) 实际能力:组织时期内在既定的有效能力基础上,考虑实际运营条件后能够实际地产出。

2. 有效能力的决定因素

其体现在厂址与设施,产品和服务,工艺水平和质量设计,工作系统设计,供应链因素,建设安装六个方面。

3. 策略与方案

(1) 积极策略:比需求增加提前一个时期扩大运营能力,以充足的运营能力来满足未来增加的需求。

(2) 消极策略:也称保守型策略,仅当企业因需求增长而满负荷生产或超额生产后才增加产能。

(3) 折中策略:以上两种策略的折中。

基于能力扩大的时间和规模的运营策略如图 4-1 所示。

4.1.3　影响运营能力的因素

1. 产品特征

产品的结构、工艺复杂程度等对运营能力有影响。标准化、系列化、通用化(即"三

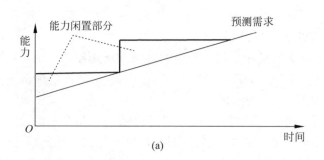

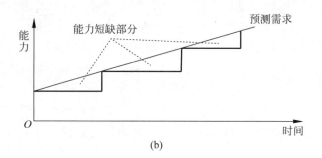

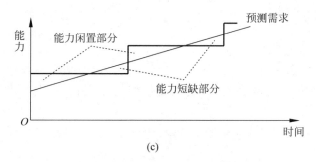

图 4-1 基于能力扩大的时间和规模的运营策略

（a）能力扩大的时间和规模——积极策略；（b）能力扩大的时间和规模——消极策略；
（c）能力扩大的时间和规模——折中策略

化"）高,则运营能力强;产品品种多、工艺复杂,则运营能力弱。

2. 生产组织方式

生产组织方式不同,运营能力也不同。协作、专业化、联合生产有利于提高运营能力。

3. 运营设备与场地

运营能力主要取决于生产设备的多少和生产设备的状态(技术、可利用率),而对于劳动密集的企业和服务业来讲,场地则是影响运营能力的一个重要因素。

4. 生产资源

原料、动力等资源对于大多数企业来讲都是一个生产能力的因素。水力发电厂需要依靠水资源,棉纺织厂需要棉花,钢铁厂需要焦炭。

5. 人的因素

人是最活跃的生产因素,工人对科学技术的掌握水平、劳动技能的熟练程度、劳动者的积极性与工作态度都会影响运营能力。

6．管理因素

管理出效益，即管理是生产力。劳动组织、生产调度、管理者与员工的协作等对生产能力有影响。

目前研究多探讨运营能力和动态能力的交互作用。较为经典的观点从能力层级视角认为运营能力作为零阶能力有助于企业开展日常经营活动，而动态能力作为一阶能力拓展、修改甚至创造运营能力。其核心是"有计划地改变"，往往需要以自发基础上的行动来"临时解决问题"，即兴能力作为一种"干中学"的学习机制作用凸显。

4.2　运营能力的种类与运营能力规划

4.2.1　运营能力的种类

优秀的运营综合型人才，懂销售、懂内容、懂推广、懂用户、懂项目、懂策略、懂行业、懂业务。产品负责界定和提供长期用户价值，运营负责创造短期用户价值＋协助产品完善长期价值。运营人首先要有信仰，除此之外还应该具备以下的逐步递进的能力。

1．数据化运营能力

运营首先要对数据敏感，同时目标感强，是销售运营的基础。

销售额＝进店人数×进店率×转化率×件单价×连带率

当任何一个影响销售额的指标发生变化时，都要从人货场或者产品的长度、宽度、广度等多维度进行全面立体的数据分析，必要时要去一线深入了解数据背后的原因，才能更好地做好数据分析。销售在于数据的追踪和对比，对比的前提要建立科学的数据模型，比如建立门店的"零售密码"（日销售额权重等）和成长轨迹等模型。做好科学的同比环比，同时针对销售的极值进行分析等，就可以做好数据运营。

2．产品运营能力

首先要管好产品的进销存。要建立工具监控产品的动销率、售罄率、库存周转、库龄等关键指标。同时要了解产品的销售结构，进行价格段分析、品类占比分析、TOP 产品分析，确保品类销售合理。最重要的是分析用户的"购物篮"即购买订单，用户是否买了人气产品？是否连带的强相关产品？用户的客单价是否合理？分析出来问题后再进行陈列调整，联合促销等改善问题。建立产品的"销售模型"，进而了解每个产品的生命周期。需要对行业、市场及竞品保持高度敏感，对产品供需了如指掌，在产品不同的生命周期，做不同的营销动作，把控销售节奏，快速导入产品，延长产品生命周期，果断收尾。

3．活动运营能力

做活动策划之前一定要考虑品牌调性，切忌为了做活动而做活动，最终稀释品牌也误导消费者。活动的目的是宣传品牌还是提高销售额，根据目的进而确定可做的活动形式和 ROI（投资回报率），同时做好活动准备和流程把控，最后做好活动总结和评估。活动的总结尤其重要，要看活动是否成功，要看促销的爆发度和衰减度，获得用户口碑，养成店员销售惯性，提升复购率，让产品销售呈现阶梯式上扬。跨界的销售活动，让"羊毛出在猪身上"也是不错的尝试。

4. 品类运营能力

品类运营是一种综合的整合营销能力,需要对用户、需求、场景有深刻的洞察,对产品深刻的了解,有符合现代人审美和精神需要的产品推广方式,凸显产品体验、提高决策效率的商品陈列,对生活益处的话术和演示,甚至角落的整洁也能帮助用户了解产品卖点。销售员的微笑、收银的高效等每一个细节和服务,一定要有一批热情、懂礼仪的销售人员,能理解企业价值观,与顾客建立良好的连接,及时给用户反馈,好的品类运营会给用户一种愉快的购物体验,是用户通过产品认同品牌,持续复购和使用产品的基础。

5. 内容运营能力

内容运营是持续关注内容从生产到消费再到流通和传播的全过程。要有正确的定位和调性,并始终如一地坚持,形成风格和标签。好的内容是围绕用户感知的,让用户喜欢和易懂,并给用户传输价值。其不仅取决于分发渠道、组织和流通,更在于内容是否真的好。内容的核心打动力,源于内容生产者不同于他人的、极度细致入微的和深度的经历、体验和思考。

6. 用户运营能力

用户运营是一种信任运营。用户运营首先要了解你的用户是谁和从哪里来,需要把线上和线下数据整合,通过用户购买频次、使用频次、高价产品占比等数据全面了解用户及其需求。然后围绕用户的新增、留存、活跃、传播以及用户之间的价值供给做经营动作,建立用户信任。在产品的使用上,爱好者和极客对普通大众有巨大的带动作用,可以通过口碑推荐帮产品跨过"用户鸿沟",高阶的用户运营一定有自己的会员和 CRM(customer relationship management,客户关系管理)系统进行精细化管理。需要评估会员的忠诚度、购买力和价格容忍度,做好会员的分级管理,经营会员的生命周期。

4.2.2 运营能力规划原则

运营以团队为单位展开工作,需要与其他伙伴共同达成一个目标,运营要求协同与合作。团队整体的能力需要提升平均水平,或者提升能力稍弱一些成员的能力,才能促进团队整体能力的提升。运营团队运营能力规划原则需要注意以下几点。

1. 遇到问题,主动解决

首要原则是遇到问题要主动解决,解决问题的能力也是个人价值的重要表现。团队成员要想达成某个目标,只有主动解决每个模块面临的问题,才能推动工作的进度。团队成员解决问题的意识要统一,有较强的执行力作为强有力的保障。还要求团队有较强的凝聚力、高度的共同目标感知度,以及集体进退的荣誉感。

2. 运营永远是团队协作,不逞个人英雄主义

个人能力突出,不能决定一个团队能力的高度,只有整体成员能力突出团队能力才突出。不能凭借个人能力强,而无视能力稍弱小伙伴的努力和付出,更不能逞个人英雄主义。能力强的应该多帮助能力弱的,相互帮助,共同协作,才能让团队有温度,才能让人心有温暖。

3．时刻保持市场敏感度

运营人员要时刻保持对市场的敏感度，要清楚自己的位置，也要了解竞争对手的水平，知道差距和差异化在哪里，才能保持自身的竞争力。洞悉市场和竞争对手的运营人员目标性和方向性更强，设置任务和目标也将更有针对性，能让运营人员有更高的战略高度，更能捕捉问题的核心点，对分析问题找到解决方案具有更广的参考维度，间接提升解决问题的效率。

4．做运营，要和喜欢的人一起

与志同道合，工作目标和解决问题的意识比较接近的人共事，以工作结果为导向，以解决问题为目标，相处起来让人很顺心，也很省心。与志投意合的团队成员，以及如同好友般的同事互相帮助和协作，工作气氛也差不到哪里。同样和喜欢的人一起，必定对方有你认同或欣赏的地方，能增强你向对方学习的想法，促进共同进步。

5．运营，是架接产品、用户、市场的桥梁

运营的本质一边是挖掘用户需求，一边是提升产品体验，以用户思维主导运营，将业务转化为核心目标，对产品、用户、市场进行良好的嫁接，助力打造强有力的竞争力。通过对客户各个生命周期环节的针对性的运营，将产品不间断地输给市场目标用户，最终完成变现。围绕产品，针对目标用户进行有策略性的拉新、激活、留存、转化、裂变等直接或间接的工作。用数据运营驱动业务增长，用优质的渠道完成拉新，建立完善的用户成长体系实现留存，通过改善和优化产品达成口碑传播。

4.3　运营能力规划的辅助决策方法

4.3.1　运营能力需求

不同的运营具备不同的技能，但也有很多技能具有共同性，企业运营能力需求如下。

1．站在用户角度，及时解决用户需求

运营人员需要长期地和用户进行交互，在交互的过程中去了解用户，弄清楚用户的特点，才能针对性解决需求，很多时候要和用户交朋友，站在用户的角度去思考问题，这样才能发现问题的所在。能解决的肯定得及时解决掉，只有得到用户的青睐，产品才会越做越好。

2．抗压能力

运营人员每天对着的都是很多的数据，处理起来非常烦琐，还会遇到形形色色的人，还包括团队成员，接触得多，就会遇到各种各样的问题。因此抗压能力要强，保持良好的心态，一件一件去解决就行了，不可太急躁，不然反而容易出现错误。

3．换位思考

运营人员更主要的是站在用户的角度去思考问题，了解用户的需求，知道用户想要什么，从而推荐这些用户想要的东西，产品就能够增强用户黏性，从而得到用户信任。

4．学习能力

运营人员的学习能力必不可少，学得越多，懂得越多，能力也就越强，处理突发问题时也能很快解决。

5．数据分析能力

数据分析能力是运营人员必备的能力，运营人员每种运营都离不开数据的分析，通过数据分析才能发现现象的本质，从而做好运营的工作。

4.3.2　运营能力决策与评价

1．运营能力决策

1）基于选择的快速决策

为了快速作出精准的决策，合理地运用"37％ look then leap"理论。简单来说，就是要花37％的时间进行搜索"选择"，再通过往后的对比来快速决策。

2）用数据思维来思考运营决策

运营决策无非就是思考做什么和不做什么，在大多数情况下可以用数据来作为指标，数据可以是性价比、投产比、用户满意度等。

3）努力升级认知

运营大咖多具有极强的运营决策能力，作出的决策大都是快、准、狠。究其原因，是他们具有极强的认知水平。运营人的本质差别在于认知不同，在好奇心驱动下，决策者的认知一直在升级。看得多，看得远，看得深，导致决策者作出的运营决策能力远超一般人的水准。

2．运营能力评价

1）总资产营运能力评价

对总资产营运能力评价的主要指标是总资产周转率，即企业在一定时期净利润与总资产的比率。其主要说明企业总资产的利用效率，利率越大，说明企业获取利润的能力越强。

2）流动资产营运能力评价

评价此指标主要包括以下几个。

（1）流动资产周转率：企业流动资产的周转速度，算法是

流动资产周转率＝流动资产的平均占用额/一定时期流动资产所完成的周转额

在一定时期内，流动资产的周转次数多，表明以同样的流动资产完成的周转额就多，流动资产利用的效果就好。

（2）应收账款周转率：反映应收账款周转速度的指标，算法是：应收账款周转率＝一定时期内赊销收入净额/应收账款平均余额。其有两种表示方式：应收账款一年（通常是一年）的周转次数；应收账款的周转天数。在一定时期内应收账款周转次数越多，表明应收账款回收速度越快，表明企业的工作效率越高。

（3）存货周转率：存货周转率＝企业销货成本/存货平均余额，既能反映企业的销售能力和资产的流动性，同时也说明了企业生产经营每个环节的存货运营效率。

3．固定资产营运能力评价

固定资产营运能力主要受固定资产周转率的影响，固定资产周转率＝企业年销售收入净额/固定资产平均净值，主要反映公司固定资产的周转情况，而且是衡量固定资产利用效率的一项重要指标。固定资产周转率高说明企业的固定资产比较充分，并且表明企业固定资产投资用途得当、结构合理，能够充分发挥企业的投资效率。

4.4　学习效应和学习曲线

4.4.1　学习效应

1．学习效应的概念

学习效应是指企业的工人、技术人员、经理等在长期生产过程中,可以积累产品生产、技术设计以及管理工作经验,从而通过增加产量使长期平均成本下降。学习效应通常用学习曲线来表示。学习曲线所描述的是企业累积性产品产量与每一单位产量所需要投入要素数量之间的关系。学习效应与学习曲线如图 4-2 所示。

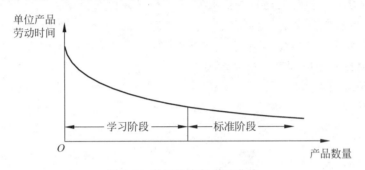

图 4-2　学习效应与学习曲线

2．学习效应的类型

常见的学习效应有两种:个人学习和组织学习。个人学习是指当一个人重复地做某一产品时,由于动作逐渐熟练,或者逐渐摸索到一些更有效的作业方法,做一件产品所需的工作时间(即直接劳动时间)会随着产品累积数量的增加而减少;组织学习是指管理方面的学习,指一个企业在产品设计、工艺设计、自动化水平提高、生产组织以及其他资本投资等方面的经验累积过程,也是一个不断改进管理方法、提高人员作业效率的过程。

3．学习效应的内容

学习效应显示随着产品生产批量的累积性增强,随后的每批产品所需的劳动投入量在相当大的范围内呈下降趋势。学习效应导致的单位产品劳动投入量的下降必然导致产品长期平均成本的下降。当学习效应完全实现后,学习效应与横坐标平行,可以由如下关系式表示:

$$V = a + bN - \beta$$

其中,V 表示每一批产品所需要的劳动投入量;N 表示累积性产品批量;a, b, β 为参数。a 与 b 为正的数值,β 大于 0,小于 1。当 N 等于 1 时,要素投入等于 $a + b$,此时,$a + b$ 测度生产第一批产出所需要的要素投入。如果 β 等于 0,随着累积性产品批量的增加,每单位产出所需要的要素投入保持不变,表示不存在学习效应。

当企业生产了多批产品以后,学习效应有可能全部实现。一旦学习效应全部实现,可以使用通常的成本分析方法进行成本分析。如果企业的生产所采取的是比较新的生产过程,那么较低产出水平下的相对高的成本以及较高产出水平下的相对低的成本表示存在学习效应,而不存在递增规模报酬。如果某种产品的生产过程存在学习效应,对于一个成熟的企业来说,不管其生产的规模如何,生产成本都相对较低。如果一个进行批量生产的企业知道在自己产品的生产中存在递增规模报酬,那么该企业将扩大规模进行生产以便降低产品生产的成本。如果存在学习效应,企业将通过增加产品生产的批量降低产品成本。

4.4.2 学习曲线的基本规律

1. 学习曲线的概念

学习曲线的定义为"在一定时间内获得的技能或知识的速率",又称练习曲线。学习曲线是以横轴表示反复次数(探索次数)、以纵轴表示各种学习测试的学习过程的曲线。

学习曲线有狭义和广义之分。狭义的学习曲线又称人员学习曲线,是指直接作业人员个人的学习曲线。广义的学习曲线也称生产进步函数,指工业某一行业或某一产品在其产品寿命周期的学习曲线,是融合技术进步、管理水平提高等许多人努力的学习曲线。

2. 学习曲线的影响因素与相关假设

1)学习效果因素影响

(1)操作者的动作熟练程度,是影响学习曲线的最基本因素,如图 4-3 所示。

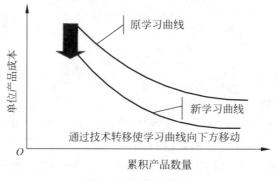

图 4-3　新学习曲线

(2)管理技术的改善,正确的培训、指导,充分的生产准备与周到的服务,工资奖励及惩罚等管理政策的运用。

(3)产品设计的改善。

(4)生产设备与工具的质量。

(5)各种材料的连续供应和质量。

(6)信息反馈的及时性。

(7)专业化分工程度。

2)学习曲线的三个假设

如图 4-4 所示,学习曲线的三个假设内容包含:

(1)每次完成给定任务或者单位产品后,下一次完成该任务或单位产品时间将减少。

(2)单位产品完成时间将以一种递减的速度下降。

(3)单位产品完成时间减少将循环一个可以预测的模式。学习曲线方程一般形式是

$$y_x = kx^n（n \text{ 为 } x \text{ 的指数}）$$

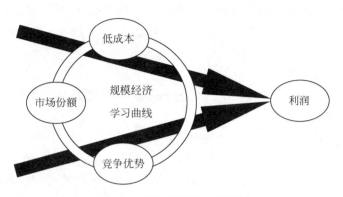

图 4-4　学习曲线的三个假设

其中：x 为单位数量；y_x 为生产第 x 个产品所需的直接劳动小时数；k 为生产第一个产品所需的直接劳动小时数；$n = \lg b / \lg 2$，其中 $b =$ 学习比例。

4.4.3　学习率的估计与学习曲线的运用

1．学习率的估计

如果已经开始生产了一段时间，通过以前的生产记录能够很容易得到学习率。如果生产还未开始，对学习率的估计就是一个具有启发性的猜测问题。在这种情况下，分析员有以下三种选择。

（1）假设估计的学习率同以前性质的企业中的学习率一样。

（2）假设估计的学习率与同样的或类似的产品的学习率是一样的。

（3）分析学习前的运转方式与前面的运转方式的相同点和不同点，并由此得出适合此种情况的经过修正的学习率。

2．学习曲线的运用

（1）在生产制造方面可以应用于估计产品设计时间和生产时间，同时可以应用于估计成本。

（2）学习曲线是企业战略设计的组成部分，如价格、投资成本和营运成本决策。

（3）应用于个体学习和组织学习的能力。

（4）学习曲线如使用不当也有一定风险。环境变化中的不测因素影响学习规律，管理人员需要注意环境动态变化的特性。

4.5　工作设计与工作研究

4.5.1　工作设计的基本概念与实用指针

1．工作设计的概念与基本内容

工作设计是指一种以任务结构为中心的组织开发技术，对工作的内容、方法、环境条件、人员素质和工作负荷等加以分析和组织，以达到人员、工作、环境最佳配合的过程。

工作设计的基本内容和方法是指对各操作动作的有效性、经济性、均衡性和连贯性等进行分析，并以此为基础重新组合工作内容和方法，使其与机器、设备、材料、产品之间在时间和空间关系上达到最佳的配合。

2. 工作设计的实用指针

（1）需求分析。对原有工作状况进行调查诊断，以决定是否应进行工作设计，应着重在哪些方面进行改进。

（2）可行性分析。确认工作设计之后，还应进行可行性分析。应考虑该项工作是否能够通过工作设计改善工作特征；从经济效益、社会效益上看是否值得投资。应该考虑员工是否具备从事新工作的心理与技能准备，如有必要，可先进行相应培训学习。

（3）评估工作特征。基于可行性分析成立工作设计小组负责工作设计，由工作设计专家、管理人员和一线员工组成的工作设计小组负责调查、诊断和评估原有工作的基本特征，分析比较，提出改进。

（4）制订工作设计方案。根据工作调查和评估的结果，由工作设计小组提出可供选择的工作设计方案，工作设计方案中包括工作特征的改进对策以及新工作体系的工作职责、工作规程与工作方式等方面的内容。在方案确定后，可选择适当部门与人员进行试点，检验效果。

（5）评价与推广。根据试点情况及研究工作设计的效果进行评价。评价主要集中于三个方面：员工的态度和反应、员工的工作绩效、企业的投资成本和效益。如果工作设计效果良好，应及时在同类型工作中进行推广应用，在更大范围内进行工作设计。

4.5.2　工作设计中的社会技术系统理论与行为理论

1. 工作设计中的社会技术系统理论

工作设计中的社会技术系统理论认为在工作设计中应该把技术因素与人的行为、心理因素结合起来考虑。任何一个运营系统都包括两个子系统：技术子系统和社会子系统。运营组织是一个社会技术系统，其中包括人和设备、物料等，系统具有社会性。人与这些物性因素结合得好坏不仅决定着系统的经济效益，还决定着人对工作的满意程度，因此，在工作设计中着眼点与其说放在个人工作的完成方式上，不如说应该放在整个工作系统的工作方式上。如果把运营组织方式、新技术的选择应用和工作设计联系，伴随着新技术革命和信息时代的到来，以柔性自动化为主的生产模式正在成为主流。但是，如果没有在工作设计中的思想和方法上的深刻变革，不可能取得成功。为此，需要把技术引进和工作设计作为一个总体系统来研究，将技术、生产组织和人的工作方式三者相结合，强调在工作设计中注重促进人的个性的发展，注重激发人的积极性和劳动效率。

2. 工作设计中的行为理论

行为理论主要内容是研究人的工作动机。人的工作动机有多种：经济需求、社会需求以及特殊的个人需要等。专业化程度高、重复性很强的工作使人产生单调、厌倦和淡漠等，从而影响到工作结果，需要在工作设计中考虑工作扩大化、工作职务轮换、工作丰富化等方法来解决问题。

4.5.3 工作研究的基本概念与主要研究内容

1. 工作研究的基本概念

工作研究(work research)是指工业工程体系中最重要的基础技术,利用系统分析方法研究和作业测定两大技术,分析影响工作效率的各种因素,消除人力、物力、财力和时间方面的浪费,减轻劳动强度,合理安排作业,寻求更好、更经济、更容易的工作方法,以提高系统的生产率,并制定该工作所需的标准时间,从而提高劳动生产率和整体效益。

2. 工作研究的主要研究内容

工作研究是一门实用性很强的先进管理技术,是技术与管理相结合的应用科学,通过对现行的以工作系统为研究对象的工程活动,应用人类工程学和行为科学等的原理,对现有的各项工艺、作业、工作方法等进行系统分析,运用方法研究技术,进行工作程序、操作程序的分析、研究,改进工作流程或工作方法,消除、减少多余的非生产性的动作(如寻找、选择、逗留等),制定合理的工序结构,确定标准的工作方法。工作研究遵循以内涵方式提高效率的原则,在既定的工作条件下,不依靠增加投资,不增加工人劳动强度,只通过重新组合生产要素、优化作业过程、改进操作方法、整顿现场秩序等方法,消除各种浪费,节约时间和资源,从而提高产出效率、增加效益、提高生产率。同时,作业规范化、工作标准化,还可使产品质量稳定和提高,人员士气上升。因此,工作研究是企业提高生产率与经济效益的一个有效方法。工作研究的内容与范围如图 4-5 所示。

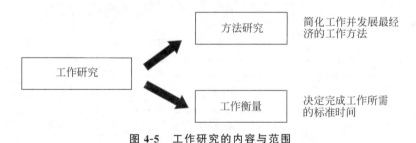

图 4-5 工作研究的内容与范围

4.5.4 工作研究的步骤与流程图分析

1. 工作研究的步骤

(1) 选择研究对象。其主要集中在系统的关键环节、薄弱环节,或带有普遍性的问题方面,或从实施角度容易开展、见效的方面。应该选择明显效率不高、成本耗费较大、急需改善的工作作为研究对象,可以是一个运营系统全部,或者是某一局部,如生产线中的某一工序、某些工作岗位,甚至某些操作人员的具体动作、时间标准等。

(2) 确定研究目标。确定了研究对象之后还需规定具体的研究目标,包括:①减少作业所需时间;②节约生产中的物料消耗;③提高产品质量的稳定性;④增强职工的工作安全性,改善工作环境与条件;⑤改善职工的操作,减少劳动疲劳;⑥提高职工对工作的兴趣和积极性等。

(3) 记录现行方法。将现在采用的工作方法或工作过程如实、详细地记录,可借助各类专用表格技术来记录,动作与时间研究还可借助录像带或电影胶片来记录。

(4)研究分析。详细分析现行工作方法中的每一个步骤和每一动作是否必要,顺序是否合理,哪些可以去掉,哪些需要改变。

(5)使用新方法。其是工作研究的核心部分,包括建立、使用和评价新方法三项主要任务。

(6)方法实施。工作研究成果实施、新方案的推广会更加困难。因此,实施过程要认真做好宣传、试点工作,做好各类人员的培训工作,切勿急于求成。

2.工作研究的流程图分析

工作研究的流程图可以帮助管理者了解实际工作活动,消除工作过程中多余的工作环节、合并同类活动,使工作流程更为经济、合理和简便,从而提高工作效率。通过适当的符号记录全部工作事项,由一个开始点、一个结束点及若干中间环节组成,中间环节的每个分支也都要求有明确的分支判断条件,用以描述工作活动流向顺序,用图的形式反映一个组织系统中各项工作之间的逻辑关系,描述工作流程之间的联系与统一的关系,对于工作标准化有着很大的帮助。流程图的常用图标如表 4-1 所示。

表 4-1　流程图的常用图标

元　素	名　称	定　义
	开始或结束	表示流程图的开始或结束
	流程	即操作处理,表示具体某一个步骤或者操作
	判定	表示方案名或者条件标准
	文档	表示输入或者输出的文件
	子流程	即已定义流程,表示决定下一个步骤的一个子进程
	数据库	即归档,表示文件和档案的存储
	注释	表示对已有元素的注释说明
	页面内引用	即连接,表示流程图的接口

以下通用图非常适合描述业务、制造或管理流程,了解组织功能或不同部门合作方式。

(1)过程流程图:说明流程的工作方式或计划方式,可以制定组织内的角色和职责,以使其清晰;为新流程或项目起草提案,以了解其范围和步骤。过程流程图显示业务开始到结束整个执行过程,在制作过程中没有特殊的工具限制,在 Word、Excel、PPT 等文件中都可以随意制作,只需要表达清楚过程中的执行节点单元和条件即可。

(2)工作流程图:用于了解数据和文档在组织内结合业务各规则的流程,显示了业务或流程的运作方式,如图 4-6 所示。OA 流程、钉钉审批流程等都属于工作流范畴。其在制作上已经相对过程流程图要复杂,需要定义很多的条件规则,在该种情况下可使用流程图绘制根据,也可在工具中使用模板快速应用匹配。

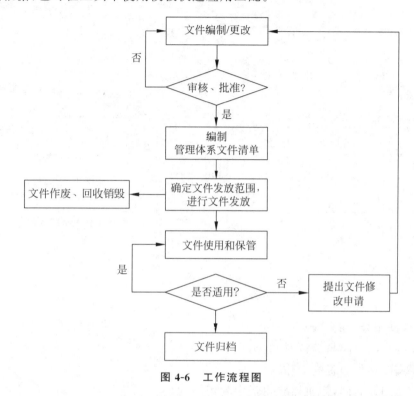

图 4-6 工作流程图

(3)泳道流程图:用于描述分开的部门,流程或员工如何相互作用协同,类似于工作流程图,但是关键是允许在发生活动的地方创建不同的类别。该图表非常适合记录与组织的不同部门交互或需要不同团队之间进行协作的整个过程。其可有效地通过不同泳道表示对应的处理单元之间协作和关联关系。

(4)数据流程图:用于查看数据流入和流出信息系统的位置,数据流程图显示了数据处理方式。其主要运用设计或分析系统,尽管最常用于软件开发和设计,但可用于分析任何类型的信息数据流。图 4-7 显示了典型的商品进、销、存过程。

4.5.5 人机联合操作分析

1. 联合操作分析的概念

生产现场中两个或两个以上操作人员同时对一台设备(或一项工作)进行操作称为人机联合操作作业。联合操作分析是指对生产现场两个或两个以上操作人员同时作业于某一台设备的操作过程进行的分析,着力解决各操作者协作中不合理、不均衡和浪费等,以提高机器利用率、平衡人员负荷。联合操作分析图可以显示各操作者与机器的待工情况及工作效率。

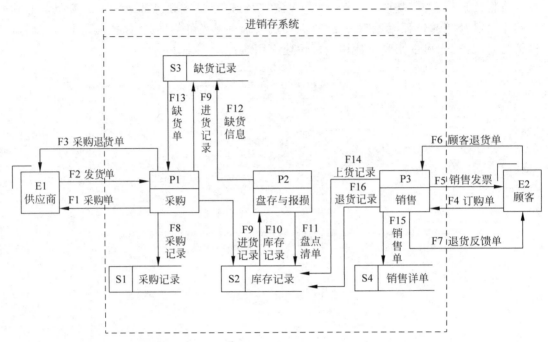

图 4-7 数据流程图

2．联合操作分析的目的

（1）发掘空闲时间与等待时间。

（2）平衡多名作业者的工作。

（3）缩短周期时间,使机器获得最大利用率。

（4）发掘最佳方法及选配合适作业者和机器,使人、机作业达到最佳组合。

3．联合操作分析的工具

利用联合操作分析图对某一工作程序内各个对象的各种不同动作及其相互关系进行分析,通过对各对象的工作合理调配,取消空闲或等待时间,达到缩短周期的目的。利用联合操作分析图对联合操作进行分析的基本原则是：人与机的动作如能同时完成为最佳。

4.5.6 作业测定

1．作业测定的概念与目的

1）作业测定的概念

作业测定是运用各种技术来确定合格工人按规定的作业标准,完成某项工作所需的时间,在方法研究的基础上对工作细节进行分析并制定标准时间的一种方法。

2）作业测定的目的

（1）安排作业进度,为改进工作、激励员工以及测定他们的表现提供一种客观标准。在选择作业测定对象时其操作技术必须达到最基本的要求,即达到合格工人的标准。

（2）将实际工作情况与标准作业时间进行对比,寻找改善的方向。

（3）测定工人的空闲时间、等待物料时间等非创造附加价值的时间占整个工作时间的百分比，以决定对策等。

2．自动化对作业测定影响

当企业的自动化程度增高时，原来的作业测定结果和作业测定方法也需要相应改变，原来对宽放时间的考虑也可能变得不适当了。自动化工厂里机器正在越来越多地控制工作循环，工作循环由数控设备决定，很少需要观测工人的动作和判断他们的能力发挥情况。此外，也许需要考虑人的疲劳，以决定宽放时间，疲劳的本质从体力上的疲劳转变为精神上的疲劳。

自动化的发展也影响了作业测定方法本身。样本法在自动化设备中使用起来更容易，因为可用电子监视器同时对多个对象进行观测。PTS（既定时间标准设定）法的注目点转到了分析机器人的动作和知识阶层职员的活动上。"机器人时间和动作研究"（robot time and motion，RTM）专门用来评价机器人的各种工作方法。

自动化制造系统只为某个工作或某个动作建立标准数据，将对自动化制造系统的各主要部分建立标准数据，自动化制造单元的标准数据可用来模拟各种工作方法，也可以在产品开始生产以前估计生产成本。智能工厂自动化制造系统示意图如图 4-8 所示。

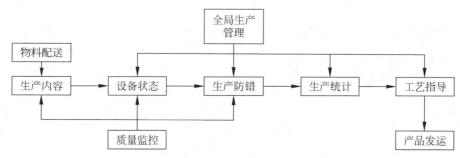

图 4-8　智能工厂自动化制造系统示意图

4.5.7　工作标准

1．工作标准的概念

工作标准是一个训练有素的人员完成一定工作所需的时间，完成工作应该用预先设定好的方法，用其正常的努力程度和正常的技能（非超常发挥），也称为时间标准。其包括：对标准化领域中需要协调统一的工作事项所制定的标准，对工作的范围、责任、权利、程序、要求、效果、检查方法等所做的规定，按工作岗位制定的有关工作质量的标准，管理业务工作标准和作业标准，对企业标准化领域中需要协调统一的工作事项所制定的标准。

2．工作标准的作用

1）设计作用

（1）制订运营能力计划。根据完成各项工作任务所需的标准时间，市场对产品的需求制订其人员计划和设备计划，包括设备投资和人员招聘的长远计划，即企业根据市场需求决定生产量，生产量和标准时间可决定每人每天的产出以及所需人数，再根据每人操作的设备和人员总数决定所需设备数量，在此基础上制订设备和人员计划。此外，生产进度计划的制订也需要以较精确的标准作业时间为基础。

（2）进行作业排序和任务分配。根据不同工序完成不同工作的标准时间，合理安排每台设备每个人的每天工作任务，以防止忙闲不均、设备闲置、人员闲暇的现象，有效地利用资源。

（3）对运营系统及运营程序设计工作标准可以用来比较不同的运营系统设计方案，以帮助决策，也可以用来选择和评价新的工作方法，评估新设备、新方法的优越性。

2) 管理作用

（1）作为一种激励手段，用工作标准可以确定一天的标准工作量，根据工作标准确定"超额"完成的工作量，并给予相应的奖励。

（2）用于成本和价格计算，以工作标准为基础建立产品的成本标准，又可以用来制定预算，决定产品价格，以及决定自制还是分包这样的运营战略。

（3）评价员工的工作绩效，比较一个员工在一段时间内的工作成绩和工作标准，从而判断工作绩效的好坏。

4.6 运营系统的工作方式研究

4.6.1 独自工作方式与团队工作方式的对比

1. 独自工作与团队工作的区别

（1）主导不同。独自工作以某个独立的个体为单位，所有的工作都出自本身的意愿。团队工作是以一个共同目标为主导思想，团队成员都要为这一目标而奋斗、努力工作。

（2）效率不同。独自工作因为只能依靠独立完成工作，工作进展速度慢，效率低。而团队的人数最少在 3 人，多人协同工作，互相帮助协同工作进度，效率高。

（3）成本不同。选择独自工作的好处就是用人单位可以省去一部分的费用，同时也可为用人单位培养自己的专业优秀人才。团队工作成员的基数大，用人成本相对独自工作会高出很多。

（4）培养时间不同。独自工作只需要独自有针对性地进行技能等方面的培训，接受速度快，花费时间短。团队工作过多的时间用在人员磨合和培养方面，而把一些基层和基本的工作给忽略掉，从而导致工作开展和衔接方面不能及时达到预想目标，事倍功半。

2. 独自工作和团队工作的优缺点

（1）独自工作的优点。自由度高，可以自由安排工作时间和工作任务，更加灵活。独立性强，需要自己独立完成任务，能够提高自己解决问题的能力和独立思考的能力。不受干扰，没有他人的打扰，更加专注地进行工作。

（2）独自工作的缺点。无法分享经验，难以和他人分享和学习经验和知识，进而限制自身的发展。孤独感，长期独处容易产生孤独感和缺乏社交活动的情况，需要自行寻求解决方式。需要具备多种技能。

（3）团队工作的优点。团队内分工，可以让每个人专注于自己的工作领域，分工明确，协作效率高。知识共享，与他人共同工作可以让自己更好地学习他人经验和知识，从而提高技能,丰富自己的知识储备,并能通过商讨解决复杂问题。创造氛围,会带来一种充实和积极向上的工作氛围,使得工作更有动力。

(4) 团队工作的缺点。协调难度大,由于人员较多,意见和主张的差异很大,因此协调各方面可能会面临困难。沟通成本高,需要经常沟通和交流,否则会导致整体计划出现偏差或错误。其他问题,如领导强势,人际关系复杂等,都有可能引起团队合作的问题。

4.6.2　运营系统工作方式——业务流程重构

1. 业务流程重构的概念与内涵

1) 业务流程重构(business process reengineering,BPR)的概念

通过对企业战略、增值运营流程以及支撑系统、政策、组织和结构的重组与优化,达到工作流程和生产力最优化的目的。强调以业务流程为改造对象和中心,以关心客户的需求和满意度为目标,对现有的业务流程进行根本的再思考和彻底的再设计,利用先进的制造技术、信息技术以及现代的管理手段,最大限度地实现技术上的功能集成和管理上的职能集成,以打破传统的职能型组织结构,建立全新的过程型组织结构,从而实现企业经营在成本、质量、服务和速度等方面的突破性的改善。业务流程重组最重要的是在组织高管层面有完善的业务流程重组管理计划与实施步骤以及对预期可能出现的障碍与阻力有清醒认识。

2) 业务流程重构的内涵

一个全新的企业经营过程(为了达到某一经营目标而实施的一系列逻辑),不受现有部门和工序分割的限制,以一种最简单、最直接的方式来设计企业经营过程,要面向经营过程设置企业的组织结构,以实现企业的重组。较全面的 BPR 应是指通过资源整合、资源优化,最大限度地满足企业和供应链管理体系高速发展需要的一种方法,更多地体现为一种管理思想,已经远远超出了管理工具的价值,目的是在成本、质量、服务和速度等方面取得显著的改善,使得企业最大限度地适应以顾客、竞争、变化为特征的现代经营环境。

BPR 是国外管理界在 TQM、JIT(准时生产)、Workflow(工作流管理)、Workteam(团队管理)、标杆管理等管理理论与实践全面展开并获得成功的基础上产生,是对企业僵化、官僚主义的彻底改革。国内外大企业采用了 BPR 及其先进思想使自己获得了新生和变革。BPR 的 IT 应用支撑最佳工具为 BPM(业务流程管理)软件。

2. 企业流程重构框架

企业流程重构框架包括了重构过程中的各个部分,主要包含:一系列的指导原则;企业流程重构的过程(一系列的活动和它们的内部关系);一系列的方法和工具,以及这些方法和工具在支持企业流程重构过程中的作用。企业流程重构框架涵盖了重构的重要环节,企业自己可以按照框架的内容顺利地完成企业流程重构过程。企业流程重构框架如图 4-9 所示。

图 4-9 的上半部分说明了框架的基本结构。企业流程重构过程是框架的核心内容,包括组成过程的各个活动,以及活动之间的关系。企业流程重构原则是进行企业流程再

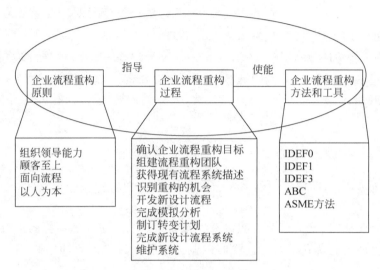

图 4-9　企业流程重构框架

造的指导思想,涵盖了管理学家的研究成果和各个实施企业流程重构厂家的实践经验。企业流程重构的方法和工具促进了企业流程重构的实践,为企业流程重构提供了具体的分析、设计和实施技术,确保企业流程重构的顺利进行。

3. 业务流程重构的特点与技术手段

1) 业务流程重构的特点

施行 BPR 组织呈现以下特点。

(1) 以客户为中心,全体员工以客户而不是上司为服务中心,每个人的工作质量由顾客作出评价。

(2) 企业管理面向业务流程,将业务的审核与决策点定位于业务流程执行的地方以拓宽与缩短信息沟通的渠道和时间,从而整体提高对顾客和市场的反应速度。

(3) 注重整体流程最优化的系统思想,按照整体流程最优化目标重新设计业务流程中的各项活动,强调流程中每一个环节的活动尽可能地实现增值最大化。

(4) 重视发挥每个人在整个业务流程中的作用,提倡团队合作精神。

(5) 强调面向客户和供应商来整合企业业务流程,不仅要考虑企业内部的业务流程,还要对企业自身与客户、供应商组成的整个价值链的业务流程进行重新设计,并尽量实现企业与外部只有一个接触点,使企业与供应商的接口界面化、流程化。

(6) 利用信息技术手段协调分散与集中的矛盾,强调尽可能利用信息技术手段实现信息的一次处理与共享机制,将串行工作流程改造成并行工作流程,协调分散与集中之间的矛盾。

2) 业务流程重构的技术手段

BPR 的技术手段主要有流程图的设计与分析和标杆瞄准法等。在云计算时代,BPR 最佳的实现手段,是以云计算和 SOA(面向服务的体系结构)为 IT 理念的 BPM 软件系统。

4．业务流程重构的核心内容

（1）根本性。根本性再思考表明业务流程重组所关注的是企业核心问题，如"为什么要做现在这项工作""为什么要采用这种方式来完成这项工作""为什么必须由别人来做这份工作"等。通过对企业运营最根本性问题的思考，从而调整企业运营战略。

（2）彻底性。彻底性再设计表明业务流程重组应对事物进行追根溯源。对已经存在的事物创新完成工作的方法，重新构建企业业务流程，而不是改良、增强或调整。

（3）戏剧性。戏剧性改善表明业务流程重组追求企业业绩有显著的增长、极大的飞跃和产生戏剧性变化等特点和成功的标志。

5．业务流程重构的流程简化

1）业务流程重构简述

其解决设计不完善、需求变化、技术过时、官僚主义的滋生等原因产生大量效率不高，或者说在输出创造价值方面做得不尽如人意的流程问题，实施行之有效的技术改进。

2）业务流程重构的时机

在实施 BPR 的过程中，发现以下内容。

（1）问题解决流程所占用的时间成本存在改进的可能。

（2）瞄准标杆的结果表明与竞争者相比企业在产品或服务的配送成本或包括服务或技术支持的响应速度上存在明显的劣势。

（3）在分析问题解决流程过程中发现对满足顾客需要贡献甚微或几乎无法贡献的活动，可以考虑有选择地展开流程简化工作。

3）业务流程重构的作用

通过将非增值性步骤从业务流程中剔除出去或尽可能地简化，能有针对性地提高为顾客提供产品与服务的效率，提高对质量管理环节的监控能力。

（1）提高响应能力。

（2）降低成本。

（3）降低次/废品率。

（4）提高员工满意度。

4）业务流程重构的简化类别

（1）成本导向的流程简化。

（2）时间导向的流程简化。

（3）重组性的流程简化。

6．业务流程重构的程序与方法

1）业务流程重构的主要程序

通过对企业原来生产经营过程的各个方面、每个环节进行全面的调查研究和细致分析，对其中不合理、不必要的环节进行彻底的变革。在具体实施过程中，可以按图 4-10 所示的程序进行，并对原有流程进行全面的功能和效率分析，发现其存在问题。

当市场需求、技术条件发生的变化使现有作业程序难以适应时，作业效率或组织结构的效能就会降低。因此，必须从以下方面分析现行作业流程的问题：①功能障碍；②重要性；③可行性。

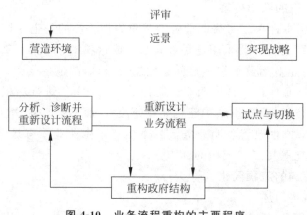

图 4-10 业务流程重构的主要程序

2）设计新的流程改进方案，并进行评估

为了设计更加科学、合理的作业流程，需做到以下几点：①将如今的数项业务或工作组合，合并为一；②工作流程的各个步骤按其自然顺序进行；③给予职工参与决策的权利；④为同一种工作流程设置若干种进行方式；⑤工作应当超越组织的界限，在最适当的场所进行；⑥尽量减少检查、控制、调整等管理工作；⑦设置项目负责人（case manager）。

BPR 可以重新设计工作方式、工作流程的思想，设计新的流程改进方案，具体内容如下所示：①合并相关工作或工作组，可以把相关工作合并或把整项工作都由一个人来完成。合并多人共同担当或工作比较复杂，则成立团队由团队成员共同负责，还可以建立数据库、信息交换中心，对工作进行指导。②使工作流程的各个步骤按其自然顺序进行、同时进行或交叉进行。③同一业务在不同工作中的地位不同，可以根据不同的工作设置对业务进行不同方式的处理。④模糊组织界限，BPR 可以使严格划分的组织界限模糊甚至超越组织界限。对于提出的多个流程改进方案，还要从成本、效益、技术条件和风险程度等方面进行评估，选取可行性强的方案。

3）形成系统的企业再造方案

制订与流程改进方案相配套的组织结构、人力资源配置和业务规范等方面的改进规划。

4）组织实施与持续改善

方案实施需精心组织、谨慎推进。既要态度坚定，克服阻力，积极宣传，形成共识，以保证企业再造的顺利进行，又要对企业再造方案持续改善，以适应新形势的需要。

7. 业务流程重构的实施步骤与关键因素

（1）业务流程重构的实施步骤。①BPR 项目的启动；②拟订变革计划；③建立项目团队；④分析目标流程；⑤重新设计目标流程；⑥实施新设计；⑦重新改进；⑧重新开始。

（2）业务流程重构的关键因素。①与 IE 技术相结合；②高级管理层必须直接领导重组；③组织管理必须进行变革；④采取适当策略引导重组；⑤员工积极支持与参与重组；⑥灵活组成团队人员；⑦专业咨询公司参与重组；⑧建立完善的远景规划；⑨制定稳定的绩效度量标准；⑩进行翔实的系统评效。

海尔的流程再造革命

海尔流程再造革命的目标是以订单信息流为中心带动物流、资金流、市场链的业务流程。从市场获得订单，从而在计算机网络管理下对于人、财、物等实施同步流动；海尔的设计流程再造要实现"三个零"，即信息流的零距离、物流的零库存、资金流的零营运资本，使整个企业变成一个环环相扣、运行有序的链条。

商流推进本部和海外推进本部成立后统一品牌销售、出口，方便了海内外的客户，收到了很好的市场效果。物流本部利用全球供应链资源搭建全球采购配送网络，主要通过JIT（即时）采购、JIT配送（配件输送到工位上），产品下线后快速送到客户手中。通过整合资金流（资金流推进本部），建立资金流的现款现货闸口来最终实现"零坏账"目标。

在总体规划设计海尔流程再造革命的同时，制订了分步实施的方案。海尔流程再造已从第一阶段整合内部资源建立市场链框架（集中资源搭建一个统一的服务与品牌），过渡到第二阶段整合外部资源，在已经搭建的市场链框架上获取有价值订单，进而迈向目前的第三阶段——整合人力资源，使每个人成为具有企业家精神的创新主体，创造订单的更高价值。其目标是使全集团的职工人人都成为经营者，人人都成为具有创新精神的SBU（战略事业单位）。

资料来源：钱存.业务流程再造——海尔集团案例研究[J].现代商贸工业,2016,37(33)：92-93.

直击现场： 宜家家居

宜家公司是一个颇有个性的家具零售商，凭着全球15个国家的近100个巨型家具商场，已经发展出了一套销售家具的独特方法。宜家公司不仅家具品种繁多，而且始终坚持做到"物超所值"。家具不仅可以以"平板箱包"的形式储存和销售，而且用户自己就可以很轻松地将它们组装起来。同样，家具商场也是围绕着"自助服务"的理念来设计的——从寻找商场、停车、厂内浏览到订货、挑选的整个过程都力争做到"简洁、流畅和顺利"。每家商场的入口处都设有大型的标识牌，不仅宣扬宜家的理念，还为那些从未来过宜家的顾客提供建议。顾客可以获得产品目录，上面有宜家产品的品种介绍、图片展示和效果图等。

为了方便顾客进行比较，宜家公司在展示厅中特意划分出一些名为"家居背景"的展区，而在其他展区中集中展示某一类产品。宜家的理念是不要打扰顾客、让他们自己在合适的时候拿定主意。如果顾客确实需要帮助的话，展示厅内各处咨询点身着鲜红服装的工作人员可以提供导购、测量尺寸、绘制草图等方面的帮助。每件家具上还有一个编号，顾客可以凭号码在库房中找到并组装起来。大件家具上的标签还会提醒顾客到咨询台获取帮助。逛完展示大厅后，顾客就进入"免费服务区"。宜家公司还设置了一个大型的装载箱。顾客可以将自己的车开到这里,把购买的家具装上去,还可以在这里买到或租到车顶行李架。

资料来源:张志珍.中国式消费视域下宜家家居品牌营销理念及产品设计[J].美与时代(上旬刊),2021(1):101-103.

本章思考题

1. 简述运营能力的种类与运营能力规划。
2. 运营能力规划的辅助决策方法有哪些?
3. 学习效应和学习曲线是什么?
4. 运营系统的工作方式有哪些?
5. 简述业务流程重构。

 即测即练

第 5 章

设施选址与设施布局

本章学习目标

1. 了解设施选址的影响因素与方法。
2. 剖析企业运营全球化的趋势及其对设施选址的影响。
3. 了解全球产业价值链与设施选址决策。
4. 了解服务业设施选址与设施布置的特殊考虑因素。

联邦捷运公司的"轴心概念"

联邦捷运公司的创立者、总裁福瑞德·史密斯在大学期间曾写过一篇论文,建议小件包裹运输上采取"轴心概念",这篇论文只得了个 C。但是,他后来的实践证明"轴心概念"的确能为小件包裹运输提供一个独一无二的、有效的、辐射状配送系统。他选择了田纳西州的孟菲斯作为公司的运输中央轴心所在地。孟菲斯为公司提供了一个不拥挤、快捷畅通的机场;此轴心位置为公司节省了大量的空运费用,有助于减少运输上的误导或延误。

资料来源:案例六 设施选址案例[EB/OL]. (2022-11-01). https://wenku. baidu. com/view/2c2c5df5f221dd36a32d7375a417866fb84ac002.html?_wkts_.

5.1 设施选址的基本问题与方法

5.1.1 设施选址的基本问题

1. 设施选址的概念与内涵

设施,是指生产运作过程得以进行的硬件手段,通常由工厂、办公楼、车间、设备、仓库等物质实体所构成。设施选址,是指运用科学的方法决定设施的地理位置,使之与企业的整体经营运作系统有机结合,以便有效、经济地达到企业的经营目的。

设施选址包括两个层次的问题。

(1) 选位,即选择什么地区(区域)设置设施,沿海还是内地,南方还是北方,等等。在当前全球经济一体化的大趋势之下,或许还要考虑是国内还是国外。

(2) 定址。地区选定以后,具体选择在该地区的什么位置设置设施,也就是说,在已选定的地区内选定一片土地作为设施的具体位置。设施选址还包括这样两类问题:一是选择一个单一的设施位置；二是在现有的设施网络中布新点。

2．设施选址的重要性

设施选址是建立和管理企业的第一步，也是事业扩大的第一步。设施选址的重要性主要在于：设施选址对设施建成后的设施布置以及投产后的生产经营费用、产品和服务质量以及成本都有极大而长久的影响。在进行设施选址时，必须充分考虑到多方面因素的影响，慎重决策。除新建企业的设施选址问题以外，随着经济的发展、城市规模的扩大，以及地区之间的发展差异，很多企业面临着迁址的问题。设施选址的战略目标是对于一个特定的企业，最优选址取决于该企业的类型。工业选址决策主要是为了追求成本最小化；而零售业或专业服务性组织机构一般都追求收益最大化；仓库选址，要综合考虑成本及运输速度的问题。设施选址的战略目标是使厂址选择给工厂带来最大化的收益。

3．设施选址的影响因素

企业的区位选择往往考虑目标区位因素和自身特征因素等约束，并努力寻找能实现自身最终目标的空间位置。区位决定生产地能吸引企业到生产成本最低、节约成本最大的地区。交通便利性是影响企业区位选择的重要因素。由于要素的流动性特征，交通基础设施通过加强与外部市场的联系，使"中心"区域增强了聚集力，而由于溢出效应，"外围"区域得以发展，并形成了对"中心"区域的离散力，两种力量相互制衡。地理上经济集聚和分散的相对强度会影响区域的发展格局，以及企业在地理上的空间分布。基础设施、集聚经济和市场潜力等因素对企业选址具有一定的影响。空间集聚效应及其带来的城市经济正外部性也是企业区位选择的重要因素。工业集聚对选址起着重要作用，集聚经济对其区位选择起着关键性影响。同时，市场潜力对企业选址的影响很大，市场潜力对企业选址非常重要。必须仔细权衡所列出的影响因素，决定哪些与设施选址紧密相关。下列五组因素是进行设施选址时必须考虑的：①劳动力条件；②与市场的接近程度；③生活质量；④与供应商和资源的接近程度；⑤与其他企业设施的相对位置。

服务业企业在进行设施选址时，要更多地考虑地区因素，需要与顾客直接接触的服务业企业的服务质量的提高有赖于对最终市场的接近与分散程度时，设施必须靠近顾客群。如设施周围的人群密度、收入水平、交通条件等，将在很大程度上决定企业的经营收入。对于一个仓储或配送中心来说，与制造业的工厂选址一样，运输费用是要考虑的一个因素，但快速接近市场可能更重要，可以缩短交货时间。服务业企业在进行设施选址时，不仅必须考虑竞争者的现有位置，还需估计它们对新设施的反应。在商店、快餐店等情况下，在竞争者附近设址有更多的好处，可能会有一种"聚焦效应"。

5.1.2 设施选址的原则

设施选址问题是供应链与物流管理领域重要的决策问题，定制化、小批量需求的出现则给设施选址问题带来了诸多挑战，并在此基础上衍生出了动态设施选址问题。其特点是针对客户随机需求划分多个周期，分别对设施的打开或关闭进行状态决策以使总成本最小。现实环境下各类设施有限的处理能力将直接影响设施的选址方案，因此带容量限制的动态选址问题受到了国内外学者关注。相关带容量限制的动态选址问题模型中一般假设各周期内设施可随意打开、关闭或再次打开以匹配不同阶段客户的随机需求，在每个周期内为客户匹配唯一服务设施，并在约束条件中加入设施容量限制，一般选择包括设施建设、关闭以及再次打开成本在内的总成本最小为决策目标,使得选址问题更具备实际操作性。在选址问题上,定性的分析更为重要,定性分析是定量分析的前提。定性分析时具体选址原则如下。

1. 费用

企业首先是经济实体,经济利益对于企业无论何时何地都重要。建设初期的固定费用,投入运行后的变动费用,产品出售以后的年收入,都与选址有关。

2. 集聚人才

人才是企业最宝贵的资源,企业地址选得合适有利于吸引人才;反之,因企业搬迁造成员工生活不便,员工流失的事实常有发生。

3. 接近用户

服务业几乎无一例外都需要遵循此条原则,如银行储蓄所、电信公司、电影院、医院、学校、零售业的所有商店等。许多制造企业也把工厂建到消费市场附近,以降低运费和损耗。

4. 长远发展

企业选址是一项带有战略性的经营管理活动,要有战略意识。选址工作要考虑到企业生产力的合理布局,要考虑市场的开拓,要有利于获得新技术、新思想。在当前世界经济越来越趋于一体化的时代背景下,要考虑如何有利于参与国际的竞争。

5.1.3　设施选址的方法

1. 单一设施选址

独立地选择一个新的设施地点,运营不受企业现有设施网络的影响。其可分以下几种方法。

1)负荷距离法

在若干个候选方案中选定一个目标方案,使总负荷(货物、人或其他)移动的距离最小。

2)因素评分法

因素评分法是以简单易懂模式将各种不同因素综合起来,但是由于确定权数和等级得分完全靠人的主观判断,只要判断有误差就会影响评分数值,最后影响决策的可能性。确定权数比较客观准确的方法是层次分析法,有较为严密的科学依据。

3)盈亏分析法

盈亏分析法也称生产成本比较分析法,基于以下假设:可供选择的各个方案均能满足厂址选择的基本要求,但各方案的投资额不同,投产以后原材料、燃料、动力等变动成本不同。此时,可利用损益平衡分析法的原理,以投产后生产成本的高低作为比较的标准。

【**例 5-1**】　某企业拟在国内新建一条生产线,确定了三个备选场址。由于各场址土地费用、建设费用、原材料成本不尽相同,因此生产成本也不相同。三个备选场址的生产成本如表 5-1 所示,试确定最佳场址。

表 5-1　三个备选场址的生产成本

生产成本	场　址　A	场　址　B	场　址　C
固定费用/元	800 000	1 500 000	4 000 000
可变费用/(元/件)	60	36	18

解：先求 A、B 两场址方案的临界产量。设 CF 表示固定费用，CV 表示单件可变费用，Q 为产量，则总费用为 CF$+Q\cdot$CV。

(1) 设 Q_1 为 A、B 点的临界产量，则有下列方程：

$$800\ 000 + 60Q_1 \leqslant 1\ 500\ 000 + 36Q_1$$

$$Q_1 \leqslant 2.9 万件$$

(2) 设 Q_2 为 B、C 两点的临界产量，同理有

$$1\ 500\ 000 + 36Q_2 \leqslant 4\ 000\ 000 + 18Q_2$$

$$Q_2 \leqslant 13.9 万件$$

结论：以生产成本最低为标准，当产量 Q 小于 2.9 万件时选 A 场址为佳，产量 Q 介于 2.9 万件和 13.9 万件之间时选 B 方案成本低，当 Q 大于 13.9 万件时，则需选择 C 场址。所以要根据不同的建厂规模确定相应的场址。

4) 选址度量法

选址度量法是一种既考虑定量因素，又考虑定性因素的用以支持设施选址的方法。

5) 重心法

重心法是一种布置单个设施的方法，要考虑现有设施之间的距离和要运输的货物量。此种方法假设运入和运出成本是相等的，并未考虑在不满载的情况下增加的特殊运输费用。当产品成本中运输费用所占比重较大，企业的原材料由多个原材料供应地提供或其产品运往多个销售点，可以考虑用重心法选择运输费用最少的场址。

最佳场址坐标为

$$x = \frac{\sum_{i=1}^{n}(r_i q_i x_i)}{\sum_{i=1}^{n}(r_i q_i)}$$

$$y = \frac{\sum_{i=1}^{n}(r_i q_i y_i)}{\sum_{i=1}^{n}(r_i q_i)}$$

其中：r 为单位原材料单位距离的运输费用；q 为原材料运输量。

2. 设施网络选址

设施网络中的新址选择要考虑到新设施与其他现有设施之间的相互影响和作用，包括以下几方面。

1) 简单的中线模式法

简单的中线模式法是一种厂址选择的方法。其往往只假设坐标上最优的点(即使总的运输距离最短的点)是一个可行的建厂点，并不考虑在那里现在是否有道路，也不考虑自然地形、人口密度，以及其他许多在布点时应考虑的重要事项，因而具有一定的局限性。

2) 德尔菲分析模型

德尔菲分析模型可以解决涉及多个设施和多个目标，决策目标相对模糊，甚至带有感情色彩的选址问题。模型在决策过程中考虑了各种影响因素，涉及三个小组，即协调小

组、预测小组和战略小组。

3）启发式方法

启发式方法（heuristics）只寻找可行解，而不是最优解。负荷距离法中的重心法就是一种启发式方法。有许多计算机化了的启发式方法，可解决高达几百、几千常数项问题。

4）模拟方法

模拟方法（simulation）试图通过模型重现某一系统的行为或活动。在选址问题中，模拟可以使分析者通过反复改变和组合各种参数，多次试行来评价不同的选址方案，模拟方法可描述多方面的影响因素。

5）优化方法

优化方法（optimization）一般泛指运输表法，只是某一方位问题的最优。其求出的不是可行解、满意解，而是最优解，在使用上有两大局限：①模型必须较抽象、较简单，否则得不出解；②考虑定性条件下可能得出的很多结论。设施选址程序如图 5-1 所示。

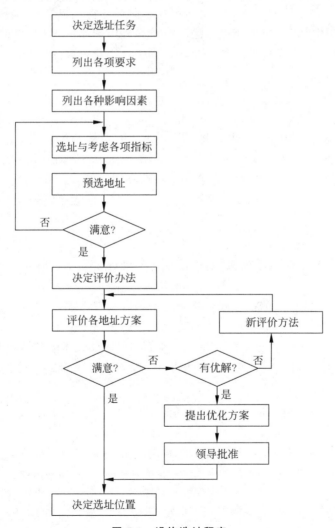

图 5-1 设施选址程序

5.1.4 企业运营全球化的趋势及其对设施选址的影响

企业经营和运营全球化的趋势越来越明显,表现在企业对外直接投资、技术转移、在全球范围建厂、在全球采购物料等方面。众多著名跨国公司,纷纷在世界多个国家和地区建厂,其产品往往要用到多个国家和地区的原材料和半成品,成为真正意义上的世界性产品,一个全球性公司没有国(地区)外可言。运营全球化使得世界竞争更趋激烈。选址决策在企业运行全球化中具有十分重要的地位。一个产品从原材料制成零件、组装成部件到产品总装,再经过分销、零售到达消费者手中,要经过不同企业的劳动,克服地域和时间的限制,才能达到销售的目的。企业运作全球化不仅要关注本企业的业务流程,而且要考虑整个供应链系统。企业的竞争力将直接受其地理位置和环境的影响,其地理位置的选择尤为重要,其选址影响因素如下。

1. 政府壁垒
许多国家和一些地区的地方保护仍然很严重。虽然在世界经济一体化的进程越来越快地推动下,许多国家正在努力通过立法清除妨碍外国产品进入和来本国设厂的壁垒,但在企业选址时,还必须考虑选址国家(或当地)立法及文化背景的影响。

2. 环境保护
对环境的重视程度越来越高,特别是发达国家对于产业环境要求越来越高。

3. 东道社区
东道社区利益在选址分析中不可忽视。当地教育设施和生活质量也很重要。

4. 自由贸易区
典型的封闭式工厂货物可不必按照海关的规定运进来。区内的制造商可先在其最终装配中使用进口元件,允许延期支付相应关税,直至产品运抵使用国。

5. 政治因素
政治因素包括政局是否稳定、法制是否健全、税赋是否公平等。许多国家的政治风云突变为厂址选择提供了挑战性的机会,也使在这些地区设厂变得极具风险。

6. 竞争优势
对于跨国公司来说,一个相当重要的问题是确定总部所在国。

7. 接近顾客
不仅能及时了解需求信息并随时听取顾客的反馈意见,还能将产品尽快地送达顾客手中,提高服务水平,同时也确保了产品的生产和发展与顾客的需要保持一致。

8. 行业环境
适宜的行业优惠政策和措施都可能为企业提供更加便利的条件。

9. 成本
成本包括土地、建筑、劳动力、税收和能源消耗等构成的局部成本及货物进出的运输成本;另外,有难以计算出来的隐性成本。

10. 基础设施
基础设施状况主要是指能源供应是否充足、通信设施是否便捷、交通运输是否方便等。此外,当地政府是否愿意投资建设一流的基础设施对选址也有重要的影响。

11. 劳动力资源

劳动力是最重要的生产资源,除在数量上保证要求外,更重要的是劳动力的教育和技术水平必须与公司要求相匹配,并具有学习的热情和能力。

12. 供应商

对于现代化大生产,各企业之间存在着密切的联系,形成一条条彼此相关的供应链。所以,必须在选址时考虑高素质和竞争力强的供应商的厂址位置。

企业运营全球化的跨国企业选址的影响可以用图 5-2 表示。

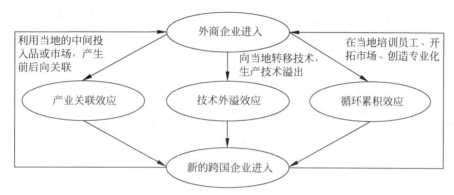

图 5-2　企业运营全球化的跨国企业选址的影响

5.2　全球产业价值链与设施选址决策

5.2.1　全球产业价值链

"产业价值链"是一座将微观主体决策和宏观经济现象连接起来的关键桥梁。全球价值链反映了与各个业务环节相关的千百万项决策,包括在哪里采购、哪里生产、哪里销售。这些决策决定了全球商品、服务、金融、人员和数据的流向和流量。即使是基础金属等最简单的行业价值链也包含了多种复杂的生产步骤,涉及全球各国的生产要素。电子产品、汽车、飞机等复杂性极高的行业价值链则涉及来自数十个国家的生产要素,甚至其中一些复杂的原件都需要一系列的生产步骤。服务贸易同样经由价值链交付。全球 2/3 的贸易只涉及中间产品,与产成品和服务无关,跨境生产网络的规模、复杂和精妙由此可见。全球产业价值链的研究如表 5-2 所示。

借用麦肯锡全球研究院的分类方式,按照发展动力方面的性质差异,可将全球价值链分为资源密集型商品、区域生产型商品、劳动密集型商品、劳动密集型服务、知识密集型服务、全球创新价值链,其性质及其区别和联系如下。

1. 自然资源导向型、体力劳动导向型和智力劳动导向型行业

资源密集型商品、区域生产型商品价值链都可视为自然资源导向型的行业,最鲜明的特征就是地域属性,地理位置、气候条件、自然环境、当地特产是这些行业的决定性因素。劳动密集型商品、劳动密集型服务可视为体力劳动导向型的行业,知识密集型服务可视为智力导向型的行业,最依赖的条件就是符合特定条件的人口数量。全球创新价值链中的

表 5-2　全球产业价值链研究

项目	行业	总产出/万亿美元	在总产出中的占比/%	就业/百万人	在总就业人口中的占比/%	人均产出/万美元/人	人均产出与平均值的差比/%	劳动密集度/劳动报酬/总附加值%	与平均值的差比/%	知识密集度/高技能劳动力/总劳动力%	与平均值的差比/%	商品密集度/商品投入占总产出%	与平均值的差比/%	贸易强度/总出口/总产出	与平均值的差比/%	国家/地区参与度/代表75%出口总额的国家/地区数量	分级
资源密集型商品	采矿	6	5.4	21	0.9	28.6	79.9	40	-31.5	22	-20.9	72	251.2	30	42.9	16	16~20
	农业	5.7	5.1	866	39.2	0.7	-95.6	63	7.9	9	-67.6	74	261	8	-61.9	24	>20
	基础金属	4.5	4.1	24	1.1	18.8	18.2	57	-2.4	15	-46	70	241.5	20	-4.8	21	>20
	能源	3.9	3.5	4	0.2	97.5	513.2	37	-36.6	25	-10.1	31	295.1	23	9.5	16	16~20
区域生产型商品	食品和饮料	6.9	6.2	68	3.1	10.1	-36.5	52	-11	13	-53.2	29	41.5	13	-38.1	22	>20
	金属制品	2.5	2.3	34	1.5	7.4	-53.5	65	11.3	16	-42.4	24	17.1	18	-14.3	16	16~20
	纸张和印刷	2.2	2	11	1	20	25.8	60	2.7	37	33.1	4	-80.5	16	-23.8	17	16~20
	玻璃、水泥、陶瓷	2	1.8	33	3.5	6.1	-61.6	59	1	15	-46	18	-12.2	10	-52.4	16	16~20
	橡胶、塑料	1.8	1.6	23	1	7.8	-50.9	60	2.7	16	-42.4	6	-70.7	23	9.5	16	16~20
劳动密集型商品	纺织和服装	2.8	2.5	78	22.1	3.6	-77.4	68	16.4	15	-46	9	-56.1	31	47.6	13	10~15
	家具和其他制造业	2.5	2.3	23	4.9	10.9	-31.4	65	11.3	23	-17.3	10	-51.2	25	19	17	16~20
劳动密集型服务	批发和零售贸易	14.3	12.9	488	6.6	2.9	-81.8	61	4.5	23	-17.3	1	-95.1	10	-52.4	13	10~15
	运输和存储	7.2	6.5	109	4.9	6.6	-58.5	56	-4.1	16	-42.4	10	-51.2	15	-28.6	13	10~15
	医疗保健	6.5	5.9	145	6.6	4.5	-71.7	83	42.1	36	29.5	1	-95.1	1	-95.2	8	<10
知识密集型服务	专业服务	10.9	9.8	52	2.4	21	32.1	68	16.4	56	101.4	1	-95.1	10	-52.4	13	10~15
	金属中介	7.6	6.9	65	2.9	11.7	-26.4	47	-19.5	33	83.5	0.2	-99	8	-61.9	9	<10
	IT服务	2.1	1.9	36	1.6	5.8	-63.5	67	14.7	56	101.4	0.3	-98.5	18	-14.3	13	10~15
全球创新价值链	化工	5.5	5	19	0.9	28.9	81.8	43	-26.4	33	18.7	14	-31.7	29	38.1	14	10~15
	汽车	4.5	4.1	29	1.3	15.5	-2.5	58	-0.7	28	0.7	7	-65.9	49	38.1	13	10~15
	计算机和电子	4	3.6	23	1	17.4	9.4	52	-11	50	79.1	3	-85.4	48	128.6	8	<10
	机械和设备	3.6	3.2	34	1.5	10.6	-33.3	61	4.5	26	-6.5	12	-41.5	38	52.4	13	10~15
	电力机械	2.4	2.2	16	0.7	15	-5.7	60	2.7	31	11.5	18	-12.2	30	42.9	14	10~15
	运输设备	1.5	1.4	10	0.5	15	-5.7	61	4.5	28	0.7	8	-61	38	81	12	10~15
总计/平均值		110.9		2 211		15.9		58.4		27.8		20.5		21		14.7	

资料来源：世界投入—产出数据库、国际货币基金组织、世界贸易组织、联合国贸易和发展局、经济合作与发展组织、麦肯锡全球研究院。

"智力"因素占比其实不小,而且其重要性在不断上升,尤其体现在以理工科专业为背景的"技术创新"上,因此命名为"创新价值链"(该价值链中研发和无形资产的平均支出已经占到营收的 30%,是其他价值链的 2～3 倍)。全球创新价值链,越来越类似于智力劳动导向型行业,高技能劳动力和受过理工科高等教育群体是关键要素。

2．资源密集型商品和区域生产型商品

其相同点在于受到较强的地域性限制。其不同点在于,资源密集型商品的原料为自然资源,因而受到自然资源的地理局限,却不一定受到运输的局限;区域生产型商品,可能其原料所用的自然资源没有那么强的地域性,但由于产品的重量、体积、易腐蚀性等,受到运输的局限。

3．劳动密集型商品和劳动密集型服务

两类价值链的劳动密集度(60%左右)、人均附加值(约 2.5 万美元)不相上下,但后者劳动力数量却是前者的 7 倍之多。劳动密集型服务的就业(33.6%)与最大的就业部门农业(39.2%)并驾齐驱,堪称解决就业的"两驾马车"。

4．全球价值链资源密集型商品的不同特征

(1) 产出。三个组成部分:由批发零售贸易、专业服务、金融中介"三巨头"瓜分了30%的总产出;由运输存储、食品饮料、医疗保健、采矿、农业、化工、基础金属、汽车、计算机电子、能源 10 个行业瓜分了近 50%的份额;由余下 8 个行业瓜分了剩下 20%的份额。不同行业价值链类型及占比如图 5-3 所示。

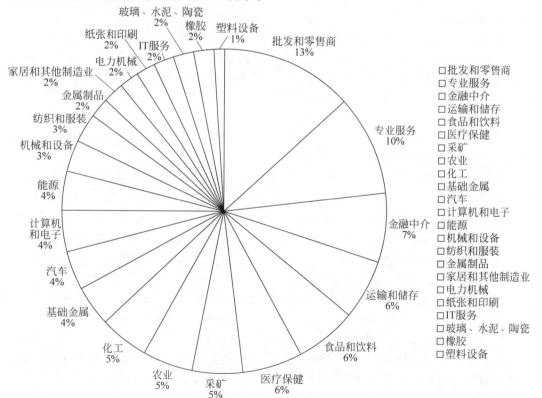

图 5-3　不同行业价值链类型及占比

（2）就业。①"数量高"：农业一个行业占据四成的就业人口。创造就业岗位的"主力军"还有服务行业。劳动密集型服务（含批发零售、运输存储、医疗保健）占据了三成的就业人口；②"智力高"：知识密集型服务业（高技能劳动力占总劳动力50%以上）和全球创新价值链（高技能劳动力占总劳动力30%以上）毫无疑问是高端人才的两大"吸铁石"，知识密集度最高的两类价值链。高技能劳动力占比30%以上的行业就业人口。知识密集型服务业的贸易强度较低，全球创新价值链的贸易强度较高。按知识密集度降序排列如表5-3所示。③其他：前两类行业解决了全球90%的就业，剩下的主要是资源密集型商品、区域生产型商品，这些行业对劳动力数量、质量无特别要求，大部分作为中间产品进入其他价值链。

（3）收入。其按收入分为三个梯队：第一梯队"靠天吃饭"：资源导向的产业形态拉高了人均产出；第二梯队"书中自有黄金屋"：智力劳动导向的产业形态，为知识"付费"拉高了人均产出；第三梯队"草根阶层"：劳动密集型服务、区域生产型商品，收纳了草根阶层。

5.2.2　价值链结构与设施选址决策

1．资源密集型产品价值链

资源密集型产品价值链主要包括农业、采矿、能源和基础金融等行业，几乎与全球创新价值链相当。许多产出都作为中间产品进入其他价值链。例如，采矿和基础金属行业的全部产品都是中间产品，这一类价值链的生产选址比较苛刻，既要便于获取自然资源，也要便于仓储和运输。

2．区域生产价值链

区域生产价值链主要包括金属制成品、橡胶和塑料、玻璃、水泥和陶瓷、食品和饮料等行业。这类价值链上的中间产品较少，但除了食品和饮料业之外，超过2/3的产出以中间产品的形式再度投入其他类别的价值链当中，尤其是全球创新价值链。因此其生产分散于世界各地，各国广泛参与其中，并在区域贸易中占据较大份额。可以说，地域性的、分散的生产和贸易原本就是最原始的自然的贸易形态，是交通运输和保质保鲜技术的发展才让一部分贸易形态挣脱了产地的"地心引力"。用"贸易属性"一词来概括这种性质。

3．劳动密集型产品价值链

劳动密集型产品价值链主要包括纺织、服装、玩具、鞋履、家具制造业，其特点是贸易强度大、劳动密集度高。超过2/3的营收要作为劳动力成本再投入价值链，而且多数劳动力的技能较低。此类产品重量轻、贸易属性强，全球产量的28%为出口。产品的制造业逐渐流向发展中国家。其目前占全球贸易的62%，比例比其他五类价值链都高。

4．劳动密集型服务价值链

劳动密集型服务价值链主要包括零售、批发、运输、存储、医疗保健，具有"面对面"的特点，贸易强度较低，但贸易增速高于其他价值链。这些行业构成了全球第二大就业来源（仅次于农业），劳动力占全球23%。其中2/3从事批发和零售贸易。

5．知识密集型服务价值链

知识密集型服务价值链主要包括专业服务、金融中介、IT服务等高价值行业。该价值链的贸易流之所以覆盖全球，是因为成本与距离没有关系。参与该价值链的绝大多数是发达经济体，只有21%的出口来自发展中经济体，是所有价值链中该比例最低的。

表 5-3　按知识密集度降序排列

类型	行业	就业/百万人	在总就业人口中的占比/%	人均产出/(万美元/人)	人均产出与平均值的差比/%	劳动密集度（劳动报酬/总附加值%）	与平均值的差比/%	知识密集度（高技能劳动力/总劳动力）	与平均值的差比/%	贸易强度（总出口/总产出）	与平均值的差比/%
知识密集型服务	专业服务	52	2.4	21	32.1	68	16.4	56	101.4	10	-52.4
知识密集型服务	IT服务	36	1.6	5.8	-63.5	67	14.7	56	101.4	18	-14.3
知识密集型服务	金融中介	65	2.9	11.7	-26.4	47	-19.5	51	83.5	8	-61.9
全球创新价值链	计算机和电子	23	1	17.4	9.4	52	-11	50	79.9	48	128.6
区域型生产	纸张和印刷	11	0.5	20	25.8	60	2.7	37	33.1	6	-23.8
劳动密集型服务	医疗保健	145	6.6	4.5	-71.7	83	42.1	36	29.5	1	-95.2
全球创新价值链	化工	19	0.9	28.9	81.8	43	-26.4	33	18.7	29	38.1
全球创新价值链	电力机械	16	0.7	15	-5.7	60	2.7	31	11.5	30	42.9
全球创新价值链	汽车	29	1.3	15.5	-2.5	58	-0.7	28	0.7	29	38.1
全球创新价值链	运输设备	10	0.5	15	-5.7	61	4.5	28	0.7	38	81
全球创新价值链	机械和设备	34	1.5	10.6	-33.3	61	4.5	26	-6.5	32	52.4
资源密集型商品	能源	4	0.2	97.5	513.2	37	-36.6	25	-10.1	23	9.5
劳动密集型服务商品	批发和零售贸易	488	22.1	2.9	-81.8	61	4.5	23	-17.3	10	-52.4
劳动密集型商品	家居和其他制造业	23	1	10.9	-31.4	65	11.3	23	-17.3	25	19
资源密集型商品	采矿	21	0.9	28.6	79.9	40	-31.5	22	-20.9	30	42.9
劳动密集型服务	运输和存储	109	4.9	6.6	-58.5	56	-4.1	16	-42.4	15	-28.6
区域型生产	金属制品	34	1.5	7.4	-53.5	65	11.3	16	-42.4	8	-14.3
区域型生产	橡胶、塑料	23	1	7.8	-50.9	60	2.7	16	-42.4	23	9.5
劳动密集型生产	纺织和服装	78	3.5	3.6	-77.4	68	16.4	15	-46	31	47.6
区域型生产	玻璃、水泥、陶瓷	33	1.5	6.1	-61.6	59	1	15	-46	10	-52.4
资源密集型商品	基础金属	24	1.1	18.8	18.2	57	-2.4	15	-46	20	-4.8
资源密集型生产	食品和饮料	68	3.1	10.1	-36.5	52	-11	13	-53.2	13	-38.1
资源密集型生产	农业	866	39.2	0.7	-95.6	63	7.9	9	-67.6	8	-61.9
总计/平均值		2 211		15.9		58.4		27.8		21	

6．全球创新价值链

汽车、计算机、电子、机械等行业催生了价值最大、贸易强度最高、知识密集程度最大的商品贸易价值链。价值链需要一系列环环相扣的步骤、大量的组装配件，价值链上一半以上的贸易都和中间产品有关。此外，价值链中 1/3 的劳动力具备较高的技能，该比例仅次于知识密集型服务业。研发和无形资产的平均支出占到营收的 30%，是其他价值链的 2～3 倍。

5.3   设施布置的基本问题与具体的方法

5.3.1   设施布置的基本问题

1．设施布置的概念

设施布置，就是合理安排企业或者某组织内部各功能单位（生产或者服务单位）及其相关的辅助设施的相对位置与面积，以确保系统中工作流（客户或者物资）与信息流的畅通。

2．设施布置问题

（1）应包括哪些经济活动单元。其取决于企业的产品、工艺设计要求、企业规模、企业的生产专业化水平与协作化水平等多种因素。反过来，经济活动单元的构成又在很大程度上影响生产率。

（2）每个单元需要多大空间。空间太小，可能会影响到生产率，影响到工作人员的活动，有时甚至会引起人身事故；空间太大，是一种浪费，同样会影响生产率，并且使工作人员之间相互隔离，产生不必要的疏远感。

（3）每个单元空间的形状如何。每个单元的空间大小、形状如何以及应包含哪些单元，这几个问题实际上相互关联。

（4）每个单元在设施范围内的位置。其包括两个含义：单元的绝对位置与相对位置。有时，几个单元的绝对位置变了，但相对位置没变。相对位置的重要意义在于它关系到物料搬运路线是否合理，是否节省运费与时间，以及通信联络是否便利。此外，当内部相对位置影响不大时，还应考虑与外部的联系。

5.3.2   设施布置的类型与布局方式比较

1．设施布置类型

1）工艺导向布置

工艺导向布置（process layouts）也称车间或功能布置，这是一种将相似的设备或功能放在一起的生产布局方式，如图 5-4 所示。例如将所有车床放在一处，将冲压机床放在另一处。被加工零件，根据预先设定好的流程顺序从一个地方转移到另一个地方，每项操作都由适宜的机器来完成。医院是采用工艺导向布局的典型。

2）产品导向布置

产品导向布置（product layouts）也称装配线布局，这是一种根据产品制造的步骤来

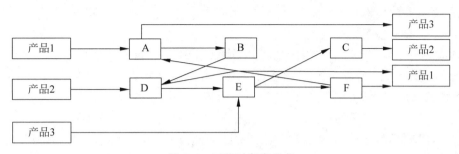

图 5-4　工艺对象专业化

安排设备或工作过程的布局方式,如图 5-5 所示。鞋、化工设备和汽车清洗剂的生产都是按产品导向原则设计的。

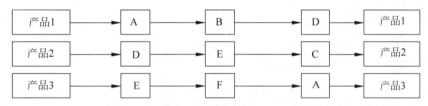

图 5-5　产品对象专业化

3) 混合布置

混合布置(hybrid layouts)是一种常用的设施布置方法,指将两种布局方式结合起来的布局方式。布置方法的主要目的是:在产品产量不足以大到使用生产线的情况下,也尽量根据产品的一定批量、工艺相似性来使产品生产有一定顺序,物流流向有一定秩序,以达到减少中间在制品库存、缩短生产周期的目的。混合布置的方法又包括一人多机、成组技术等具体应用方法。

4) 定位布置

定位布置(fixed-position layouts)是指产品由于体积或重量庞大停留在一个地方,从而需要生产设备移到要加工的产品处,而不是将产品移到设备处的布局方式,如图 5-6 所示。造船厂、建筑工地和电影外景制片场往往都采用这种布局方式。

图 5-6　定位布置

2. 布局方式比较研究

(1) 工艺导向布局适合处理小批量、顾客化程度高的生产与服务。优点:设备和人员安排具有灵活性。缺点:设备通用性,要求较高的劳动力熟练程度和创新,在制品较多。

(2) 产品导向布局适合大批量的、高标准化的产品的生产。优点:单位产品的可变成本低,物料处理成本低,存货少,对劳动力标准要求低。缺点:投资巨大,不具产品弹性,一处停产影响整条生产线。

(3) 成组技术布局则是将不同的机器分成单元来生产具有相似形状和工艺要求的产品。优点:改善人际关系,增强参与意识;减少在制品和物料搬运及生产过程中的存货;提高机器设备利用率;减少机器设备投资与缩短生产准备时间等。

(4) 办公室布局与制造业布局强调重点不同。制造业布局强调的是物料的流动,而办公室布局则强调的是信息的传递。零售/服务布局追求的是使单位面积的利润最大。

3. 类型选择因素

设施布置方案,应该使设备、人员的效益和效率尽可能好,还应考虑以下一些因素。

(1) 所需投资。设施布置将在很大程度上决定所要占用的空间、所需设备以及库存水平,从而决定投资规模。

(2) 物料搬运。在考虑各个经济活动单元之间的相对位置时,物流的距离尽可能短,使相互之间搬运量较大的单元尽量靠近,以便使搬运费用尽可能少、搬运时间尽可能短。设施布置可使搬运成本大为减少。

(3) 柔性。设施布置的柔性是指对生产的变化有一定的适应性,即使变化发生后也仍然能收到令人满意的效果;还能够容易地改变设施布置,以适应变化了的情况。

(4) 其他。需要着重考虑劳动生产率,要注意不同单元操作的难易程度不宜过大;设备维修,注意不要使空间太狭小;工作环境,如温度、噪声、安全性等;人的情绪,相互之间能有所交流,感到公平责任与机会等。

5.3.3 设施的平面布局原则与仓库布置方法

1. 平面布局原则

厂区布置要求是有系统观点,兼顾各方面要求,合理布局精心安排,讲究整体效果。

(1) 工艺原则。厂区布置首先应该满足生产工艺过程的要求,即全厂的工艺流程要顺畅,从上工序转到下工序,运输距离要短直,尽可能避免迂回和往返运输。

(2) 经济原则。生产过程是一个有机整体,只有在各部门的配合下才能顺利进行,其中,基本生产过程(产品加工过程)是主体,与它有密切联系的生产部门要尽可能向它靠拢。在满足工艺要求前提下,寻求最小运输量的布置方案,还要求充分利用土地面积。

(3) 安全和环保原则。厂区布置还要有利于安全生产,有利于职工的身心健康,并有安全防范措施,有足够的消防安全设施,各生产部门的布置要符合环保要求,还要有"三废"处理措施等。

2. 设施与仓库布置

仓储业通过其仓库布置来缩短存取货物的时间、降低仓储管理成本具有重要的意义。一般的仓库布置问题的目的都是寻找一种布置方案,使得总搬运量最小。仓库布置可分为以下两点。

(1) 各种物品所需货区面积相同。只需把搬运次数最多的物品货区布置在靠近出入口之处,即可得到最小总负荷数。

（2）各种物品所需货区面积不同。需要计算某物品的搬运次数与所需货区数量之比，取该比值最大者靠近出入口，依次往下排列。

新技术的引入会带来考虑更多有效方案的可能性：计算机仓库信息管理系统可使拣运人员迅速知道每一物品的准确仓储位置，并为拣运人员设计一套汇集不同物品与同一货车上的最佳拣出行走路线；自动分拣运输线可使仓储人员分区工作，而不必跑遍整个仓库，等等。总而言之，根据不同的目标，所使用技术不同以及仓储设施本身的特点。

3. 设施布置工具与原则

设备布置工具包括布置草图、布置模板和布置模型三种。布置草图是研究工艺流程和物料流向的平面图或立体图，设备排列应按一定的比例展开，并有相应的代号，以便识别和操作。布置模板用塑料板或木板制成与设备实物形状相似、按一定比例缩小了的设备模板，并用设备模板进行设备的平面布置。布置模型只是把平面的模板换成立体的模型，从而使模型轮廓与实物更为相似，布置模型方便准确，便于确定设备的空间布置情况，但造价较高。设施布置原则为：①最短路径；②关联；③确保安全；④协调；⑤充分利用车间的生产面积；⑥专业化；⑦分工；⑧弹性。

4. 从一至表法

从一至表法是一种常用的车间设备布置方法。从一至表是记录车间内各设备间物料运输情况的工具，是一种矩阵式图表。从一至表根据其所含数据元素的意义不同分为三类：表中元素表示从出发设备至到达设备距离的称为距离从一至表；表中元素表示从出发设备至到达设备运输成本的叫作运输成本从一至表；表中元素表示从出发设备至到达设备运输次数的叫作运输次数从一至表。当达到最优化时，这三种表所代表的优化方案分别可以实现运输距离最小化、运输成本最小化和运输次数最小化。从一至表法的操作步骤如表 5-4 所示。

表 5-4　初始零件从一至表

从	至										
	毛坯库	铣床	车床	钻床	镗床	磨床	压床	内圆磨	锯床	检验	合计
毛坯库		2	8		1		4		2		17
铣床			1	2		1			1	1	6
车床		3		6		1				3	13
钻床							2	1		4	7
镗床										1	1
磨床										2	2
压床										6	6
内圆磨										1	1
锯床		1	1		1						3
检验											
合计		6	10	8	1	3	6	1	3	18	56

【例 5-2】　设一条生产线上加工 17 种零件，该生产线包括 8 种设备、10 个工作地，任意相邻两工作地间距离大体相等并记作一个单位距离。用从一至表法的解决步骤如下。

步骤 1　根据综合工艺路线图,编制零件从—至表。表中每一方格的数字代表零件从某一工作移到另一工作地的次数。因而,这个从—至表是运输次数从—至表,表中数据距离对角线的格数表示两工作地间的距离单位数,因而,越靠近对角线的方格,两工作地间距离越小。

步骤 2　改进零件从—至表求最佳设备排列顺序。最佳排列顺序应满足如下条件,从—至次数最多的两台机床,应尽可能地靠近。由如上对从—至表的分析看出,这需要使从—至表中越大的数字越靠近对象线。

步骤 3　通过计算,评价优化结果。由于数据方格距对角线的距离表示两工序间的距离,而数据表示零件在两工序间的移动次数,所以,可以用方格中数据与方格距对角线的距离之积的和,来表示零件总的移动距离:

$$L = \sum_i \sum_j I_j C_{ij}$$

其中:L 为总的移动距离;I_j 为第 j 格移动对角线的格数;C_{ij} 为移动次数。

5.4　服务业设施选址与设施布置的特殊考虑因素

服务业设施选址是服务业发展的重要环节,影响因素包括市场需求、人口分布、交通便利、竞争环境和政策环境等。以下从以上方面进行分析并提出相应的解决方案,帮助服务业设施更好地选址。

1. 市场需求

市场需求是服务业设施选址的首要考虑因素。需要对当地市场需求进行深入了解和分析,包括人口结构、消费水平、消费习惯等。比如,在人口密集的商业区选址可以更好地满足市场需求。

解决方案:市场调研是必不可少的,可以通过问卷调查、网络调查等方式获取市场需求的信息。同时,可以结合自身业务特点,针对不同市场需求,选择不同的服务设施类型。

2. 人口分布

人口分布也是服务业设施选址的重要因素。需要分析当地人口的聚集情况和居住方式,比如,人口聚集的商业区、居民小区等,以及人口密集的交通枢纽。

解决方案:可以通过人口普查数据、地图等方式获取人口分布信息。同时,根据不同人口聚集区域的特点,选择不同的服务设施类型,以满足不同人群的需求。

3. 交通便利

交通便利程度也是服务业设施选址的考虑因素之一。需要考虑交通状况、交通流量、交通工具等。交通便利的位置可以吸引更多的消费者,提高服务业设施的盈利能力。

解决方案:可以通过交通地图等方式获取交通信息,选择交通便利的地点进行选址。同时,可以考虑与公共交通或自行车租赁等交通方式合作,提高服务设施的便利性。

4. 竞争环境

竞争环境也是服务业设施选址需要考虑的因素之一。需要分析当地同类型服务业设施的数量、品质、价格等,以及服务业设施的差异化竞争策略。

解决方案：可以通过市场调研等方式获取竞争环境信息，以便更好地制定差异化竞争策略。同时，可以选择与周边服务设施不同的服务设施类型，以提高差异化竞争优势。

5. 政策环境

政策环境也是服务业设施选址需要考虑的因素之一。需要考虑当地政府的政策支持、税收政策，以及服务业设施的合规性等。

解决方案：可以通过政府网站、相关部门等方式获取政策环境信息，以便更好地制定服务设施选址策略。同时，需要遵守相关政策法规，确保服务设施的合规性。

办公室功能分区图　办公室装修设计布局分区

公司装修功能区的划分是办公室设计基本的前提，在前期的设计中，办公室的各功能分区都要统筹好，要做到合理地利用空间，把握好各部门的交流和隐私程度，方便部门之间沟通但互不影响。最后目的，当然还是提高整体的工作效率。

1. 导入区域：前台、门厅、接待区

前台、门厅、展示和接待区设计时，在满足人流疏散和展示接待的条件下，还应考虑在氛围、文化、环境等方面进行合理布局，营造一种舒适、整洁、丰富企业文化的氛围感。空间形态除按本身功能要求设计外，还应纳入整个办公空间序列设计进行考虑。前厅的设计空间要做到风格大气、视野开阔。设计时还应注意对面积的把握，过大会浪费空间和资金，过小则会显得小气而影响公司形象，当然最终还是需要根据公司需求而决定。

2. 通行区域

通行区域指走廊、过道和楼梯。走廊一般分为静态走廊与动态走廊，是水平通行区域，楼梯一般分为两种设计形式：开敞式和封闭式，属于垂直通行区域。开敞式楼梯可在空间中创造多层次的韵律感，带给空间丰富的节奏感，可增设诸如图书阅读区、休息区、交流区、培训区等功能区。封闭式的楼梯除了发挥联系通道的功能外，还会作为隐蔽的储存空间存在。可塑性极强的楼梯以多变的尺度、体量，丰富多样的结构形式联系着不同区域，现在也发挥了汇集人群、交流思想的功效。

3. 公共区域

公共区域指各种休闲空间和会议空间，如封闭式会议室、开放式会议室、报告厅、休息室、餐厅、咖啡厅、阅览室、娱乐室、吊椅、休闲座椅、健身房、卫生间。会议空间按空间类型分为封闭式和开放式，封闭式会议空间多为大、中型会议室，开放式多为小型会谈区。休闲空间作为缓解员工紧张工作的休息放松、交流娱乐区域是办公空间人性化标志设计之一。

4. 工作区域

工作区域是办公空间设计的核心部分，一般分为开放式办公区、私人办公室、私密办公室，空间形式以开敞式为主。工作区域依据工作种类、模式分为四种形态：蜂巢型、密室型、小组团队型、俱乐部型。工作区域的设计侧重于生产性、效率性和舒适性，符合工作活动的规律和办公工作的要求是其基本要素。另外，空间内的人流动线规划也非常重要。

开放式办公区的设计形式以开敞式为主,使员工之间沟通合作更加方便,最重要的是能够让空间利用率达到最高。私人办公室独立区一般是管理者的专属办公室,办公室的风格一般是简约大气,与一般员工办公区不同的是管理者办公室的设计与管理人员级别地位有直接联系,可根据工作地位、经常访问者人数等来制定面积与设计风格。

资料来源:室内设计要点分析丨办公空间的功能分区[EB/OL]. (2020-11-13). https://www.sohu.com/a/431697036_673315.

松江镇医院的诊室布局

1. 概况

松江镇医院是旅游区的一个镇级医院。最近,医院的李院长准备把"运营管理"课程中学习到的布置布局知识用于实际,将医院门诊部各诊室位置重新布置,以方便病人,尽量缩短他们就诊时在医院中行走的距离。医院各诊室(部门)现在的平面布置如图5-7所示。

挂号与初诊室	门诊一室	门诊二室	X光室	10米
化验与B超室	手术室	手术后休息室	理疗室	10米
40米				

图5-7 医院各诊室(部门)现在的平面布置

对于更改原有的平面布置,李院长考虑唯一的限制因素是,应保持挂号与初诊室在其原有的位置。其余诊室(或部门)位置都可以变动,完全服从对整个系统布置有利的原则。

2. 对原有诊所布置的分析

李院长第一步工作是分析以往医院病人就诊记录,得出每天病人在各诊室(或部门)间平均走动次数的数据。绘制出现在病人平均每日在诊室间走动次数图,如图5-8所示。

3. 诊室布置的改进方案

由诊室平面图5-7可见,诊室总面积为

$$TS = (40 \times 10) + (40 \times 10) = 800(平方米)$$

每间诊室的面积为100平方米。

在考虑诊室重新布置时,李院长察看了原建筑结构,了解到各诊室间的分隔墙均为承重墙,各诊室面积大小难以改变。改进后每个诊室面积仍保持为100平方米。新布置方案目标是病员进入医院后在就诊区总的走动距离最短。李院长将这一目标用数学公式表示:

$$L_{\min} = \sum_{i=1}^{8} \sum_{j=1}^{8} X_{ij} \cdot C_{ij}$$

其中:$L_{\min}$为病人走动距离最短的布局;X_{ij}为每日病人从i部门到j部门的移动次数;

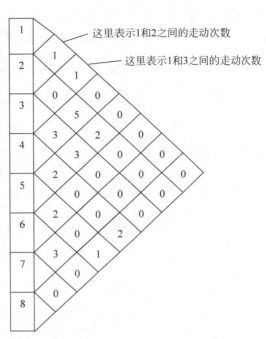

图 5-8 病人平均每日在诊室间走动次数

C_{ij} 为部门 i 到部门 j 的距离,米;病人从部门 i 至部门 j 的移动距离 C_{ij} 等同于在部门 i、j 之间的移动成本。

现存布局的病人流图如 5-9 所示。根据病人流图,计算出平均每日病人走动的总距离。总距离＝6 700(米)。

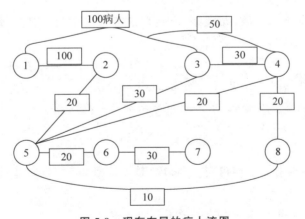

图 5-9 现存布局的病人流图

改进现有布局,想以数学方式求出"最优解"是不可能的,但是,可以通过模拟方法取得满意方案。李院长对现有布局做了如下改动。

(1) 将门诊二室和化验与 B 超室换位。

(2) X 光室与手术室换位。

得到新的平面布置,如图 5-10 所示。

挂号与初诊室	门诊一室	化验与B超室	手术室	10米
门诊二室	X光室	手术后休息室	理疗室	10米
40米				

图 5-10　建议的新平面布置

改进方案实施后,病员流图如图 5-11 所示。

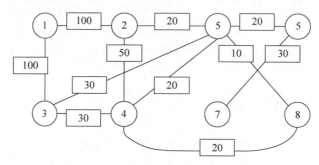

图 5-11　改进后的病人流图

计算改进以后,病人平均每日在医院中走动的总距离=4 800(米)。

李院长建议的新方案比现有布局平均病人走动距离缩短了 25%。新方案明显优于原有布局。李院长参照"小型企业生产布局改进步骤"来说明他所进行的工作。

(1) 根据现有布局,收集物流数据,绘制部门与部门之间零件流或物流矩阵(在本例中为病员走动次数矩阵,图 5-8)。

(2) 确定每个部门所需面积之大小,绘制类似图 5-7 的平面布置图,标出各部门面积。

(3) 绘制出各部门间零件流图或物流图(图 5-9)。

(4) 利用物料搬运成本公式,计算现有布局的物料搬运成本。

$$\text{COST} = \sum_{i}^{n} \sum_{j}^{n} X_{ij} C_{ij}$$

其中:X_{ij} 为零件或物料从 i 部门到 j 部门的移动次数;C_{ij} 为零件或物料从 i 到部门 j 的移动的成本。

(算法与案例中计算每日病人走动总距离相类似)

(5) 改进原有布局,提出新方案,画出改进后的部门间物流图,计算新布局的物料搬运成本(本案例中的每日病员走动总距离)。

(6) 根据每部门所需要面积的变化、位置的变化,重新绘制平面布置图。安排时应考虑楼层负荷、电力系统情况以及布局的美观等因素。

资料来源:松江镇医院的诊室布局[EB/OL].(2023-05-15). https://wenku. baidu. com/view/bf1de5ab0f22590102020740be1e650e52eacfd4?aggId.

本章思考题

1. 设施选址的影响因素与方法有哪些？
2. 企业运营全球化的趋势及其对设施选址的影响有哪些？
3. 全球产业价值链与设施选址决策是什么？
4. 简述服务业设施选址与设施布置的特殊考虑因素。

 即测即练

第 6 章

供应链管理与库存管理

本章学习目标

1. 理解供应链管理的基本思想。
2. 学习物料采购管理。
3. 学习分销配送管理。
4. 学习库存管理策略。

上海通用汽车的多态供应链

上海通用汽车的业务构成为：①整车业务，整车配送的供应链包括将成品车发送给全国各地的经销商；②向经销商及维修中心发送汽车零配件；③泛亚汽车技术中心。对整车业务，考虑到整车的库存、发送、运输等环节已经比较成熟，而汽车制造的利润日趋降低，因此从提高效率、降低成本的角度出发，公司对整车物流采用了高效率的供应链，将这一块业务主要外包给安吉天地汽车物流有限公司。在汽车维修零部件的配送方面，考虑到售后服务的质量不仅直接影响自己的品牌形象，而且是可持续性提高营收的新渠道，对于客户要求一定要作出快速、准确的反应，因而将零部件的供应链采用快速反应供应。最后，设计中心是企业取得市场领先地位的灵魂，根据市场变化进行及时灵敏的反应，构建创新供应链。

资料来源：上海通用汽车公司的供应链管理［EB/OL］. (2019-06-14). https://wenku. baidu. com/view/35ee74c430b765ce0508763231126edb6e1a76ed. html?_wkt.

6.1　供应链管理的基本思想

6.1.1　供应链的基本概念

1. 供应链的概念与基本含义

供应链是指围绕核心企业，从配套零件开始，制成中间产品以及最终产品，最后由销售网络把产品送到消费者手中的，将供应商、制造商、分销商直到最终用户连成一个整体的功能网链结构。供应链的概念是从扩大生产概念发展来的，它对企业的生产活动进行了前伸和后延。美国的格雷厄姆·C.史蒂文斯(Graham C. Stevens)认为：通过增值过程和分销渠道控制从供应商到用户的流就是供应链,它开始于供应的源点,结束于消费的终点。因此,供应链就是通过计划(plan)、获得(obtain)、存储(store)、分销(distribute)、服务(serve)等这样一些活动而在顾客和供应商之间形成的一种衔接(interface),从而使企业满足内外部顾客的需求,如图 6-1 所示。

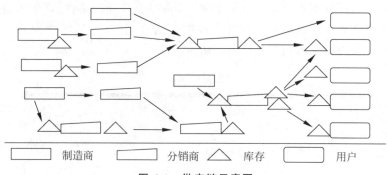

制造商　　　　分销商　　　库存　　　　用户

图 6-1　供应链示意图

2. 供应链的发展阶段

1)物流管理阶段

早期观点认为,供应链是指将采购的原材料和收到的零部件,通过生产转换和销售等活动传递到用户的一个过程。因此,供应链仅仅被视为企业内部的一个物流过程,所涉及的主要是物料采购、库存、生产和分销诸部门的职能协调问题,最终目的是优化企业内部的业务流程、降低物流成本,从而提高经营效率。

2)价值增值阶段

原来被排斥在供应链之外的最终用户、消费者的地位得到了前所未有的重视,从而被纳入供应链的范围。供应链就不再只是一条生产链了,而是一条涵盖整个产品运动过程的增值链。

3)网链阶段

随着信息技术的发展和产业不确定性的增强,对供应链的认识也正在从线性的单链转向非线性的网链,供应链的概念更加注重围绕核心企业的网链关系,即核心企业与供应商、供应商的供应商的一切向前的关系,与用户、用户的用户及一切向后的关系。

4)现代阶段

产能合作需要加强系统的顶层设计和长远的合作规划研制。既要有全球产业链的视野和价值链的思维,更要运用现代供应链的管理和技术,从产业、区域、市场与平台等维度布局国际产能合作,形成集约式、包容式与可持续的高质量发展模式,推行数字化,大力提升供应链智慧化水平。一是促进制造业企业生产装备与工艺智能化,推动智能装备及零部件生产向数字化、网络化、智能化转变;二是推进供应链全链条管理数字化,支持核心企业加强全链条数据管理,实现供应链透明管理,支持重点行业打造供应链数字创新中心,为行业提供监测分析、大数据管理、质量追溯、标准管理等公共服务;三是推动供应链决策智慧化,推动一批能够参与全球竞争的跨行业、跨领域工业互联网平台创新发展,建设一批面向特定行业企业级工业互联网平台,建设以工业互联网平台为核心的数字化供应链服务体系。

6.1.2 供应链管理的基本概念与基本要求

1. 供应链管理的基本概念

供应链管理的经营理念是从消费者的角度,通过企业间的协作,谋求供应链整体最佳化。成功的供应链管理能够协调并整合供应链中所有的活动,最终成为无缝连接的一体化过程。供应链管理的基本概念如图6-2所示。

图 6-2   供应链管理的基本概念

2. 供应链管理的基本要求

(1) 信息资源共享。供应链管理采用现代科技方法,以最优流通渠道使信息迅速、准确地传递,在供应链商和企业间实现资源共享。

(2) 提高服务质量,扩大客户需求。供应链企业一起围绕"以客户为中心"的理念活动。供应链管理通过生产企业内部、外部及流程企业的整体协作,大大缩短产品流通周期,加快物流配送的速度,从而使客户个性化的需求在最短的时间内得到满足。

(3) 实现双赢。供应链管理把供应链的供应商、分销商、零售商等联系在一起,并对之优化,使各个相关企业形成一个融会贯通的网络整体,网络中各企业仍保持个体特性,但为整体利益的最大化合作,实现双赢结果。

3. 供应链管理的特征

(1) 顾客权力。不断增强的顾客权力影响供应链的设计和管理。顾客需要和期望相对迅速,供应链应该快速和敏捷。

(2) 长期定位。供应链应该与供应商、顾客、中介和服务性企业等不同的参加者采取长期而不是短期的合作。长期定位更看重关系型交换,而短期交换则倾向于交易型交换。

(3) 杠杆技术。其是对供应链产生影响和变化的中心,计算能力和互联网这两个主要因素促成了大部分的变化。

(4) 跨组织沟通的增强。供应链依靠大量的实时信息,因此信息能够在组织间无缝地传递非常必要。

(5) 库存控制。其包括库存控制范畴下的各种活动,从间断模式转变为连续流。

(6) 组织间协作。从整体上优化供应链的绩效,供应链的参加者之间的协作非常重要。

6.1.3 高效供应链管理构建研究

构造高效供应链需要通过供应链管理把供应商、生产厂家、分销商、零售商等在一条供应链上的所有节点企业都联系起来进行优化,使生产资料以最快的速度,通过生产、分销环节变成增值的产品,并借助信息网络、组织网络,实现生产及销售的有效连接和物流、信息流、资金流的合理流动,最终把合适的产品以合理的价格及时送到消费者手上。其主要通过以下方式构建。

1. 以顾客为中心

以顾客为中心的"拉式"营销推动的结果,为顾客创造更大的价值,以市场需求的拉动为原动力。"拉式系统"的供应链是以顾客的需求为原动力。其包括三个部分:①客户服务战略决定企业如何从利润最大化的角度对客户的反馈和期望作出反应。②需求传递战略则是企业以何种方式将客户需求与产品服务相联系,决定企业在何地、怎样生产产品和提供服务。③采购战略的关键决策是自产还是外购,企业的产能如何规划布置,企业如何平衡客户满意和生产效率之间的关系。

2. 强调企业的核心竞争力

供应链管理中一个重要的理念就是强调企业的核心业务和竞争力,并为其在供应链上定位。企业参与到上游厂商的生产计划和控制中去,将消费者的意见迅速反映到生产中。企业跨越其内部管理和与外界"沟通"的范畴,形成了以自身为链主、连接生产厂商与顾客的供应链。通过先进的信息技术保障,实现统一、集中、实时监控一整套先进的供应链管理系统。

3. 协作的双赢理念

供应链管理中不但有双赢理念,更重要的是通过技术手段把理念形态落到操作实务上。其关键在于将企业内部供应链与外部的供应商和用户集成起来,形成一个集成化的供应链。供应链合作关系是集成化供应链管理的关键。企业要特别注重战略伙伴关系管理,管理的重点是以面向供应商和用户,增加与主要供应商和用户的联系,增进相互之间的了解(如产品、工艺、组织、企业文化等),相互之间保持一定的一致性,实现信息共享。

4. 优化信息流程

信息流程是企业内员工、客户和供货商的沟通过程,计算机信息系统的优势在于其自动化操作和处理大量数据的能力,使信息流通速度加快,同时减少失误。真正按链的特性改造企业业务流程,使各个节点企业都具有处理物流和信息流的自组织与自适应能力。要形成贯穿供应链的分布数据库的信息集成,从而集中协调不同企业订货预测、库存状态、缺货情况、生产计划、运输安排、在途物资等的关键数据。充分利用电子数据交换(EDI)、互联网等技术手段,实现供应链的分布数据库信息集成,达到共享采购订单的电子接收与发送、多位置库存控制、批量和系列号跟踪、周期盘点等重要信息。

供应链技术发展迅速,主要采用物联网、大数据、云计算、SaaS(软件即服务)、PaaS(平台即服务)、IaaS(基础设施即服务)等技术,解决供应链全过程全要素实时的信息识别、传输、存储、分析、利用问题,并基于ICT(信息与通信技术)大力挖掘数据价值,促进了跨企业资源及流程的整合、调度与优化。近年来,无人化(无人机、无人车、无人港、无人配送中心、无人商店、无人工厂等)、5G(第五代移动通信技术)、区块链、人工智能等技术的加速产业化应用,特别是 ICT 的应用,覆盖采购、生产、销售等各个环节的商流、物流、信息流、资金流等各种功能性活动,以及各个层级的供应链平台和供应链生态,大大提高供应链的透明度、协同度、整合度和智能化水平,促进产业智慧供应链的发展。智慧供应链将会成为引领经济发展的新动能。

5. **供应链增值呈现价值链**。

供应链增值的主要目标是呈现价值链系统,供应链与产业链、价值链的关系如图 6-3 所示。

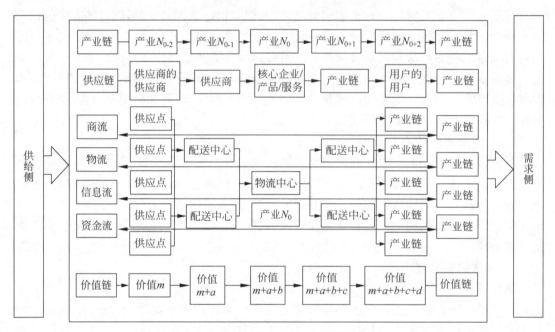

图 6-3 供应链与产业链、价值链的关系

6.2 供应链管理的基本策略之——采购管理

6.2.1 物料采购管理的重要性

1. 有利于优化企业资源配置,减少资源浪费

合理的采购计划管理有助于提高企业采购的目的性、针对性和预见性,更好地解决企业买什么、买多少、如何买的相关问题,杜绝盲目采购、超标采购,避免浪费,使企业采购资金用到"刀刃"上,从而促进企业资金的节约和对生产资源的优化配置,提高企业经济效益。

2. 强化对物料采购行为的监督

采购监管是规范采购业务活动、落实采购内容以及防治采购违法违规行为的关键。一是通过采购计划及管理软件,促进采购计划管理的信息化,在提高采购信息透明度的同时使采购效率得到提升;二是通过采购计划书对采购活动的订单执行,合同签订和物料入库等环节进行指导,发挥其对采购行为的规范和监督作用;三是通过对采购计划信息的共享和优先授权制度,充分发挥各方监督作用,强化监督效果。

3. 调节企业库存

采购计划管理通过对库存和一定周期内所需生产原料的核定,确保企业按需采购。最大限度地提高原材料的利用效率,降低库存积压风险,减少重复采购的占用资金。完善采购计划的合理性,提高采购计划的科学性、准确性和预见性,为企业平稳经营、健康发展提供有效的物质支撑。

6.2.2 物料采购管理系统研究

1. 物料采购管理系统的概念

通过采购申请、采购订货、进料检验、仓库收料、采购退货、购货发票处理、供应商管理、价格及供货信息管理、订单管理,以及质量检验管理等功能综合运用的管理系统,对采购物流和资金流的全部过程进行有效的双向控制和跟踪,实现完善的企业物资供应信息管理。

2. 物料采购管理系统主要功能

(1) 多途径采购。采购业务的需求来源有计划部门的主生产计划(master production schedule,MPS)、物料投放需求计划,以及库存缺货而生成的需求;提供根据计划、销售、仓库及采购自身需要等多途径采购功能。其一般有两项:①订单管理。②发票管理。

(2) 购货质检管理。工业系统提供比较全面的质量检验管理,包括购货检验、完工检验和库存抽检三种质量检验业务。

(3) 供应商供货信息管理。供应商供货信息管理以购货价格为中心,完善地记录、控制并管理供应商的供货业务资料,包括对不同供应商、不同物料、不同数量段、不同币别的价格和折扣信息的详细记录,以及业务传递、自动更新及数据分析。

(4) 集团内部采购业务(包括工业企业和商业企业之间)。其可以通过两个方向的数据传递和两种分销业务的处理来实现。

(5) 业务资料联查。单据关联(包括上拉式关联和下推式关联)是工业供应链业务流程的基础,而单据联查即查看业务流程中的单据关系,提供单据、凭证、账簿和报表的全面关联及动态连续查询功能。

(6) 多级审核管理。多级审核管理是对多级审核、审核人、审核权限和审核效果等授权的工作平台,处理业务单据时采用多角度、多级别和顺序审核管理方法。其体现工作流管理的思路,属于 ERP 系统用户权限性质的基本管理。

(7) 物料对应管理。物料对应管理通过物料对应表来实现物料在用户与往来单位之间的对应管理功能。采购管理系统将 ERP 系统所有业务基础资料和必要的管理辅助资料汇总,然后统一管理和维护。

(8) 报表查询功能。其包括查询并使用采购业务报表、采购分析报表、万能报表和查询分析工具。

3. 物料采购管理系统特点

支持库存订货点采购申请处理;通过请购单合并或拆分,自动生成采购订单;请购合并过程中,自动按订货批量政策生成采购条目;支持直接批量、固定批量、最大/最小批量等多种订购政策;支持无订单到货的接收处理;与库存子系统相连,到货入库,自动按库存单位转换,更新库存数量,同时生成入库单;采购收货支持库存批次及单件管理等。

采购系统与应付账子系统相连,直接生成采购凭证核算采购成本;对采购单的处理灵活,对已发放的订单可做中止;采购单可自动结清或手工强制结清;具有跟踪、催查采购订单的功能;可多角度查询物品的请购、订购及收货入库明细、汇总情况;从交货期、价格、质量等多种角度对供应商进行评估可评价采购人员业绩;可分析采购成本差异。供应商管理提供供应商报价管理;可限制订货的供应商。请购单生成是由物品中长期采购计划直接生成请购单、MRP(物料需求计划)任务直接生成请购单;质量检验支持收货过程中的质量检验及质量控制。

6.2.3 不同物料的采购管理策略

采购管理策略主要包括两个部分:一是采购方针与库存策略;二是供应商管理策略。在整个物料采购网络中,企业可以按物料分类方法先将物料分类,然后对不同类型的物料采取不同的供应商管理模式和采购与库存策略,以节省管理成本,如图 6-4 所示。

图 6-4 按照物料种类因素物料分类

对不同类型的物料制定不同的管理策略见表 6-1。

表 6-1 对不同类型的物料制定不同的管理策略

项 目	战略性物料	瓶颈物料	重要物料	一般物料
供应商管理模式	战略伙伴关系 长期合作	稳定、长期的合作关系	一般合作关系	一般交易关系
基本策略	"双赢"策略	灵活策略	最低成本策略	管理成本最小化
管理重点	详细的市场调查和需求预测 严格的库存监控 严格的物流控制和后勤保障 对突发事件的准备	详细的市场数据和长期供需趋势信息 寻找替代方案 备用计划 供货数量和时间的控制	供应商选择 建立采购优势 目标价格管理 订购批量优化 最小库存	产品标准化 订购批量优化 库存优化 业务效率
安全库存量	中等	较高	较低	最小化
订购批量	中等	较大	较小	经济批量
绩效评价准则	长期可得性 质量可靠性	来源的可靠性	采购成本与库存成本	业务效率

1．战略性物料

战略性物料的特点是采购量少、价值昂贵，质量的好坏对企业产品会产生重大影响；企业对于战略性物料的供应管理策略必须致力于与质量可靠的供应商建立各种长期的、战略伙伴式的关系。其基本特点是保持双赢，即通过致力于合作使供应商也得到应有的好处。必须进行详细的市场调查和需求预测，并尽可能地进行严格的库存控制。

2．瓶颈物料

瓶颈物料的基本特点是这种物料的价值可能不太昂贵，但是获取这种物料有一定难度。在采购和库存策略上，需要考虑设置较高的安全库存，并采取较大的订购批量。还应在企业的整体运作安排上考虑替代方案，并预先制订备选计划。

3．重要物料

重要物料的基本特点是供应市场较充足，但该种物产价值昂贵，库存占用资金较多。需要在库存管理上多下功夫，尽量减少总库存量。

4．一般物料

一般物料的基本特点是小件物料，本身价值不高，市场上也容易获得，但这类物料往往种类繁多，能够占到企业全部采购种类的一半以上。对于一般物料所应采取的基本管理策略是致力于管理成本最大化。在库存管理上，有可能采取经济批量等优化方法，并尽量利用信息技术等手段简化管理程序，提高业务效率。物料的重要性和供应市场的复杂度由下式可得：

$$物料的重要性 = f(X_1, \cdots, X_n)$$

其中：X_1 为采购量；X_2 为该物料采购金额占总采购金额的百分比；X_3 为占产品总成本的百分比；X_4 为该物料对产品质量的影响程度；X_5 为该物料短缺可能给企业带来的损失；$\cdots X_n$ 为其他。

$$供应市场的复杂度 = f(Y_1, \cdots, Y_n)$$

其中：Y_1 为物料的可替代性；Y_2 为可利用的供应商数目；Y_3 为供应商的可靠性；Y_4 为企业"自制为外购"的选择余地；Y_5 为社会后勤系统的保障性；$\cdots Y_n$ 为其他。

 小贴士

与供应商的基本关系：竞争还是合作？

企业与供应商的基本关系见表 6-2。

表 6-2　企业与供应商的基本关系

竞　争	合　作
买方以势压人	"伙伴"（partner）关系
供应商暂时妥协	双方共享信息，共同分析成本，共享利润
双方互相戒备	买方向供应商提供多种援助
用高库存防止不确定性	安全库存
供应商数目很大	供应商数目少而精

6.3   供应链管理的基本策略之二——分销配送管理

6.3.1   分销配送管理系统在供应链管理中的作用和价值

1. 渠道管理

通过管理销售渠道和分销配送商网络,企业可以实现产品的广泛分布和销售,可以有效管理各级分销配送商的库存、订单和销售数据,实现供应链的协调和流畅。

2. 库存管理

企业可以实时掌握产品库存情况,避免库存过剩或不足。分销配送商可以根据实际需求进行订购,减少库存积压和资金占用,提高库存周转率。

3. 订单管理

可以集中管理和跟踪订单信息,确保订单的及时处理和准确交付。可以自动化订单流程,减少人工干预和错误,提高订单处理效率。

4. 数据分析

可以收集和分析销售数据、库存数据和市场数据,为企业提供决策支持和业务洞察。企业可以了解产品销售情况、分销配送商绩效、市场需求等信息,优化供应链策略和销售策略。

5. 合作伙伴关系管理

可以帮助企业与分销配送商建立紧密的合作伙伴关系,加强沟通的平台,促进双方之间的合作和共同发展。

6. 售后服务

可以提供售后服务的管理和支持,包括退换货、客户投诉处理等。可以帮助企业与分销配送商共同解决售后问题,提高客户的满意度和忠诚度。

6.3.2   分销渠道管理与物流配送优化

分销渠道管理涉及产品的销售渠道和流通方式的管理,物流配送优化则是指在保证物流效率的同时,提高客户满意度和降低成本。

1. 分销渠道管理

分销渠道是指商品从生产厂家到最终消费者之间的流通渠道。分销渠道的管理旨在最大限度地开拓销售市场,提高销售额和市场份额。不同的电商企业需要根据自身情况选择适当的分销渠道,如利用社交媒体、独立电商网站等开拓新销售渠道,实现产品的多元化流通。在分销渠道管理中,不同的销售渠道还需要进行精准管理。

2. 物流配送优化

电商企业需要不断优化其物流配送,以提高客户满意度、降低成本。首先,物流配送效率可以通过建立仓储物流中心来优化;其次,物流配送效率可以通过物流技术的应用来提高;最后,电商企业还需要建立完善的售后服务体系和客户关系管理,提高客户满意度。

3．分销渠道管理与物流配送优化的结合

为了实现分销渠道管理和物流配送优化的结合,电商企业需要充分发挥其信息化和智能化的优势。可以通过建立电子商务仓库和智能物流系统,实现货物信息的实时跟踪和处理;同时,还需要建立完善的物流配送数据分析和预测系统,实现对效率和成本的精准控制,为分销渠道的开拓和产品营销提供有力的支持。

6.3.3 分销配送管理策略

分销渠道是指从最初的供应商到终端消费者的商品传递和服务过程以及从最终消费者到原始供应商的付款途径。分销渠道中包括制造商、批发商/分销商、零售商和消费者等。虽然供应链可以存在四个不同参与者,不过在竞争日益激烈的市场中,有些参与者甚至被直接跳过,并通过这种方式更快地响应消费者的需求,存在如图 6-5 所示的常见三种销售模式。

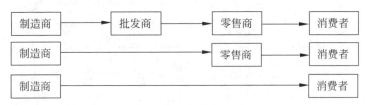

图 6-5 常见的三种销售模式

从对应的分销渠道之中,可以使用不同的配送模式来进行匹配,并确保流程的有效性。常见的分销配送管理策略与模式如下。

1．传统的多层分销模式

传统的多层分销模式是零售商首先将订单下达给各级制造商,制造商把货物发到零售商的配送中心处,该配送中心接收多个制造商的产品,然后配搭不同产品直至满载,送到终端店铺或个人消费者手中,如图 6-6 所示。

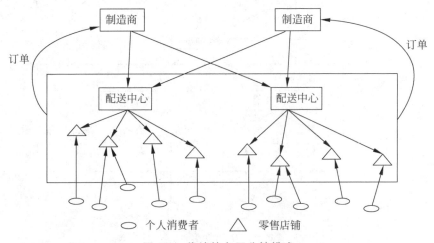

图 6-6 传统的多层分销模式

2．集成模式

集成模式是零售商向不同的制造商下达订单，制造商则把货物送到集成中心。集成中心主要用作合并不同制造商的货物，分送到相应区域的配送中心，本身不会持有或者仅持有少量的库存，如图 6-7 所示。

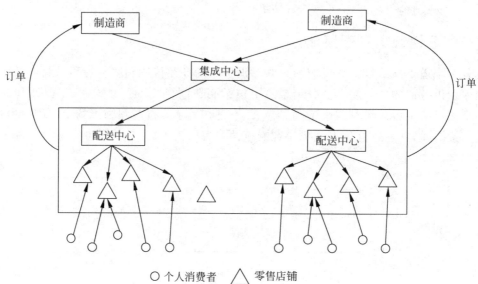

图 6-7　集成模式

3．批发/分销模式

批发/分销模式是零售商向批发/分销商下订单，批发/分销商则向制造商下达订单，同时持有库存，根据订单发货到零售商的配送中心。配送中心则整车发送不同制造商的货物到各店铺处。而消费者则前往店铺选购，支付和接收商品，如图 6-8 所示。

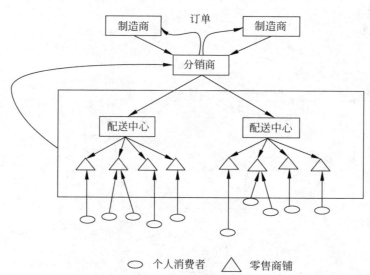

图 6-8　批发/分销模式

4．直送店铺模式

直送店铺模式是零售商向不同的制造商下单订单，而制造商则根据订单绕过配送中心，直接把货物送到不同的店铺处。有些时候，订单并非由零售商发出，而是供应商根据店铺的共享信息和需求计算匹配而自动形成的订单安排送货。消费者则前往店铺选购，支付和接收商品，如图 6-9 所示。

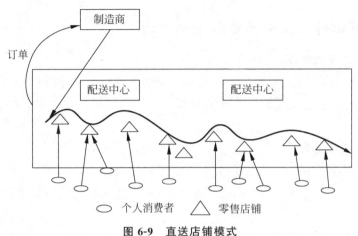

图 6-9　直送店铺模式

5．直接发货给客户模式

直接发货给客户模式是消费者下订单给零售商，而零售商把订单信息传递给制造商，制造商则直接把商品发给消费者。消费者不能在店铺即时获得货物，需求的响应时间较长，如图 6-10 所示。

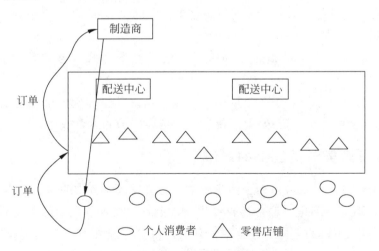

图 6-10　直接发货给客户模式

随着市场进入电子商务化的年代，全渠道模式开始被提出、形成。此种模式通过不同渠道，线上和线下的结合，形成满足不同层面消费者的需求的模式，可以说是一种集成，自然，困难和挑战也不少。全渠道模式下一般常面临的问题有：①订单来自不同的渠道，究竟需要在哪里准备和对应？②对订单配送的距离、效率、有效性的衡量,相互之间的补货成本测算和控制；③不同销售渠道对于包装的要求；④相关的员工、仓库、系统是否有足够能力对应不同渠道带来的任务；⑤退换货的处理。

6.4　电子商务与供应链管理

6.4.1　电子商务在供应链管理中的作用

1. 提高信息流通效率

通过信息技术的支持,对商品、订单、支付等信息进行数字化处理和传输,实现信息的实时共享和高效流通。供应链各个环节参与方能够更好地协同工作,快速反映市场需求变化。

2. 优化供应链管理

供应链中的各个环节通过电子商务平台实时监控和分析销售、库存和物流等数据。为企业提供更精确的货物需求预测和库存管理,从而优化供应链整体运作效率,节约成本和时间。

3. 拓展市场和提升服务

随着技术的不断发展,电子商务平台将更加强大和智能化,为供应链的优化提供更大可能性。

（1）实现供应链业务协同可以完善企业的信息管理,通过平台帮助企业快速地实现信息流、资金流和物流的全方位管理和监控。

（2）利用供应链电子商务可以对供应链上下游的供应商、企业经销商、客户等进行全面的业务协同管理,从而实现高效的资金周转。

（3）供应链电子商务可以帮助企业从传统的经营方式向互联网时代的经营方式转变。

（4）借助供应链电子商务平台帮助企业分享从内部管理到外部商务协同的一站式、全方位服务,从而解放企业资源,显著提升企业的生产力和运营效率。

6.4.2　电子商务对供应链的影响

电子商务模式的出现可以为企业实施供应链管理提供有力的信息技术支持和广阔的活动舞台。特别是 B2B 电子商务不仅使供应链上各节点企业之间的信息容易共享、联系更加紧密,而且供应链的整体运作也更为高效。对供应链管理的影响可以归纳为以下几个方面。

（1）为供应链管理者建立新型的客户关系。电子商务使供应链管理者通过与它的客户和供应商之间构筑信息流和知识流来建立新型的客户关系。

（2）提供给供应链管理者了解消费者和市场需要的新途径。消费者信息成为企业获得消费者和市场需求信息的有效途径。供应链的参与各方通过信息网络交换订货、销售、预测等消息。全球经营的跨国企业电子商务的发展可以使业务延伸到世界的各个角落。

（3）开发高效率的营销渠道。企业利用电子商务与经销商协作建立零售商的订货和库存系统。通过信息系统可以获知有关零售商商品销售的信息,在已获取信息的基础上,进行连续库存补充和销售指导,从而与零售商一起提高营销渠道的效率,提升顾客满意度。

（4）改变产品和服务存在形式和流通方式;产品和服务的实用化趋势改变流通和作用方式。

（5）构筑企业间或跨行业的价值链。通过利用企业核心能力和行业共有的做法,电子商务用来构筑企业间的价值链。例如:生产厂家、零售商以及物流信息服务业者组成的第三方服务供应链形成了一条价值链。

6.5 供应链上的库存

6.5.1 供应链上的库存分类

1. 原材料库存

原材料库存是指企业为了生产加工产品,通过采购和其他方式取得与持有的原材料、零部件的库存。流通型企业是不存在原材料库存的。原材料库存的来源途径最常见的,一是从供应商处购进;二是企业自己生产。

2. 半成品库存

半成品库存是没有最终加工完毕、还无法销售的产品。半成品库存的数量是由生产车间来负责的,生产车间的管理水平决定了半成品库存的准确性。供应链库存管理团队也需要和生产团队保持实时沟通,辅助审核半成品库存,最终目的是确保企业的合理成品库存。

3. 在制品库存

在制品库存是指所有加工中心内的库存数量。在制品是未完成的产品,也就是还没有转化成可出售的最终产品。其包括:待送入另一个加工过程的库存;正在加工中心被加工的库存;由于存在加工能力的瓶颈或机器设备故障等在加工中心排队等候的库存。

4. 成品库存

成品库存即完成所有生产阶段的产品构成的库存。供应链团队在和销售部、市场部和财务部的日常沟通中,针对需求预测管理的讨论都是基于成品库存。

5. 在途库存

在途库存顾名思义就是上游供应商已经发出但还未入库的成品。从供应链库存管理的角度看,在途库存数量的管理和预计入库时间的控制,可以提高库存的敏捷性,以便更好地满足企业内部及外部客户的需求。

6. 寄售库存

寄售库存是一种常用的供应链协作方式,指供应商将货物(原料、半成品)存放在购买商的库存中,在货物没有被购买方使用之前,货物的所有权依旧归供应商,购买方只有在使用货物时才支付费用。一般情况下,供应链上的库存如图 6-11 所示。

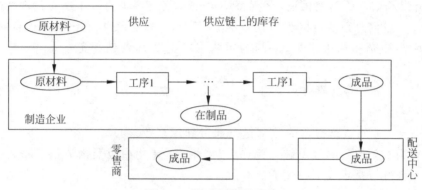

图 6-11　供应链上的库存

6.5.2　供应链上库存的作用以及弊端

1. 供应链上库存的作用

1）使企业实现规模经济

首先,在采购方面,大批量采购可以获取价格折扣。此外,大批量采购有时能减少由于价格上涨而带来的损失。其次,在运输方面,单位运输成本较低的原因在于,整车装载运输的费率要比零采运输的费率低。最后,成品库存也有可能实现制造规模经济。当生产批量达到一定的水平时,就可以实现制造规模经济。

2）平衡供给与需求

持有库存可以平衡需求与供给的波动。可以直接利用库存来满足客户的需求,以提高客户服务水平。对季节性的供应和需求,企业必须持有库存。此外,在一年中的不同时期,产品需求相对比较稳定,但是原材料只有某些时期才能采购到也需库存,保证库存量。

3）预防不确定性

库存有着预防不确定性的保护措施,制造商可以增加原料库存,使原料库存超出当前生产需求,以预防采购的不确定性可能导致的断货。

4）在供应链环节中起缓冲器的作用

在供应链环节中,库存有着不同的表现形式,库存管理的水平高低将直接影响整个供应链是否能够达到预期的目标。原材料必须从供应源送到制造地,原材料在制造地被投放到制造过程中。一旦制造过程完成,产品必须被送到工厂所在地的产品库存。接下来则要对产品的库存进行调配,分配到各区域,可能是公司自有的或租赁的配送中心、公共仓库以及批发商的仓库或零售商的配送中心。因此,库存在整个供应链中起到缓冲作用。

5）消除供需双方在地理位置上的差异

在途库存是根据成品从生产者到中间商及最终消费者手中所需的时间及数量而确定的库存,由于生产者、中间商及最终消费者常常不在同一地理位置,因此需要在途库存来消除生产者、中间商及最终消费者的位置差异。

2. 供应链上库存的弊端

传统库存管理模式虽然能够通过保有一定量的自有库存降低缺货、需求不确定性等风险,但同时也会导致库存成本上升、牛鞭效应、上下游企业利益冲突等问题。

（1）占用资金。库存越高,占用资金成本就越高。

（2）产生库存成本。①库存占用资金成本；②库存管理成本；③固定仓储成本（包括租赁、人员、保证存储条件等成本）；④可变库存成本（主要是指物料搬运相关联成本）。

（3）管理问题。由于库存的存在,许多问题暴露得不是很及时,常常会带来很多管理上的问题。

库存不可避免,虽具有积极的一面,但同时也带来了一定的企业资金成本。在库存的管理上需要科学地寻求一个折中、平衡的途径和方法。

6.6　库存管理策略

6.6.1　策略之一：合理选择库存的放置位置

货位是指仓库中实际可用于堆放商品的面积。货位的选择是在商品分区分类的基础上进行的,所以应遵循确保商品安全、方便吞吐发运、力求节约仓容的原则。

1. 最接近物流出口

在规定固定货位和机动货位的基础上,要求物料摆放在离物流出口最近的位置。

2. 以库存周转率为排序的依据

经常性的出入库频次高且出入量比较大的品种放在离物流出口最近的固定货位上；当然,随着产品的生命周期、季节等因素的变化,库存周转率也会变化,同时货位也在重新排序。

3. 关联

由于物料清单（BOM）或习惯,两个或两个以上相关联的物料经常被同时使用,如果放在相邻的位置,就可以缩短分拣人员的移动距离、提高工作效率。

4. 唯一

同一物料要求集中保管在唯一货位区域内,便于统一管理,避免多货位提货。

5. 系列

同一系列的物料,设置一个大的区域。

6. 隔离易混物料

外观相近、难以识别的物料,在标示清晰的基础上,要间隔两个以上的货位,防止混在一起、难以区分。

7. 批号管理

一个批号的商品必须单独放在一个货位上；通过先进先出,进行严格管理,同一批号的商品如果检验不合格或者不允许放行,要设立红牌警示,避免混出工厂,产生质量事故。

8. 面对通道

把商品的标示面对通道,不仅是把外面的一层,而且要把所有的商品标示都面对通道,面对同一方向,使分拣人员始终流畅地进行工作,不用中断工作去确认标示。不围不堵。

9．合理搭配

要考虑物料的形状大小，根据实际仓库的条件，合理搭配空间；避免空间不足多货位放货，避免空间太大、使用不充分。

10．上轻下重

楼上或上层货位摆放重量轻的物料，楼下或者下层货位摆放重量大的物料，这样可以减轻搬运强度，保证货架、建筑与人员的安全。

11．化学品、易燃易爆危险品单独区域存放

重点管理维护，避免影响其他物料的安全。

12．目视化看板

绘制《货位平面图》，标明商品的货位，即使是临时人员，也能准确无误地分拣出正确的商品。

13．"五距"

顶距：距离楼顶或横梁 50 厘米；灯距：防爆灯头距离货物 50 厘米；墙距：外墙 50 厘米，内墙 30 厘米；柱距：留 10～20 厘米；垛距：留 10 厘米。易燃物品还应留出防火距离。

6.6.2　策略之二：根据库存的不同作用考虑如何降低库存

运用正确策略对合理降低库存至关重要，这些策略有助于优化生产运营的流程、增加现金流，以下是七种降低库存的方法。

1．库存状态评估

减少库存之前应彻底检查交付产品并诊断是否应停产某些产品。产品通常具有高度需求变动性、高昂的生产成本、库存持有成本以及长交货期。停产产品将降低整体库存水平及运营成本。呆滞库存和讨论产品（成品库存策略）应该被停产。

2．预测准确率

基于需求、新产品、采购、补货，按照 80/20 法则，首要关注的 SKU（最小存货单位）是 A 类和 B 类。

3．缩短交货时间

缩短制造和供应等供应链的交货时间将有助于减少库存。选择交货时间较短的供应商将降低库存持有成本。降低工厂内部在制品数量，将有效缩短工厂生产交付周期。

4．供应商关系

供应商对于保障工厂生产效率极为重要。选择具有准时交付、短供应周期、合格质量的供应商非常重要，可以订购较少数量而没有缺货风险。因此，与供应商建立良好的关系，通过高效的供应链提高生产效率并降低库存。

5．减少 MOQ

供应商通常有最低订购量（MOQ），即供应商愿意出售的最小数量。为了减少 MOQ 和优化库存，可以与供应商协商，优化集装箱或卡车，更换供应商，更换/取消产品。

6．产品设计

并非供应的成品最小存货单位数量多，就能获得高销售额。通常是减少销售产品的数量，并且最大化工具（AX）类产品的准交率。原材料使用生产不同产品的物料和组件可

以减少库存的浪费。

7．基于需求拉动

基于需求拉动的系统,可以通过仅在有需求时生产来降低库存水平,使公司只生产已被订购的产品,而无须存储多余的库存。

6.6.3　策略之三：ABC 分类法的应用

1．ABC 分类法的概念及内涵

ABC 分类法(activity based classification),由于它把被分析的对象分成 A、B、C 三类,所以又称为 ABC 分析法,全称应为 ABC 分类库存控制法。在 ABC 分类法的分析图中,有两个纵坐标、一个横坐标、几个长方形、一条曲线,左边纵坐标表示频数,右边纵坐标表示频率,以百分数表示。横坐标表示影响质量的各项因素,按影响大小从左向右排列,曲线表示各种影响因素大小的累计百分数。一般将曲线的累计频率分为三级,与之相对应因素分为：A 类因素,发生累计频率为 0～80％,是主要影响因素；B 类因素,发生累计频率为 80％～90％,是次要影响因素；C 类因素,发生累计频率为 90％～100％,是一般影响因素。

2．ABC 分类法的应用说明及基本程序

ABC 分类法是根据事物在技术、经济方面的主要特征,进行分类排列,从而实现区别对待、区别管理的一种方法。ABC 法则是帕累托 80/20 法则衍生出来的一种法则。80/20法强调的是抓住关键,ABC 法则强调的是分清主次,并将管理对象划分为 A、B、C 三类。首先将 ABC 法则用于库存管理,朱兰将 ABC 法则运用于质量管理,并创造性地形成了另一种管理方法——排列图法。彼得·德鲁克(Peter Drucker)将其推广到更为广泛的领域。ABC 法则效率和高回报显著。

(1) 开展分析。①ABC 分类法的理论基础：社会上任何复杂事物,都存在着"关键的少数和一般的多数"这样一种规律。如果将有限的力量主要(重点)用于解决具有决定性影响的少数事物上,以及将有限力量平均分摊在全部事物上,两者比较,当然是前者可以取得较好的成效,而后者成效较差。ABC 分类法通过分析,将"关键的少数"找出来,并确定与之适应的管理方法,这便形成了要进行重点管理的 A 类事物,能够以"1 倍的努力取得 7～8 倍的效果"。②ABC 分类法的一般步骤：收集数据、处理数据、绘制 ABC 分析表、确定分类、绘 ABC 分析图。

(2) 实施对策。"分类管理"过程。根据 ABC 分类结果,权衡管理力量和经济效果,制定 ABC 分类管理标准表,对三类对象进行有区别的管理。

3．ABC 分类法的具体步骤

(1) 收集数据。按分析对象和分析内容,收集有关数据。例如,打算分析产品成本,则应收集产品成本因素、产品成本构成等方面的数据；打算分析针对某一系统构建价值工程,则应收集系统中各局部功能、各局部成本等数据。

(2) 处理数据。对收集来的数据资料进行整理,按要求计算和汇总。例如,作业成本法应用到销售物流流程的基本步骤：依据各个作业所消耗的资源,计算出每个作业的成本,按照产品所对应作业、作业动因计算产品成本。

$$AC_i = \sum_{i=1}^{n} R_i \times RDN_i$$

其中：AC_i 为作业 i 的作业成本；RDN_i 为作业 i 的资源动因数。

（3）绘制 ABC 分析表。①绘制 ABC 分析表栏目；②填入已算出的平均资金占用额，填入相应物品名称、物品单价、平均库存等。此后，计算品目数累计百分数填入，计算平均资金占用额累计填入，计算平均资金占用额累计百分数填入等。

（4）确定分类。按 ABC 分析表，观察累计品目百分数和平均资金占用额累计百分数，将累计品目百分数为 5%～10%而平均资金占用额累计百分数为 70%～75%的前几个物品确定为 A 类。将累计品目百分数为 20%～25%而平均资金占用额累计百分数也为 20%～25%的物品确定为 B 类。C 类累计品目百分数为 60%～70%，而平均资金占用额累计百分数仅为 5%～10%。

（5）绘 ABC 分析图。以累计品目百分数为横坐标，以累计资金占用额百分数为纵坐标，按 ABC 分析表所提供的数据，在坐标图上取点，并联结各点曲线，则绘成 ABC 曲线。按 ABC 曲线对应的数据，按 ABC 分析表确定 A、B、C 三个类别的方法，在图上标明 A、B、C 三类，则制成 ABC 分析图。在管理时，如果认为 ABC 分析图直观性仍不强，也可绘成直方图。

6.6.4 策略之四：利用经济订货批量模型

1. 经济订货批量的概念

经济订货批量（economic order quantity，EOQ），通过平衡采购进货成本和保管仓储成本核算，以实现总库存成本最低的最佳订货量。经济订货批量是固定订货批量模型的一种，可以用来确定企业一次订货（外购或自制）的数量。当企业按照经济订货批量来订货时，可实现订货成本和储存成本之和最小化，如图 6-12 所示。

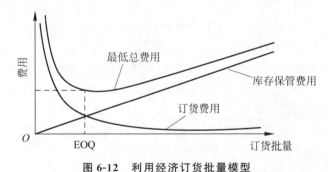

图 6-12 利用经济订货批量模型

库存的年度总费用＝订货费用＋库存保管费用

2. 订货费用

订货费用的价格折扣模型如图 6-13 所示。同时购买及保管储备物资，除了要支付物资的购买价格之外，还要支付多种其他费用，如占用资金利息支出、订购物资行政开支及其他各种存贮费用，如建筑物折旧费，租金，税收，供暖、照明、机械操作设备、仓库费用，工作人员薪水，建筑物及储备物资的保险费用以及储备物资变质报废等。

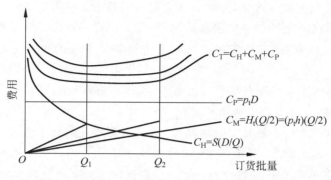

图 6-13　订货费用的价格折扣模型

3. 存贮费用

存贮费用往往随着存贮数量的变化而变化,也存在保持相当长的时间不变,如租金、税收、人员薪金及折旧费等,并不受库存总额的影响。至于供暖、照明、用于操作的设备等费用有一部分是固定不变的,有一部分则是变动不定的。保险费的开支一般根据平均库存量来计算,并加上一些其他因素。固定费用加上很多较小的随着库存数量的增加而变化的变动不定的费用,就是总的存贮费用。为了表示各种变动成本之间的关系,通常的做法是,设存贮费用为从其起点为零的一条直线,总的订货费用则为一矩形双曲线。据此可以绘出一条总费用曲线,而两线相交之点就是最低的费用。

4. 经济订货批量公式

经济订货批量公式为

$$经济订货批量 Q^* = \mathrm{SQRT}(2^* DS/C)$$

其中:Q^* 为经济订货批量;D 为商品年需求量;S 为每次订货成本;C 为单位商品年保管费用。SQRT 一般指平方根计算。

零售商延期支付的周期越长,单位时间利润现值就会越大,但补货周期的价值也就越低。针对传统的单层延期支付 EOQ 订货模型的不足,可以考虑允许零售商和顾客延期支付时,易损品的三阶段经济批量订货策略,得到最优订货策略,并指出零售商延期支付期限和顾客延期支付期限不一致情形下,随着易损品变质率变化,零售商最优订货周期和最优订货数量会存在显著差异。在现有的库存管理模型中,许多文献都是分析延期支付对减少库存成本、优化库存策略以及协调库存等的影响。

汽车制造公司供应链管理研究

L 公司是国内一家有名的民营汽车制造公司,为了改善公司各职能部门、车间的工作流程,进一步提升公司内部管理效率,公司在每年的年终都会举行一次为期 4 天的公司级沟通交流会,参与人员为公司总经理、职能部门全部工作人员以及车间班组长以上人员。年终沟通交流会上,涂装车间(涂装)的班长组们正在向总经理抱怨他们的服务部门——零星采购部(零采)给他们的工作带来的种种不便。在零星采购部分会场上,总经理把一些问题反馈给零采相关工作人员,可回答又是另一番情景。

零采 A:其实我们也很想缩短零采周期,现在都没有供应商愿意与我们合作了,原因是我们的付款周期越来越长,而且在我们公司一批货款要经过十三道关才能批下来,很烦琐。

零采 B:虽然财务申报整个程序是走电子流程,但每道关的处理越来越不及时,现在每次都要我们去催,还要听他们的难听话。

零采 A:还有的车间上报计划时很随意,有时只是给我们打个电话说要什么东西,问要什么品牌,他们说和上次一样的那种,有的已经是很长时间之前采购的了,我哪里还能记得清楚?还要在记录中一个个查……他们自己应该有一个完整的零采备案。

零采 B:有些有特殊要求的工具,我们不太懂,但车间又不派个人和我们一起去市场上采购,我们辛苦地采购回来,他们又说不行,还得重新采购,这样肯定是耽误了。我们真是两边受气。

涂装车间和零星采购部相互都有抱怨,这也不是单方面造成的。

优化改进 L 公司的采购管理措施

第一,需要进行采购需求分析和采购资源市场分析。采购分析需要让涂装车间的班组长们向采购部门反映所需要的物品以及最迟截止时间,采购物料的成本分析、资源分布情况、供应商情况、品种与数量、品质与价格、交货时间和地点、交通运输情况、交易的付款期限等。同时 L 公司应注意,采购分析是一个持续进行的过程,应该建立针对采购数据的数据库,并确保保密性。这样才能保证采购分析流程的准确和快捷,使企业快速地寻找并评价供应商、形成采购订单、审批、实施采购、跟踪采购这一系列的情况。

第二,可以优化采购物流系统,包括包装、装卸、运输、存储、配送、信息、管理等方面。L 公司可以通过信息电子网络化管理,建立采购供应链模式,从而使之快捷、高效地运作。

第三,L 公司可以进行内部协同。部门之间要进行相关数据的沟通交流,只有这样,才能确定战略采购的优化重点和顺序,以合理的价格采购到所需的合适物料。

第四,进行准时化采购的策略。L 公司创建准时化采购班组;制订计划,包括如何减少供应商的数量,对供应商的评价等内容;精选少数供应商,建立伙伴关系;进行试点工作,进行零部件或原材料的准时化供应试点,要取得生产部门的支持;做好供应商培训,确定共同目标;实现配合准时化生产的交货方式。

资料来源:加强企业采购管理的措施范文[EB/OL]. (2023-07-07). https://www.gwyoo.com/haowen/173786.html.

中石化物流供应链管理决策支持项目

中国石油化工集团有限公司(以下简称"中石化")主营业务范围包括:实业投资及投

资管理；石油、天然气的勘探、开采、储运(含管道运输)、销售和综合利用；石油炼制；汽油、煤油、柴油的批发；石油化工及其他化工产品的生产、销售、储存、运输；石油石化工程的勘探设计、施工、建筑安装；石油石化设备检修维修；机电设备制造；技术及信息、替代能源产品的研究、开发、应用、咨询服务；自营和代理各类商品和技术的进出口。

1. 管理诉求

中石化希望实现公司全国范围内的数据集中式管理,通过构建集中式决策支持平台,支持全国范围的业务决策多级扩展,使公司内部的资源可以充分共享,总部可以更加关注诸如资源流向、调运计划、运力资源等有限关键资源,物流部可以对区域内的生产企业仓库、配送中心以及网点库的物流资源实行集中管理,最终达到总部全面控制供应链各环节的管理要求。另外,中石化也希望建立以订单处理、业务协同为核心的管理机制,通过加强对物流业务协同的核心经营管理,实现外部单一物流订单向内部多个作业执行指令的转变,当订单处理结束下达以后,各协同机构都可以看到与某订单有关的作业指令单,及时安排本责任范围内的操作,同时实现对物流全过程的业务监控,对运输配送的订单和调拨订单进行全程跟踪,对订单执行过程中的业务异常情况实时反馈至调度中心,调度中心根据实际情况进行相应决策,并对业务进行及时调整。

2. 项目实施

中石化作为中国石油化工行业的龙头老大,其信息化发展一直走在行业的前沿,ERP系统项目由世界知名公司 SAP 完成。中石化对物流系统项目的要求极其严格,项目实施所应用的软件平台为上海博科资讯股份有限公司自主开发的 Himalaya(喜马拉雅)软件平台,通过平台提供的开放 RIA(丰富互联网程序)架构,结合 J2EE 和.NET 双重体系的优点,实施人员可以充分保证应用的可扩展性。平台以业务逻辑为驱动,提供面向服务的架构和工具,从而达到深度灵活、满足动态需求的客户要求。项目组提出的项目目标为建立中石化国内统一的物流网,支持 9 个生产企业 11 个省份的化工销售业务。物流供应链管理决策支持项目范围包括基础信息系统、业务信息系统及管理信息系统三个子系统的构建。通过项目实施帮助中石化构建多级物流网络(生产企业、区域配送中心、网点库),并可以按照销售情况合理安排资源流向。以上项目目标均在本次项目中达成。

3. 应用效果

物流供应链管理决策支持项目上线后,中石化建立了更加完备的现代化物流体系,通过现代化信息技术,企业优化了资源流向,保证了化工产品安全高效地运送,完全达到了项目建设初期提出的"稳定渠道、在途跟踪、提高效率、降低成本"的系统目标。项目已经成为除了 SAP 系统之外支撑中石化化工销售业务板块的第二大管理信息系统。该系统支撑了中石化全国业务近千亿化工产品的销售和物流配送,以及中石化全国各地数百个信息点的同时在线操作,实现了中石化全国各分公司信息的充分共享,系统为中石化整个供应链各环节提供了数百个业务功能,通过系统的实际应用,中石化已节约了巨额交通运输费用,平均每笔业务交货周期也缩短了数天。

4. 物流新模式的拓展

由于中石化物流供应链管理决策支持系统的成功上线,中石化采用三种物流模式,分别为用户到石化厂自行提货、用户到网点(区域代理商)提货、销售分公司直接将货送到用户手中。三种模式执行三种不同的价格,到石化厂自行提货享受厂价,网点提货为区域价,送货上门模式采用送货价。此举旨在降低物流成本,提高配送效率,提升对用户的服务,提升中石化对于物流调度决策支持管理水平。

资料来源:何俊.中石化物流供应链管理决策支持项目案例[J/OL].物流技术,2007(12):128.
https://xueshu. baidu. com/usercenter/paper/show? paperid = 1f23a9c1d60a4a1bec39a09585c077fb&-site =
xueshu_se.

本章思考题

1. 供应链管理的基本思想是什么?
2. 物料采购管理是什么?
3. 分销配送管理是什么?
4. 电子商务与供应链管理的关系有哪些?
5. 库存管理策略有哪些?

 即测即练

第 7 章

运营活动的计划与控制

东方公司运营目标管理

德鲁克"目标管理"的理念作为一种先进的管理方式,应用到实践可以有效地提升企业的绩效。东方公司制定了以下独具特色的目标管理方式。

(1) 制订目标。把目标的制订放在首位。员工的目标和企业的目标保持一致;每个人都要制订切实的目标;目标的内容具体、明确;目标难度以略高于本人能力为准;长远观点等原则。

(2) 目标管理。目标管理的特征主要包括两点:目标管理必须从企业的整个经营体制出发,保持完整的一贯性;以个人为中心提高能力,目标按照本人的能力、适应性和性格等特点个别确定。

(3) 目标管理的结构。相信每个人的能力和积极性,通过权力下放和自我控制,确立好整体的目标体系以及每个人的目标体系。绩效考核挂钩实施成果评价,给予相应的奖惩措施,提升员工的积极性。

(4) 目标管理的实施。首先,实施过程中坚持少而精主义和能力主义。其次,在实施过程中还坚持"信任下级"原则,适当下放权限,上下级之间建立信任。最后,依据达到程度、困难程度、努力程度三个要素进行成果评价,进行相应的奖励,保证目标管理有效性。

资料来源:董晓慧.目标管理在 HZ 公司销售人员考评中的运用[J].劳动保障世界,2019(11):72,81.

7.1 不同类型的运营系统

7.1.1 制造业运营系统的划分及其应用价值

1. 制造业运营系统的划分

制造业运营系统是为实现产品生产和制造而设计的一系列系统,可实现制造业产品生产全过程的数字化管控,同时助力制造企业数字化转型、智能制造改革发展。根据系统功能和目的对最基础的制造业运营系统的分类如下。

(1) 制造执行系统(manufacturing executive system,MES):用于生产流程监测和管控的管理系统,可以跟踪和记录生产过程中的各个环节,并支持生产调度和质量控制。

(2) 计算机集成制造系统:将计算机技术应用于制造过程的综合系统,可以包括CAD(计算机辅助设计)、CAM(计算机辅助制造)、CAE(计算机辅助工程)等多个模块,支持从设计到制造的全过程管理。

(3) 自动化生产线系统:使用各种机械、电子、控制等技术,实现自动化生产流程的系统,包括自动化装配线、自动化包装线、自动化检测线等。

(4) 物流管理系统:用于管理和控制物流流程的系统,仓库管理、物流运输管理、供应链管理等。

(5) 质量管理系统(QMS):用于质量管理的系统,包括质量控制、质量保证、质量改进等,确保产品达到客户要求的质量标准。

(6) 环境管理系统(EMS):用于环境管理的系统,包括能源管理、废物管理、环境风险管理等多个方面,旨在实现生产过程的环保和可持续发展。

(7) 安全管理系统(SMS):用于安全管理的系统,包括安全培训、事故管理、紧急预案等,确保生产过程的安全和稳定。

2. 制造业运营系统应用价值

制造业运营系统可以帮助企业实现生产自动化、流程优化和信息化管理,从而提高生产效率、降低成本和提高产品质量;在跟踪和记录生产过程中的各个环节方面,帮助企业发现和解决生产流程中的问题,从而优化生产流程,提高生产效率和质量;可以实时监测和分析生产数据,帮助企业作出更准确和及时的生产决策,提升生产管理的水平和效果,系统的能力还可以协助企业提高产品质量和交货期的可靠性,从而提升客户满意度和品牌声誉,支持企业实现资源的优化利用、废物的减量化和环保的可持续发展,符合社会的可持续发展要求。制造业运营系统在工厂车间中的应用价值非常明显,特别是在提升制造企业生产效率、降低成本、提高产品质量、优化生产流程以及设备综合能效管理等方面成效显著。

7.1.2 服务业运营系统的划分及其管理特点

1. 服务业运营系统的划分

服务业运营系统是将人力、物料、设备、资金、信息、技术等生产要素(投入)变换为无形服务的过程。服务业运营系统的管理包含服务接触、服务质量、排队管理、辅助物品管理、生产能力和需求管理等内容,可以进一步从以下两个方面详细地划分。

(1) 按接触程度分类。理查德·B. 蔡斯(Richard B. Chase)按照服务过程中与顾客接触程度的高低,把服务分为高接触服务和低接触服务。约翰·C. 基利亚(John C. Killeya)提出,"硬服务"提供过程强调机器与机器之间以及人机之间的相互作用;而"软服务"则强调人与人之间的相互作用;还可以把服务分为三种类型:纯服务(如医疗、教育)、混合服务(如银行、零售)和制造型服务(如仓储、批发)。

（2）按运营特点分类。通过多维方法不同视角的组合进行分类，如按软、硬程度与无形程序分类，按无形程序与服务的劳动对象分类，按顾客化程度与员工自主性分类，按人力密集程度、服务个性化程度和接触程度分类等。从运营管理的角度最有意义的分类如下：①服务工厂（service factory）。有些服务流程的劳动密集程度较低（因此服务成本中设施设备成本所占的比重较大），顾客接触程度和顾客化服务的程度也很低。运输业、饭店、休假地的服务业运营系统是服务工厂类型。此外，银行以及其他金融服务业的"后台"运营也是服务工厂类型。②服务车间（service shop）。当顾客的接触程度或顾客化服务的程度提高时，服务工厂会变成服务车间，好像制造业企业中进行多品种、小批量生产的工艺对象专业化的车间。医院和各种修理业是服务车间典型例子。③大量服务（mass service）。大量服务类型有较高的劳动密集程度，但顾客的接触程度和顾客化服务程度较低。零售业、银行的营业部门、学校、批发业等是大量服务例子。④专业型服务（professional service）。当顾客的接触程度提高，或顾客化服务是主要目标时，大量服务就会成为专业型服务。例如，医生、律师、咨询专家、建筑设计师等提供的服务。

2. 服务业运营系统的管理特点

服务接触可以看成由组织、顾客以及服务人员构成的三元组合，顾客与服务人员对服务组织界定的环境中的服务过程实施控制。满足顾客需要时灵活性的重要性促使许多服务组织对顾客服务人员进行授权，赋予他们更大的自主权。服务企业质量评估在服务传递过程中进行。对服务质量的顾客满意是指顾客对其明示的、通常隐含的或必须履行的服务需求或期望已被满足的服务程度的感受。服务期望受到口碑、个人需要和过去经历的影响。需求固有的变化性对于那些试图很好地利用服务能力的经理人员来说是一项挑战。问题可以通过集中调节顾客需求更充分地利用固定的服务能力来解决。管理服务需求有很多方法，如划分需求、提供价格刺激、促进非高峰期的使用、开发互补性服务和使用预订系统等。

7.2　运营计划的制订

7.2.1　运营计划的概念及其内容

1. 运营计划的概念

运营计划是一个项目向正常目标前进所需要制订的有预见性的进程性计划。通过运营计划的认真落实，项目才能达到预期的效果。近期计划可以制订在一个月到半年之内，以更好地观察运营的效果；中期计划可以在半年到 3 年期限内；长期计划则要根据公司的目标来具体制订。

2. 运营计划的内容

（1）目标和指标。应该明确业务目标以及如何度量成功。应该包括具体的指标和目标，如销售额、利润率等。

（2）细分目标。为了更好地达到目标，应该将目标细分为可操作的步骤，逐步实现最终目标。

（3）策略和战略。其包括具体的策略和计划，如品牌营销、市场定位、公关活动等。

（4）实施计划和时间表。确定每个策略和战略的执行计划，以及时间表和负责人。

（5）预算。一般情况下，运营计划的制订程序如图 7-1 所示。

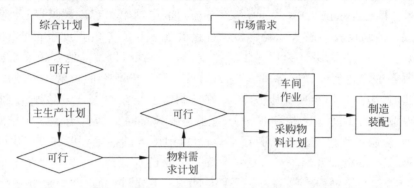

图 7-1 运营计划的制订程序

运营计划会将具体的预算分配给每个战略和策略，确保每个活动都在经济上可行地实施，帮助公司更好地规划和执行业务目标，确保每位员工都清楚自己要完成的任务，并确保所有工作有方向和目标，进而提高效率。也可以用来协调并管理财务预算，使公司更好地控制开支。编写运营计划需要考虑，首先，查明目标市场以及该市场的需求和偏好；其次，依据预算和目标定位来选择战略与策略；最后，为每个活动确认执行计划和时间表，以确保每个人都知道自己的角色和工作。

7.2.2 综合计划的制订

1. 综合计划编制的原则

（1）合理性。计划的合理性主要是指所有的资料、数据是基于项目的环境分析而得到的。在项目实施过程中必须重视项目实施与环境之间的关系。

（2）整体最优化。项目计划过程应对从各种制约因素的综合分析汇总，权衡利弊，应当充分考虑各单项计划之间的相关性，使制订出的综合计划具有目的性、相关性和整体性等特征。

（3）效益型。利用有限的资源取得最好的经济效益和社会效益。以同样的资源投入获得最大的产出，或者以最低的费用投入获得尽可能多的收益。

（4）一致性。制订项目计划时应当保证项目目标与企业战略的一致性，考虑项目与企业内各个部门和各项目工作的协调一致性。

（5）社会性。计划需要决策目标是项目的所有利益相关者利益的最大化。利益相关者包括社会、个体及与项目相关的人。计划必须以整体利益为出发点，注重社会效益。

2. 综合计划编制的方法

（1）资料的收集和整理。收集各种有关的数据及信息。其包括：过去完成类似项目的历史信息与数据资料；项目前期所生成的各种资料和信息数据；编制各单项计划时所收集的信息和数据资料；项目利益相关者的信息的收集；项目的各单项计划。

（2）项目综合计划的总体分析。在项目综合计划的制订中要进行计划的总体分析。

（3）项目综合计划的初步方案的编制。在以上基础上编制项目的综合计划的初步方案。

（4）项目综合计划的综合平衡。在编制出项目综合计划初步方案之后，还需要对项目目标、任务、责任、进度、费用、质量、资源等各个要素进行全面的综合和统一的协调。

（5）项目综合计划的最终确定。在经过全面的综合平衡以后，可以编制项目的综合计划。

3．综合计划编制的步骤

（1）制订目标。提出综合计划目标，并将这些目标纳入公司战略发展图谱。

（2）分析问题。完整分析出解决综合计划要解决的问题，总结其原因及影响。

（3）设计方案。根据问题分析结果拟订综合计划方案，并根据具体情况拟订实施方案。

（4）获得批准。将综合计划书报告上报企业高层，提请审批，得到正式批准。

（5）实施方案。组建项目小组，明确实施责任人，落实好项目进展及质量控制。

（6）考核评估。把握进度，考核实施质量，评估实施效果，收集及分析项目相关反馈。

（7）总结整改。综合经验教训，总结整改，形成附件文档或报告，提供参考依据。

7.2.3　主生产计划

1．主生产计划的概念

主生产计划是闭环计划系统的一个部分。MPS 的实质是保证销售规划和生产规划对规定的需求（需求什么、需求多少和什么时候需求）与所使用的资源取得一致。MPS 考虑了经营规划和销售规划，使生产规划和它们相协调。它着眼于销售什么和能够制造什么，这就能为车间制订一个合适的"主生产进度计划"，并且以粗能力数据调整这个计划，直到负荷平衡。

2．主生产计划编制原则

（1）最少项目。用最少的项目数进行主生产计划的安排。根据不同的制造环境，选取产品结构不同的级，进行主生产计划的编制，使得在产品结构这一级的制造和装配过程中，产品（或）部件选型的数目最少，以改进管理评审与控制。

（2）独立具体。列出实际的、具体的可构造项目，产品可分解成可识别的零件或组件。

（3）关键项目。列出对生产能力、财务指标或关键材料有重大影响的项目，即对生产和装配过程起重大影响的项目，造成生产能力的瓶颈环节或通过关键工作中心的项目。财务指标是公司的利润效益最为关键的项目，如制造费用高，含有贵重部件，昂贵原材料，高费用的生产工艺或有特殊要求的部件项目，也包括那些作为公司主要利润来源的、相对不贵的项目。关键材料是指那些提前期很长或供应厂商有限的项目。

（4）全面代表。此即计划项目全面代表企业的生产产品。MPS 覆盖 MRP 程序中尽可能多数组件，反映关于制造设施，特别是瓶颈资源或关键工作中心尽可能多的信息。

（5）适当余量。考虑预防性维修设备的时间。可把预防性维修作为一个项目安排在 MPS 中，按预防性维修的时间，降低工作中心能力。

（6）适当稳定。主生产计划制订后在有效期限内保持适当稳定，只按照主观愿望随意改动，将会破坏正常的优先级计划，削弱系统计划能力。

3. 主生产计划计划方式

（1）面向库存生产（make to stock，MTS）。企业生产的依据是需求预测，亦即在接到客户订单之前，根据需求预测，就开始采购原材料、组织生产、完成生产、把产成品放在库房里。一旦接到客户订单，就从库房里直接发货。

（2）面向订单设计（engineer to order，ETO）。面向订单设计的产品或者是独特的（客户定制的），或者结构复杂而且生产量很小。公司在接到合同或客户订单，或至少接到一份意向书之后，才能开始设计过程，之后才是采购原材料、组织生产和向客户发运。

（3）面向订单生产（make to order，MTO）。其分为纯粹的面向订单生产、面向订单完成（finish to order，FTO）和面向订单装配（assemble to order，ATO）三种情况。产品的设计已经完成，但组织生产的依据是客户订单。亦即在接到客户订单之后，才开始采购原材料、组织生产。高度客户化的产品一般采取此种计划方式。但对于有些采购提前期很长的原材料，也可能在接到客户订单之前根据预测进行采购。

4. 主生产计划编制步骤

MPS 的编制过程是一个不断循环反复、动态调整的过程。第一，MPS 经过 RCCP（粗略产能规划）之后，才可以作为可行的 MPS；第二，当接收到没有预测到的新的客户订单时，需重新排定 MPS。只有当编制的 MPS 比较合理时，调整计划的频率才不会太快，否则需要经常进行调整。在 ERP 系统运行之初，可能几天排一次 MPS，系统运行正常后可能一周或几周排一次 MPS。MPS 的编制过程如图 7-2 所示。

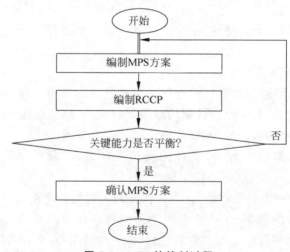

图 7-2　MPS 的编制过程

（1）根据生产规划和计划清单确定对每个最终项目的生产预测。

（2）根据生产预测、已收到客户订单、配件预测以及该最终项目需求数量，计算毛需求量。

（3）根据毛需求量和批量规则，以及安全库存量和期初预计可用库存量，自动计算各时段的计划产出量和预计可用库存量。

（4）自动计算可供销售量、供销售部门机动销售选用。

（5）自动计算粗能力,用粗能力计划评价主生产计划方案的可行性。

（6）评估主生产计划。

（7）在 MRP 运算以及细能力平衡评估通过后,批准和下达主生产计划。主生产计划概述如图 7-3 所示。

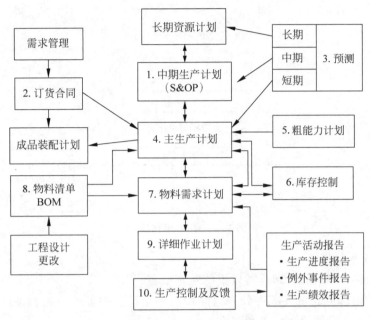

图 7-3　主生产计划概述

7.3　MRP、MRP Ⅱ 与 ERP

7.3.1　MRP 的内涵及其系统结构

1. MRP 的概念及特点

MRP 指根据产品结构各层次物品的从属和数量关系,以每个物品为计划对象,以完工时期为时间基准倒排计划,按提前期长短区别各个物品下达计划时间先后顺序的一种工业制造企业内物资计划管理模式。MRP 是根据市场需求预测和顾客订单制订产品的生产计划,然后基于产品生成进度计划,组成产品的材料结构表和库存状况,通过计算机计算所需物料的需求量和需求时间,从而确定材料的加工进度和订货日程的一种实用技术。其特点如下。

（1）需求的相关性。在生产系统中,需求具有相关性。例如,根据订单确定所需产品数量之后,由新产品结构文件 BOM 可推算出各种零部件和原材料数量,根据逻辑关系推算出的物料数量称为相关需求。不但品种数量有相关性,需求时间与生产工艺过程决定也相关。

（2）需求的确定性。MRP 的需求都是根据主生产进度计划、产品结构文件和库存文件精确计算出来的,品种、数量和需求时间都有严格要求,不可改变。

（3）计划的复杂性。MRP 根据主产品生产计划、产品结构文件、库存文件、生产时间和采购时间,对主产品所有零部件需要数量、时间、先后关系等准确计算。产品结构复杂、零部件数量特别多时计算工作量庞大,人力根本不能胜任,必须依靠计算机实施这项工程。

MRP 逻辑流程如图 7-4 所示。

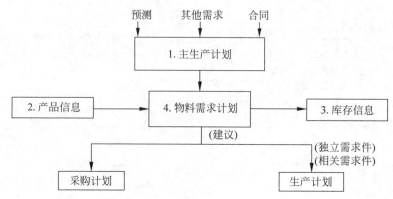

图 7-4　MRP 逻辑流程

2. MRP 基本数据

制订物料需求计划前必须具备以下的基本数据。

（1）主生产计划,指明在某一计划时间段内应生产出的各种产品和备件,是物料需求计划制订的一个最重要的数据来源。

（2）物料清单,指明物料之间的结构关系,以及每种物料需求的数量,是物料需求计划系统中最为基础的数据。

（3）库存记录,把每个物料品目的现有库存量和计划接受量的实际状态反映出来。

（4）提前期,决定着每种物料何时开工、何时完工。

3. MRP 计算步骤

物料需求计划的制订是遵照先通过主生产计划导出有关物料的需求量与需求时间,然后再根据物料的提前期确定投产或订货时间的计算思路。其基本计算步骤如下。

（1）计算物料的毛需求量。根据主生产计划、物料清单得到第一层级物料品目的毛需求量,再通过第一层级物料品目计算出下一层级物料品目的毛需求量,依次往下展开计算,直到最低层级原材料毛坯或采购件。

（2）净需求量(net requirements)计算。根据毛需求量、可用库存量、已分配量等计算每种物料净需求量。

（3）批量计算。由相关计划人员对物料生产作出批量策略决定,不管采用何种批量规则或不采用批量规则,净需求量计算后都应该表明有否批量要求。

（4）安全库存量、废品率和损耗率等的计算。由相关计划人员来规划是否要对每个物料的净需求量做这三项计算。

（5）下达计划订单。其指通过以上计算后,根据提前期生成计划订单。物料需求计划所生成的计划订单,要通过能力资源平衡确认后,才能开始正式下达计划订单。

(6)再一次计算。物料需求计划的再次生成大致有两种方式:①对库存信息重新计算,同时覆盖原来计算的数据,生成全新的物料需求计划;②只是在制订、生成物料需求计划的条件发生变化时,才相应地更新物料需求计划有关部分的记录。

4．MRP 系统结构

MRP 的基本处理模型主要包括以下几个。

(1)基本条件数据。①产品结构文件。BOM 是 MRP 的核心文件,是物料计划的控制文件,也是制造企业的核心文件。②库存状态文件。一部分是静态的数据,在运行MRP 之前就确定的数据,如物料的编号、描述、提前期、安全库存等;另一部分是动态的数据,如总需求量(gross requirements)、库存量、净需求量、计划发出(订货)量等。MRP在运行时,不断变更的是动态数据,一般包括总需求量、预计到货量(scheduled receipts)、现有数(on hand)、净需求量、计划接收订货(planned order receipts)、计划发出订货(planned order release)。有的系统设计的库存状态数据可能还包括一些辅助数据项,如订货情况、盘点记录、尚未解决的订货、需求的变化等。

(2)展开数据。MRP 的展开数据主要是生产和库存控制计划与报告,其内容和形式与企业生产的特点有关。其主要包括:①计划发出的订单,主要是零部件的投入出产计划、原材料采购或外协件计划;②订单执行的注意事项通知;③订单的变动通知;④工艺装备的需求计划;⑤库存状态数据。

此外,也有一些辅助的报告,比如:①例外情况报告,如迟到或过期的订货报告、过量的废品与缺件报告等;②用于预测需求与库存的计划报告,如采购约定与评价需求的信息;③交货期模拟报告,对不同的产品实际交货期进行模拟;④执行控制报告,如指出呆滞物品、实际的使用量与费用的偏差报告。

5．实现目标

(1)及时取得生产所需的原材料及零部件,保证按时供应用户所需产品。

(2)保证尽可能低的库存水平。

(3)计划企业的生产活动与采购活动,使各部门生产的零部件、采购的外购件与装配的要求在时间和数量上精确衔接。MRP 主要用于生产"组装"型产品的制造业。实施MRP 时与市场需求相适应的销售计划是 MRP 成功的最基本要素。但 MRP 也存在局限,即资源仅仅局限于企业内部和决策结构化的倾向明显。

7.3.2 MRP Ⅱ 系统结构

MRP Ⅱ(制造资源计划)是对制造业企业的生产资源进行有效计划的一整套生产经营管理计划体系,是一种计划主导型的管理模式。MRP Ⅱ 是闭环 MRP 的直接延伸和扩充,是在全面继承 MRP 和闭环 MRP 基础上,把企业宏观决策的经营规划、销售/分销、采购、制造、财务、成本、模拟功能和适应国际化业务需要的多语言、多币制、多税务以及计算机辅助设计技术接口等功能纳入,形成的一个全面生产管理集成化系统(图 7-5)。其从整体最优的角度出发,运用科学的方法,对企业的各种制造资源和生产经营各环节实行合理、有效的计划、组织、控制和协调,达到既能连续均衡生产,又能最大限度地降低各种物品的库存量,提高质量,从而解决了市场波动与生产稳定之间的矛盾,进而提高企业经济效益。

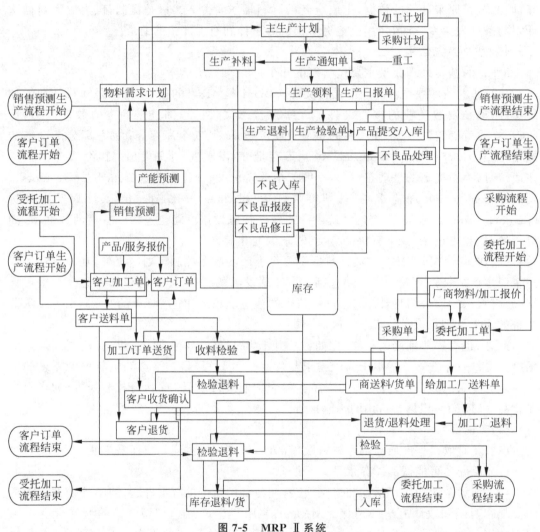

图 7-5　MRP Ⅱ 系统

7.3.3　ERP 的内涵及其制订

1. ERP 的概念

ERP 建立在信息技术基础上,以系统化的管理思想,为企业决策层及员工提供决策运行手段的管理平台。ERP 是 MRP Ⅱ 下一代的制造业系统和资源计划软件,除了 MRP Ⅱ 已有的生产资源计划、制造、财务、销售、采购等功能外,还有质量管理,实验室管理,业务流程管理,产品数据管理,存货、分销与运输管理,人力资源管理和定期报告系统。用于企业的各类软件已经统统被纳入 ERP 的范畴,是基于网络经济时代的新一代信息系统。ERP 系统支持离散型、流程型等混合制造环境,应用范围从制造业扩展到了零售业、服务业、银行业、电信业、政府机关和学校等事业部门,通过融合数据库技术、图形用户界面、第四代查询语言、客户服务器结构、计算机辅助开发工具、可移植的开放系统等对企业资源进行了有效的集成。

2．ERP 的特性

ERP 把客户需求和企业内部的制造活动以及供应商的制造资源整合在一起，形成企业一个完整的供应链。

1）核心管理思想

（1）对整个供应链资源进行管理。

（2）精益生产、敏捷制造和同步工程。

（3）事先计划与事前控制。

2）ERP 应用成功的标志

（1）系统运行集成化，软件的运作跨越多个部门。

（2）业务流程合理化，各级业务部门根据完全优化后的流程重新构建。

（3）绩效监控动态化，绩效系统能即时反馈以便纠正管理中存在的问题。

（4）管理改善持续化，企业建立一个可以不断自我评价和不断改善管理的机制。

3）ERP 的特点

ERP 具有整合性、系统性、灵活性、实时控制性等显著特点。ERP 系统供应链管理思想是企业在信息化社会、在知识经济时代繁荣发展的核心管理模式。

（1）面向销售，能够对市场快速响应。

（2）更强调企业流程与工作流。

（3）纳入了产品数据管理（PDM）的功能，增加了对设计数据与过程的管理，并进一步加强了生产管理系统与 CAD、CAM 系统的集成。

（4）更多地强调财务管理，使价值管理概念得以实施，资金流与物流、信息流更加有机地结合。

（5）较多考虑人的因素作为资源在生产经营规划中的作用，也考虑了人的培训成本等。

（6）在生产制造计划中，ERP 支持 MRP 与 JIT 混合管理模式，也支持多种生产方式（离散制造、连续流程制造等）的管理模式。

（7）采用了最新的计算机技术，如客户/服务器分布式结构、面向对象技术、基于 Web 技术的电子数据交换、多数据库集成、数据仓库（DW）、图形用户界面、第四代语言及辅助工具等。

3．ERP 的优势与弊端

ERP 的优势主要体现在：缩短周转的时间；物流与资金流的集成；加强物料和生产计划；模拟不同市场状况对生产计划、能力需求计划、物料采购计划和储运等工作的影响；增强企业对经营环境改变的快速反应能力；实现管理层对信息实时和在线查询；为决策提供更加准确、及时的财务报告；及时提供各种管理报告、分析数据；系统本身具有严格的内部控制功能。

中国企业实施 ERP 系统仍存在一些问题，主要表现在以下几个方面。

（1）大量的外来词汇设置了较高的 ERP 心理门槛。

（2）国外 ERP 软件商有非常规范的 ERP 实施方法，但是不太了解中国企业的实际需求和定制过程。

(3) 国内众多 ERP 企业管理软件商有丰富的 ERP 实施经验,但无科学、规范的实施方法。

(4) 企业由于不能全面看到具体的实施周期,不能深入了解具体的 ERP 实施方法和具体实施活动。

4. ERP 的功能模块

ERP 系统包括以下主要功能:供应链管理、销售与市场、分销、客户服务、财务管理、制造管理、库存管理、工厂与设备维护、人力资源、报表、制造执行系统、工作流服务和企业信息系统等;此外,还包括金融投资管理、质量管理、运输管理、项目管理、法规与标准和过程控制等补充功能。供应链管理利用互联网对企业的上下游企业进行整合,以中心制造厂商为核心,将产业上游原材料和零配件供应商、产业下游经销商、物流运输商及产品服务商以及往来银行结为一体,构成一个面向最终顾客的完整电子商务供应链。此外,ERP 中的财务模块和系统的其他模块有相应的接口,能够相互集成,一般的 ERP 软件的财务部分分为会计核算与财务管理两大块。ERP 将会增加对知识管理链管理的功能,吸收产品数据管理的思想,并且会增加工作流(WF)的功能以及数据仓库、联机分析处理(OLAP)的功能等。随着 IT 发展和新的管理思想的出现,ERP 的发展呈现出数字化、网络化、集成化、智能化、柔性化、行业化和本地化的特点,不断吸收最新技术成果,使得 ERP 具有强大的生命力。

7.4 生产运营系统的目标与功能

7.4.1 生产运营系统的概念及功能分析

1. 生产运营系统的概念概况

生产运营系统(production and operation system)是指在正常情况下支持单位日常业务运作的信息系统,包括生产数据、生产数据处理系统和生产网络。生产运营系统一般都具有创新、质量、柔性、继承性、自我完善、环境保护等功能。生产运营系统在一段时间的运转以后,需要改进、完善,而改进一般包括产品的改进、加工方法的改进、操作方法的改进、生产组。生产运营系统将输入资源转换为期望产出的过程,而转换的过程可分为:实体的,如制造业;位置的,如运输业;交换的,如零售业;储存的,如仓储业;生理的,如医疗照护;资讯的,如通信业。生产运营系统是由人和机器构成的,能将一定输入转化为特定输出的有机整体,使转化过程具有增值性是生产运营系统的基本功能。增值是描述输入系统的成本与系统输出所形成的价值之间的差额。

2. 生产运营系统的功能分析

生产运营系统功能是由其所面对的环境要求和其自身发展的需要决定的,主要包括以下内容。

(1) 创新功能,不仅包括对产品的创新,而且包括对生产技术和工艺的创新。

(2) 质量功能,产品质量保证功能和工作质量保证功能。

（3）柔性功能，生产运营系统对环境变化的协调机制和应变能力。

（4）继承性功能，生产运营系统应该保证产品生产的连续性、可扩展性和兼容性，以满足产品持续发展和为用户提供服务的需要。

（5）自我完善的功能，具备自我完善和自我学习的功能，自觉维护系统内部各种构成要素之间的关系协调，使生产运营系统具备顽强的生命力和发展能力。

（6）环境保护功能。可以把生产运营系统的功能分为两部分：①生产运营系统的生存功能，包括创新功能、质量功能和继承性功能；②生产运营系统的发展功能，包括柔性功能、自我完善功能和环境保护功能。

7.4.2　生产运营系统的目标分析与功能

1. 生产运营系统的目标分析

企业环境和用户对产品的要求共有七个主要方面：品种款式、质量、数量、价格、服务、交货期和环境保护。可以把环境的要求转化为环境和产品对生产运营系统的要求，主要应包括：①创新目标；②质量目标；③柔性目标；④成本目标；⑤继承性目标；⑥交货期目标；⑦自我完善目标。

创新目标、质量目标、柔性目标、继承性目标和自我完善目标属于功能性目标，而成本目标、交货期目标属于效率性目标。功能性目标代表了对生产运营系统未来所应具有的功能的规划和期望，决定了生产运营系统的基本构成状况和未来的运行方向；效率性目标表示了对生产运营系统功能发挥程度的要求，保证了功能目标具体内容的合理性。

2. 生产运营系统的功能及结构

（1）系统功能。①满足用户对产品的要求；②满足产品对生产运营系统的要求。

（2）系统结构。生产运营系统的结构是系统的构成要素及其组合关系的表现形式，包括：①结构化要素。其内涵包括生产技术（technology）、生产设施（facility）、生产能力（capacity）、生产运营系统的集成（integration）。②生产运营系统的非结构化要素。其内涵包含人员组织、生产计划、质量管理。

（3）功能结构关系。结构化要素的内容及其组合形式决定生产运营系统的结构形式。非结构化要素的内容及其组合形式决定生产运营系统的运行机制。设计生产运营系统时应根据所需的功能选择结构化要素及其组合形式，形成一定的系统结构，进而根据系统对运行机制的要求选择非结构化要素及其组合形式，即管理模式。

7.5　服务运营系统的结构与系统功能

7.5.1　服务运营系统的概念与结构

1. 服务运营系统的概念

服务运营系统是指由人工设计和架构，主要依据服务运营活动特征与要求，对所有相关要素进行编制、组合，共同构成复杂的有机复杂整体。服务运营系统将输入的技术、设施、信息、需求、数据等，经过系统内的加工和处理，最终输出有效的服务产品。

2．服务运营系统的结构

服务运营系统基于分工协作原理以及与客户接触程度或频度构建。服务前台作为直接服务的场所,设施或环境直接影响客户对服务质量的感知。因此,力求将前台营造成人性化、能够取悦客户的场景。服务后台为支持系统,重点为服务前台提供必要支持和援助,被客户了解,如餐厅里面的厨房、百货商店里的仓库等。越来越多的服务企业不断增强服务后台作用,通过服务后台对外展示以提高透明度,从而增强客户吸引力,如餐厅用玻璃墙把厨房和大堂分隔,让客户能够看到厨房的实际工作情况,使客户对餐厅的服务质量更加放心。

7.5.2　服务运营系统影响因素与功能

1．服务运营系统影响因素

影响服务运营系统因素一般有自然环境、经济环境和技术进步。自然环境是指气候、地理等自然界中形成的环境。虽然自然环境一般比较稳定,发生突变的可能性比较小,但处于特定地理区域的服务运营系统,必须充分考虑自然环境突变概率,因此,在自然灾害多发地区,服务运营系统应该针对自然灾害建立预警机制和危机处理机制。经济环境是影响服务运营系统最普遍、最直接的因素,在任何以盈利为目的的服务运营系统中,经济环境都是决定系统成员参与运营行为和表现的关键因素。技术进步可以使服务运营系统更加有效,也有可能因技术进步而产生新的服务系统。只有及时跟上技术进步的步伐,用先进技术改进运营系统,才能保持竞争优势。基于技术进步的顾客需求偏好与无人零售终端供给匹配过程如图 7-6 所示。

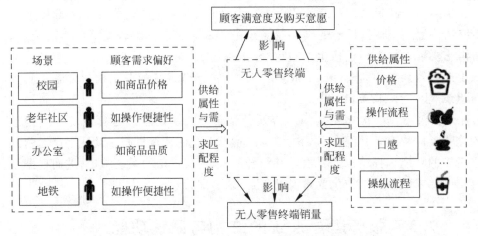

图 7-6　基于技术进步的顾客需求偏好与无人零售终端供给匹配过程

文化是一个复合的整体,其内涵包括知识、信仰、宗教、艺术、道德、法律、风俗等,以及长期生活过程中形成的思想意识和行为规范。竞争是市场经济的孪生兄弟,只要市场经济存在,竞争就无处不在,服务企业必须一只眼睛盯着客户,另一只眼睛盯着竞争对手;法律是国家强制力的表现,任何经营活动都要受到国家法律体系的约束和保护。

2．服务运营系统功能

服务企业借助服务运营系统，既可正确预测相对稳定的客户需求，依托服务技能正常应对，保持运营绩效；也可有效把握波动较大和不稳定的客户需求，依靠其科学管理功能，及时避免或消除因服务产能过剩或不足而引起的运营紊乱。服务企业可借助服务运营系统，深入分析产能要素，准确寻求扩大产能和降低成本之间的均衡点，并以此为基础对原有服务产能要素进行修正或调整，包括扩展服务产能空间。受需求波动影响比较大的服务企业，必须构建服务运营系统，增强服务产能弹性，才能积极应对需求波动。

有效监控客户流量也是服务运营系统的重要功能。可借助服务运营系统，将高峰时段的超额需求分流到非高峰时段，并针对不同客户的需求采取不同服务策略。服务运营系统遵循"满足最大客户需求量"基本原理，其监控客流量目的是促进服务产能与服务需求的动态平衡，既满足服务需求，也控制资源浪费。服务运营系统有助于互补业务开发。目前，服务企业将互补业务开发能力作为核心竞争力的构成要素。借助服务运营系统开发互补业务时，一定要注意不同业务之间必须相互促进。服务型制造的企业运营管理变革如图 7-7 所示。

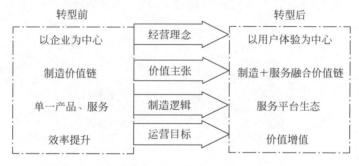

图 7-7　服务型制造的企业运营管理变革

7.6　运营调度的内容与能力提升

7.6.1　生产调度的概念与主要内容

1．生产调度的概念

生产调度是组织执行生产进度计划的工作。生产调度以生产进度计划为依据，生产进度计划通过生产调度来实现。生产调度必要性是由工业企业生产活动性质决定的。加强生产调度工作对于及时了解、掌握生产进度，研究分析影响生产的各种因素，根据不同情况采取相应对策，使差距缩小或恢复正常非常重要。生产计划与调度的理论框架和企业示例见表 7-1。

表 7-1　生产计划与调度的理论框架和企业示例

		不确定性			
		低		高	
复杂性	低	T	技术	HO	人、组织
		（杂货、五金件制造）		（时装制造）	
	高	HT	人、技术	HTO	人、技术、组织
		（飞机、火箭制造）		（个人电脑、手机制造）	

2．生产调度的内容

（1）实时监控生产各环节工作情况，了解场站运行状况，制订应急措施。

（2）根据生产需要合理调配劳动力，督促检查原材料、工具、动力等供应情况和厂站运输工作。

（3）检查各生产环节的零件、部件、毛坯、半成品的投入和产出进度，及时发现生产进度计划执行过程中的问题，并积极采取措施加以解决。

（4）对轮班、昼夜、周、旬或月计划完成情况的统计资料和其他生产信息进行分析研究。

（5）检查、督促和协助有关部门及时做好各项生产作业准备工作。生产调度与进度跟踪如图 7-8 所示。

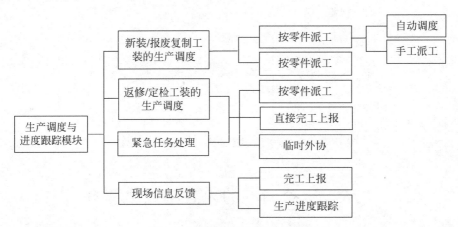

图 7-8　生产调度与进度跟踪

3．生产调度的基本要求

对生产调度工作的基本要求是快速和准确。对生产调度工作的其他一些要求如下。

（1）必须以生产进度计划为依据。生产调度工作的灵活性必须服从计划的原则性，要围绕完成计划任务来开展调度业务，提高生产进度计划的编制质量。

（2）必须高度集中和统一。必须讲统一意志、统一指挥，建立一个强有力的助手。各级调度部门应根据同级领导人员的指示，按照作业计划和临时生产任务的要求，行使调度权力，发布调度命令。

（3）要以预防为主。贯彻预防为主的原则，要抓好生产前的准备工作，避免各种不协调的现象产生。只有做到"以前保后",才能取得调度工作的主动权。

（4）要从实际出发,贯彻群众路线。调度人员必须具有深入实际、扎实果断的工作作风和敢于负责的精神,要经常深入生产第一线,及时了解和准确地掌握生产活动中千变万化的情况,摸清客观规律,深入细致地分析研究所出现的问题,动员群众自觉地克服和防止生产中的脱节现象,出主意、想办法,克服困难,积极完成生产任务,使调度工作满足抓早、抓准、抓狠、抓关键、一抓到底的要求。

4. 生产调度的工作作用与制度

1）生产调度的工作作用

（1）保证生产过程顺利运行。生产调度就是要及时了解掌握主观和客观的影响因素。组织有关部门、有关人员处理解决不平衡因素,消除隐患,以保证生产过程长周期安全运行,保证生产计划和生产作业计划按要求实现。

（2）收集生产动态和有关数据。及时、准确地记录工艺、设备、环保、安全、质量、供应、销售、服务等方面的动态性情况和许多原始数据。

（3）协调关系、贯彻领导指示。生产调度既要与生产打交道,又要与各部门、各种人相联系,而且一年 365 天,每天 24 小时,都要坚守岗位,生产调度处于生产指挥的中心位置,各级领导的指示均通过生产调度传达下去,反馈上来。

2）生产调度的制度

（1）值班制度。在值班期内,要经常检查车间、工段作业完成情况及科室配合情况,检查调度会议决议的执行情况,及时处理生产中的问题,填写调度日志,把当班发生的问题和处理情况记录下来,实行调度报告制度。企业一级生产调度机构要把每日生产情况、库存情况、产品配套进度情况、商品出产进度情况等,报企业领导和有关科室、车间掌握。

（2）调度会议制度。会前要做好准备,事先摸清问题,通知会议内容,集中解决生产中的关键问题。会议上议题要突出重点,要强调协作风格。会议既要发扬民主,又要有统一意志。领导人员深入实际,密切联系群众,掌握下情,调动各方面的积极性,使问题获得又快又好的解决。

（3）班前班后小组会制度。小组通过班前会布置任务,调度生产进度;通过班后会检查生产进度计划完成情况,总结工作。

7.6.2　服务调度的概念及岗位职责

1. 服务调度的概念

服务调度是将请求路由到正确的服务实例的过程。它涉及负载均衡和自动扩展,以确保所有服务实例都可以平均处理请求。服务调度是微服务架构中的一个重要组成部分,负责将客户端的请求路由到适当的微服务实例。服务调度器可以根据负载情况、网络延迟、服务版本等因素进行服务实例的选择。

2. 服务调度的岗位职责

（1）负责解答客户一般的售前售后问题,处理一般的投诉问题。

（2）负责记录客户的投诉及反馈的问题,做好统计汇总。

（3）负责客户订单确认并与协调仓储、物流之间的紧密配合,确保货品准确、及时送达。

（4）每天登录后台，审核、确认并处理各类退换货订单，并对退换货订单进行跟踪、处理，直至问题彻底解决。

（5）按规定时间、格式提交相关报表。

（6）配合领导完成互联网销售工作。

3．服务调度能力提升方案

随着互联网技术的不断发展，服务调度能力已经成为企业发展的重要因素之一。服务调度能力提升方案是企业在提高服务质量、提高效率、降低成本等方面的重要手段。

（1）优化服务流程。可以通过对服务流程的分析和优化，找出瓶颈和问题，制订相应的解决方案。例如，可以采用自动化服务调度系统，将服务流程自动化，提高服务效率和准确性。

（2）提高服务人员素质，提高服务质量和客户满意度。通过培训、考核等方式提高服务人员的专业技能和服务意识，使其更好地为客户提供服务。

（3）建立服务调度中心。通过自动化调度系统、人工调度等方式，对服务资源进行统一管理和调度，提高服务效率和准确性。

（4）采用先进的技术手段。例如，可以采用人工智能、大数据等技术手段，进行优化和改进。

东方电器开关厂推行滚动计划

1．东方电器开关厂为何要推行滚动计划

东方电器开关厂是生产各种电器、开关、控制板产品的工厂。为了使工厂计划更适应市场变化要求，东方电器开关厂决定推行滚动计划。滚动计划是一种灵活的、有弹性的计划，按照"近细远粗"原则编制，采用"边执行，边调整，边滚动"的方式运行，使得企业既适应市场需求变化，又能保持自身生产的稳定和均衡。

2．东方电器开关厂的年度滚动计划

东方电器开关厂采用一次编制三年计划的方法，编制年度生产经营滚动计划。按照"近细远粗"的原则，第一年为执行计划，第二年为准备计划，第三年为预测计划，见图7-9。

				2019年				2020年				2021年				2022年			
				第一季度	第二季度	第三季度	第四季度	第一季度	第二季度	第三季度	第四季度	第一季度	第二季度	第三季度	第四季度	第一季度	第二季度	第三季度	第四季度
2018年第四季度编制				执行计划				准备计划				预测计划							
			2019年第四季度编制				执行计划				准备计划				预测计划				

图 7-9　年度滚动计划

东方电器开关厂年度经营滚动计划的编制,有以下操作程序和经验可以借鉴。

(1) 对市场和用户进行大量调查,对收集的调查资料和客户订货合同进行认真研究,提出编制计划的依据。

(2) 对上年度计划执行情况进行认真总结,找出成功之处和差异之处,对实际与计划的差异进行深入分析,以便对上轮的准备计划提出调整和修改。

(3) 根据以上两项分析研究,按照工厂经营目标的要求,考虑工厂的现有资源和生产潜力,提出生产经营计划指标体系,并进行综合平衡,如品种、质量、产量、产值、成本、利润、税收、销售额、劳动生产率、产品合格率。

(4) 编制两套以上的不同生产经营计划方案,进行综合评价和比较,选出最佳生产经营计划方案。

(5) 厂内各有关管理科室要根据最佳生产经营计划方案,分别编制各自的专门计划。如销售计划、生产计划、技术准备计划、劳动工资计划、财务计划、成本计划、新产品开发计划、质量计划等。

(6) 各项专业计划进行综合平衡后的生产经营计划,经厂部批准,可作为正式生产经营滚动计划下达各部门执行。

编制年度生产经营滚动计划的关键在“动”,而不在“静”。因为时间在“滚动”,市场需求在“变动”,实际结果与计划初值也在“改动”,在编制计划时,无论是本期执行计划,还是准备计划、预期计划,都必须考虑“滚动”,需要调整、修改,需要一次又一次重新平衡,才能使计划更符合实际情况。

3. 东方电器开关厂的月度生产作业滚动计划

东方电器开关厂采用每月一次编制三个月的方法,编制月度生产作业计划,见图 7-10,即制定第一个月为实施计划、第二个月为准备计划、第三个月为预测计划的循环计划。

	1月			2月			3月			4月			5月		
	上旬	中旬	下旬	上旬	中旬	下旬	上旬	中旬	下旬	上旬	中旬	下旬	上旬	中旬	下旬
2020年12月编制	实施计划			准备计划			预测计划								
2021年1月编制				实施计划			准备计划			预测计划					
2021年2月编制							实施计划			准备计划			预测计划		

图 7-10　月度滚动计划

在编制本轮实施的月作业计划时,是根据上轮编制的月准备作业计划,考虑到外协件、配套件的供应变化以及厂内工艺准备,劳动力情况的变化以及上轮实施月作业计划的实际差异,对上轮准备计划进行调整、修改、补充,使其具体化,并把它作为本轮实施的月作业计划。当发现上轮预测作业计划不准确、不完整时,就调整、修订为本轮第二个月的准备计划。然后继续编制本轮第三个月的预测计划。如此类推,逐月滚动,从而保证编制的生产作业计划更符合实际、更加可行。各车间在接到正式的月度生产滚动计划后,就可以做好层层分解工作,把生产任务具体落实到班组、机台和个人。厂内各有关部门也按月度作业滚动计划要求,做好技术文件、土质准备、工艺和工装的安排,以及原材料、元器件和协作配套件的供应。对于第二个月的准备计划,由于已经经过调整和初步平衡,基本上是已落实的计划,所以厂内各部门在做好第一个月各项保证、准备工作和供应工作的同时,也必须及时安排好第二个月的各项工作,车间根据期量标准可编制第二个月的分工段、分班组作业计划并准备组织生产。对于第三个月的预测计划,由于是第一次出现,除特定产品需要做好工艺技术准备外,其他产品所需的原材料、毛坯件、配套件、协作件,一般暂不投入或安排计划组织生产,避免由于预测不准、盲目生产,造成新的积压和浪费。

4. 东方电器开关厂推行滚动计划的成效

东方电器开关厂推行滚动计划以来,计划变得更加准确,计划管理工作水平比过去提高很多,计划也更加符合实际。例如,月度生产作业计划,分别以三次不同状态出现在滚动计划中,第一次以预测计划出现,第二次以准备计划出现,第三次以执行计划出现。经过多次反复出现,且一次比一次具体、详尽、准确,保证了计划实现的可能性更高,保证为实施计划的准备工作有更充分的时间。由于计划经常需要调整、修改、补充、完善,使之更适合市场变动和企业内的条件变化,所以综合平衡是经常内容。随着滚动计划的推行,计划在年度之间和月度之间衔接更加平衡,管理部门和生产车间,以及部门之间和车间的关系,都逐步协调起来,过去那种不负责任、推诿、只顾本部门利益的现象大大减少。

东方电器开关厂在推行滚动计划后,无论是在经营上还是在生产上,始终保证有一个长期计划在做指导。因此,全厂上下目标明确,同心协力,干劲倍增,一步一个脚印,为实现企业长期计划目标共同奋斗,短短几年,就摘掉了亏损的帽子。现在,该厂产品用户满意度较高,产品市场占有率已达38%,各项经济效益指标也很可观,其中产品优等率达到30%,工业总产值增长率达25%,销售额增长率达14%,利润增长率达11%,全员劳动生产增长率达32%。

资料来源:东方电器开关厂推行滚动计划[EB/OL].(2022-08-27). https://wenku.baidu.com/view/7722c4c3730abb68a98271fe910ef12d2af9a931.html?_wkts.

思考题:

1. 推行滚动计划有何作用?东方电器开关厂为何要推行?
2. 东方电器开关厂是怎样推行滚动生产经营计划的?
3. 东方电器开关厂是如何推行月度生产作业滚动计划的?
4. 你认为中国国有企业在推行先进的滚动计划方面还需做哪些工作?

案例研究

一家餐饮连锁店的食材控制

在餐饮连锁店运营管理中,运营控制起着至关重要的作用。一家餐饮连锁店需要保证每个分店都及时供应新鲜的食材,以提供一致的菜品品质和口味。为了实现有效的运营控制,该连锁店采取了以下措施。

1. 供应商选择

餐饮连锁店与多家供应商建立合作关系,确保获取到优质的食材。在选择供应商时,除了考虑价格因素,还要关注供应商的信誉和产品质量。

2. 订货管理

连锁店通过制订准确的订货计划,确保每个分店都按需订购所需的食材。订货时,需要考虑每个分店的销售情况、库存状况以及季节性需求等因素。

3. 物流配送

为了保证供应链的高效运作,连锁店建立了完善的物流配送系统。通过合理规划物流路线和运输方式,确保食材准时送达每个分店,减少运输成本和时间。

4. 库存管理

为了避免食材过期浪费或者供应不足的情况,连锁店对食材进行定期盘点和管理。根据销售情况和供应商的配送周期,及时调整库存,避免食材积压或缺货。

5. 质量控制

为了确保连锁店的菜品品质和口味的一致性,该连锁店建立了严格的质量控制流程,包括对供应商的质量检查、食材的验收和存储条件的控制等。

6. 数据分析

连锁店利用数据分析工具,对运营控制进行监控和分析。通过收集和分析销售数据、库存数据和供应商数据,及时发现问题和改进措施,提升运营控制效率和效果。

7. 培训和沟通

为了确保每个分店都正确执行运营控制的流程,连锁店进行了培训和沟通工作。通过培训员工和提供清晰的操作手册,确保每个环节的执行标准化和规范化。

8. 持续改进

连锁店定期评估运营控制的效果,确定改进的方向和措施。通过持续改进,不断提升运营控制的效率和质量,为顾客提供更好的用餐体验。

9. 反馈机制

连锁店建立了供应商和分店之间的反馈机制,及时获取运营控制中的问题和意见。通过及时解决问题和改进,提高供应商和分店的合作效率与满意度。

10. 风险管理

连锁店对运营控制中的风险进行评估和管理,包括天气变化、供应商破产、物流中断等风险的应对措施,以保证供应链的可靠性和稳定性。

通过以上的运营控制措施,该餐饮连锁店成功实现了分店之间菜品品质和口味的一致性,提升了运营控制的效率和效果,为顾客提供了优质的用餐体验。

资料来源:餐饮企业连锁门店经营管理中如何监管好食材质量,必熹来支招[EB/OL]. (2023-09-08). https://baijiahao.baidu.com/s?id=1776454857059659136&wfr=spider&for=pc.

本章思考题

1. 不同类型的运营系统有哪些？
2. 简述 MRP、MRPⅡ 与 ERP 的内涵及其系统结构。
3. 简述生产运营系统的目标与功能。
4. 服务运营系统的结构与系统功能是什么？
5. 运营调度的内容与能力提升有哪些？

 即测即练

第 8 章

项 目 管 理

本章学习目标

1. 剖析项目管理知识领域。
2. 了解项目管理的环境。
3. 理解项目管理的过程管理。
4. 学习网络计划技术。

烧结车间改造项目

某钢厂改造其烧结车间,由于工期紧,刚确定施工单位的第二天,施工单位还未来得及任命项目经理和组建项目经理部,业主就要求施工单位提供项目管理规划,施工单位在不情愿的情况下提供了一份针对该项目的施工组织设计,其内容深度满足管理规划要求,但业主不接受,还要求施工单位一定提供项目管理规划。

(1) 项目经理未任命和项目经理部还未建立,就正式发表了施工组织设计,其程序不正确,施工组织设计无人审核和批准,不能发表。

(2) 施工组织设计可以代替施工项目管理规划,但施工组织设计的内容深度应满足施工项目管理规划的要求;冶金建设工程中一直使用施工组织设计代替项目管理规划;施工单位可以向业主说明提供的施工组织设计的内容深度已达到项目管理规划的深度要求,不必再编制项目管理规划。

(3) 项目管理规划是指导项目管理工作的纲领性文件。①规划目标包括项目的管理目标、质量目标、工期目标、成本目标、安全目标、文明施工及环境保护目标、条件分析及其他内容等;②内涵包括施工部署、技术组织措施、施工进度计划、施工准备工作计划和资源供应计划以及其他文件等。

(4) 项目管理规划的控制原则为:实现最优化控制;动态控制;主动控制;全过程控制;全要素控制;建立大控制系统的观念;要对规划的实施明确项目经理部各岗位职责、对执行进行检查分析和改进,进一步总结。

资料来源:烧结车间工作计划[EB/OL]. (2024-01-13). https://www.diyifanwen.com/fanwen/gongzuojihuafanwen/15351037.html.

8.1　项目的定义及其基本特征

8.1.1　项目的定义

项目是人们通过努力,运用各种方法,将人力、材料和财务等资源组织起来,根据商业模式的相关策划安排,进行一项独立一次性或长期无限期的工作任务,以期达到由数量和质量指标所限定的目标。美国项目管理协会(Project Management Institute,PMI)在其出版的《项目管理知识体系指南》(*Project Management Body of Knowledge*,PMBOK)中为项目所做的定义是:项目是为创造独特的产品、服务或成果而进行的体系化的工作。项目参数包括项目范围、质量、成本、时间、资源。以下活动都可以称为一个项目。

(1) 开发或运营一项产品。

(2) 计划举行大型活动(如策划组织婚礼、大型国际会议等)。

(3) 策划一次自驾游。

(4) ERP 的咨询、开发、实施与培训。

(5) 成立并运营一款子品牌。

8.1.2　项目的基本特征

(1) 项目开发是为了实现一个或一组特定目标。

(2) 项目要综合考虑范围、时间、成本、质量、资源、沟通、风险、采购及相关方等十大知识领域的整合。

(3) 项目的复杂性和一次性。

(4) 项目是以客户为中心的。

(5) 项目是要素的系统集成。

8.2　项目管理的概念与分类

8.2.1　项目管理的概念和内涵

1. 项目管理的概念

项目管理是指在项目活动中运用专门的知识、技能、工具和方法,使项目能够在有限资源限定条件下,实现或超过设定的需求和期望的过程。项目管理是对一些成功地达成一系列目标相关的活动(如任务)的整体监测和管控,包括策划、进度计划和维护组成项目的活动的进展。

2. 项目管理的内涵

项目管理是运用管理的知识、工具、技术于项目活动上,来解决项目的问题或达成项目的需求。项目管理是运用各种相关技能、方法与工具,为满足或超越项目有关各方对项目的要求与期望,所开展的各种计划、组织、领导、控制等方面的活动。项目管理过程及静、动态联系如图 8-1 所示。

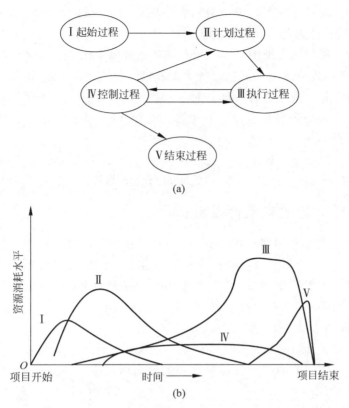

图 8-1　项目管理过程及静、动态联系

（a）静态联系；（b）动态联系

8.2.2　项目管理的分类与特性

1. 项目管理的分类

项目管理本身属于项目管理工程的大类，项目管理工程包括开发管理（DM）、项目管理（PM）、设施管理（FM）以及建筑信息模型（BIM）。而项目管理则又分为三大类。

（1）信息项目管理。其是指在 IT 行业的项目管理。

（2）工程项目管理。其主要是指项目管理在工程类项目中的应用，投资项目以及施工项目管理。其中，施工板块主要是做到成本和进度的把控。这一板块主要使用工程项目管理软件来把控。

（3）投资项目管理。其主要是用于金融投资板块的把控，偏向于风险把控。

2. 项目管理的特性

（1）普遍性。项目作为一种一次性和独特性的社会活动而普遍存在于人类社会的各项活动之中，甚至可以说是人类现有的各种物质文化成果最初都是通过项目的方式实现的，因为现有各种运营所依靠的设施与条件最初都是靠项目活动建设或开发。

（2）目的性。通过开展项目管理活动去保证满足或超越项目有关各方面明确提出的项目目标或指标和满足项目有关各方未明确规定的潜在需求与追求。

（3）独特性。项目管理不同于一般的企业生产运营管理，也不同于常规的政府和独特的管理内容，是一种完全不同的管理活动。

（4）集成性。项目的管理中必须根据具体项目各要素或各专业之间的配置关系做好集成性的管理，而不能孤立地开展项目各个专业或专业的独立管理。

（5）创新性。其一是指项目管理是对于创新（项目所包含的创新之处）的管理，其二是指任何一个项目的管理都没有一成不变的模式和方法，都需要通过管理创新去实现对于具体项目的有效管理。

（6）临时性。项目是一种临时性的任务，要在有限的期限内完成，当项目的基本目标达到时，就意味着项目已经寿终正寝，尽管项目所建成的目标也许刚刚开始发挥作用。

8.2.3　项目管理的约束条件及其作用

任何项目都会受到范围、时间及成本三个方面的约束。项目管理就是以科学的方法和工具，在范围、时间、成本三者之间找到一个合适的平衡点，以便使所有项目干系都尽可能地满意。虽然项目是一次性的，旨在产生独特产品或服务，但不能孤立地看待和运行项目。

1．项目范围约束

（1）项目经理在开始项目前一定要明确项目发起人的需求和期望。

（2）项目实际执行范围可能会随着项目的进展而发生一些变化，从而与时间和成本等约束条件之间产生冲突。

2．项目时间约束

（1）项目经理根据范围调整项目的进度以及各活动的逻辑顺序。当进度与计划之间发生差异时，就需要做好活动调整了。

（2）项目调整后还有可能影响里程碑。

3．项目的成本约束

（1）对于项目来说，按时、按范围完成目标所给的成本是一定的。

（2）对于项目的发起人或投资人来说，总是期望用最低的成本、最短的时间，来完成最大范围的项目。

8.3　项目管理知识领域

项目管理知识领域如图 8-2 所示。

8.3.1　项目整体管理

1．项目整体管理的概念

项目整体管理体现完整和善始善终的意思，唯一贯穿启动到收尾所有过程组的知识体系，从项目启动到项目收尾项目整体都得管，对于微型项目其他项目知识体系或过程组都可以裁剪，但整体管理则是最小的过程集，每一个过程对项目来讲都具有价值；取整合之意，主要是资源的整合，干系人的整合，对其他项目过程组的整合，项目四要素的整合。

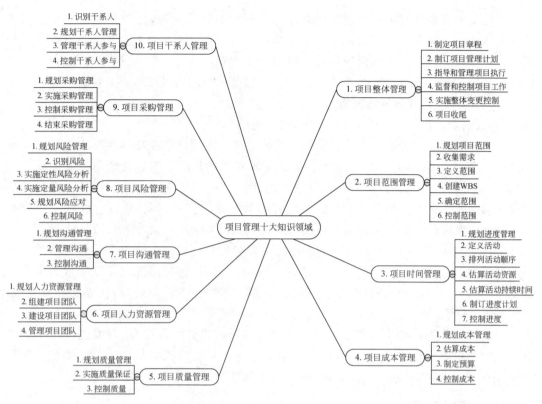

图 8-2　项目管理知识领域

2．项目整体管理的过程

（1）制定项目章程。此即制定一份正式批准项目或阶段的文件，并记录能反映干系人需要和期望的初步要求的过程。

（2）制订项目管理计划。此即对定义、编制、整合和协调所有子计划所必需的行动进行记录的过程。

（3）指导和管理项目执行。此即为实现项目目标而执行项目管理计划中所确定的工作的过程。

（4）监督和控制项目工作。此即跟踪、审查和调整项目进展，以实现项目管理计划中确定的绩效目标的过程。

（5）实施整体变更控制。此即审查所有变更请求，批准变更，管理对可交付成果、组织过程资产、项目文件和项目管理计划的变更的过程。

（6）项目收尾。此即完结所有项目管理过程组所有活动，以正式结束项目或阶段的过程。

8.3.2　项目范围管理

1．项目范围管理的概念

项目范围管理实质上是一种功能管理，对项目所要完成的工作范围进行管理和控制的过程与活动。项目范围是指产生项目产品所包括的所有工作及产生这些产品所用的过程。项目干系人必须在项目要产生什么样的产品方面达成共识,也要在如何生产这些产品方面达成一定的共识。项目范围管理是指对项目包括什么与不包括什么进行定义并控制的过程。这个过程用于确保项目组和项目干系人对作为项目结果的项目产品以及生产这些产品所用到的过程有一个共同的理解。项目范围与项目其他约束条件相互影响。

2. 项目范围管理的基本内容

项目范围管理的基本内容包括范围计划、范围分解、范围变更等。

(1) 范围计划。范围计划是项目管理范围界定。范围说明在项目参与人之间确认或建立了一个项目范围的共识,作为未来项目决策的文档基准。项目论证是商家的既定目标,是为估算未来的得失提供基础;项目产品是产品说明的简要概况;项目可交付成果一般要列一个子产品级别概括表;任何没有明确要求的结果,都意味着它在项目可交付成果之外;项目目标要考虑到项目的成功性,至少要包括成本、进度表和质量检测。

(2) 范围分解。必须采取分解的手段把主要的可交付成果分成更容易管理的单元才能一目了然,最终得出项目的工作分解结构(WBS)。比较常用的方式是以项目进度为依据划分 WBS,第一层是大的项目成果框架,每层下面再把工作分解,结合进度划分直观,时间感强,评审中容易发现遗漏或多出的部分,也更容易被大多数人理解。

(3) 范围变更。项目经理在管理过程中必须通过监督绩效报告、当前进展情况等来分析和预测可能出现的范围变更,在发生变更时遵循规范的变更程序来管理变更。项目管理体系需要包含一套严格、高效、实用的变更程序。

8.3.3 项目时间管理

1. 项目时间管理的概念

合理地安排项目时间是项目管理中一项关键内容,目的是保证按时完成项目、合理分配资源、发挥最佳工作效率。合理地安排时间,保证项目按时完成。其主要工作包括定义项目活动、任务、活动排序、每项活动的合理工期估算、制订项目完整的进度计划、资源共享分配、监控项目进度等内容。时间管理工作开始以前应该先完成项目管理工作中的范围管理部分。项目一开始,首先要有明确项目目标、可交付产品的范围定义文档和项目的工作分解结构。要以经验为基础,列出完整的完成项目所必需的工作,同时要有专家审定过程,以此为基础才能制订出可行的项目时间计划,进行合理的时间管理。

2. 项目时间管理的阶段活动

(1) 活动定义。将项目工作分解为更小、更易管理的工作包也叫活动或任务,这些小的活动应该是保障完成交付产品的可实施的详细任务。

(2) 活动排序。在产品描述、活动清单的基础上,要找出项目活动之间的依赖关系和特殊领域的依赖关系、工作顺序。

(3) 活动工期估算。根据项目范围、资源状况计划列出项目活动所需要的工期。工期估算可采取以下措施:①专家评审。②模拟估算。③定量型的基础工期。④保留时间。

(4) 安排进度表。明确定义项目活动的开始日期和结束日期。关键路径法(critical path method,CPM)是时间管理中很实用的一种方法,其工作原理是:为每个最小任务单位计算工期,定义最早开始和结束日期、最迟开始和结束日期,按照活动的关系形成顺序的网络逻辑图,找出必需的最长的路径,即为关键路径,如图 8-3 所示。

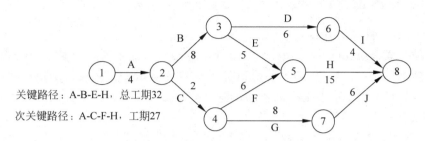

关键路径:A-B-E-H,总工期32
次关键路径:A-C-F-H,工期27

图 8-3　项目时间管理——关键路径

(5)进度控制。监督进度的执行状况,及时发现和纠正偏差、错误。

8.3.4　项目成本管理

1.项目成本管理的概念

项目成本管理(project cost management)是指承包人为使项目成本控制在计划目标之内所做的预测、计划、控制、调整、核算、分析和考核等管理工作。确保在批准的预算内完成项目,具体项目要依靠制订成本管理计划、成本估算、成本预算、成本控制四个过程来完成。为确保项目在已批准的成本预算内尽可能好地完成而对所需的各个过程进行管理。

2.项目成本管理的过程

项目成本管理由一些过程组成,在预算下完成项目这些过程是必不可少的。

(1)资源计划过程:决定完成项目各项活动需要哪些资源(人、设备、材料)以及每种资源的需要量。

(2)成本估计过程:估计完成项目各活动所需每种资源成本的近似值。

(3)成本预算过程:把估计总成本分配到各具体工作。

(4)成本控制过程:控制项目预算的改变。

3.项目成本管理的实施程序

(1)掌握生产要素的市场价格和变动状态。

(2)确定项目合同价。

(3)编制成本计划,确定成本实施目标。

(4)进行成本动态控制,实现成本实施目标。

(5)进行项目成本核算和工程价款结算,及时收回工程款。

(6)进行项目成本分析。

(7)进行项目成本考核,编制成本报告。

(8)积累项目成本资料。

项目成本管理的实施程序如图 8-4 所示。

图 8-4　项目成本管理的实施程序

8.3.5 项目质量管理

1. 项目质量管理的概念

项目质量管理(project quality management)是指对整个项目质量进行把控、管理的过程。质量通常指产品质量,广义的质量包括工作的质量。产品质量是指产品的使用价值及其属性;而工作质量则是产品质量的保证,反映了与产品质量直接有关的工作对产品质量的保证程度。

2. 项目质量管理的主要内容

项目作为一次性的活动,项目质量体现在由工作分解结构反映出的项目范围内所有的阶段、子项目、项目工作单元的质量所构成,也即项目的工作质量;体现在其性能或者使用价值上,也即项目的产品质量。项目活动是应客户的要求进行的。不同的客户有着不同的质量要求,其意图已反映在项目合同中。项目质量除必须符合有关标准和法规外,还必须满足项目合同条款要求,项目合同是进行项目质量管理主要依据之一。项目质量管理过程如图 8-5 所示。

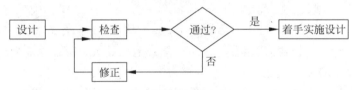

图 8-5 项目质量管理过程

项目的特性决定了项目质量体系的构成。客户是需方,要求参与项目活动的各承包商(设计方、施工方等)提供足够的证据,建立满意的供方质量保证体系;项目的一次性、核算管理的统一性及项目目标的一致性均要求将项目范围内的组织机构、职责、程序、过程和资源集成一个有机的整体,在其内部组织良好的质量控制及质量保证,从而构筑项目的质量体系。生产组织中项目活动特有的流动性、综合性、劳动密集性及协作关系的复杂性,均增加了项目质量保证的难度。项目质量管理主要是为了确保项目按照设计者规定的要求满意地完成,包括使整个项目的所有功能活动按照原有的质量及目标要求得以实施,主要依赖于质量计划、质量控制、质量保证及质量改进所形成的质量保证系统来实现。

8.3.6 项目人力资源管理

1. 项目人力资源管理的概念

项目人力资源管理是一种管理人力资源的方法和能力。项目人力资源管理是组织计划编制,也可以看作战场上的"排兵布阵",就是确定、分配项目中的角色、职责和汇报关系。其采用的方法包括参考类似项目的模板、人力资源管理的惯例、分析项目干系人的需求等。

2. 项目人力资源管理的主要内容

(1)组织计划编制。需要参考资源计划编制中的人力资源需求子项,还需要参考项目中各种汇报关系(又称项目界面),如组织界面、技术界面、人际关系界面等。其方法包括参考类似项目的模板、人力资源管理的惯例、分析项目干系人的需求等。组织计划编制完成后将明晰:①角色和职责分配;②人员配备管理计划;③组织机构图。

(2)人员招聘。人员募集需要根据人员配备管理计划以及组织当前的人员情况和招聘的惯例来进行。另外,有些人员可能组织中没有或无法提供,就需要通过招聘来获得。

(3)互助互协。为实现项目目标而协同工作。进行项目团队建设通常会采用以下方式:①团队建设活动;②绩效考核与激励;③集中安排;④培训。

项目人力资源知识水平与绩效的关系如图 8-6 所示。

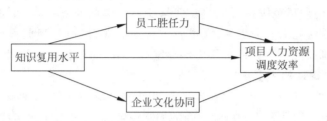

图 8-6　项目人力资源知识水平与绩效的关系

8.3.7　项目沟通管理

1. 项目沟通管理的定义及特征

项目沟通管理,就是为了确保项目信息合理收集和传输,以及最终处理所需实施的一系列过程。项目沟通管理具有以下特征。

(1)复杂。项目沟通管理必须协调各部门以及部门与部门之间的关系,以确保项目顺利实施。

(2)系统。项目沟通管理应从整体利益出发,运用系统的思想和分析方法,全过程、全方位地进行有效的管理。

2. 项目沟通管理的方法

1)正式沟通与非正式沟通

(1)正式沟通是通过项目组织明文规定的渠道进行信息传递和交流的方式。

(2)非正式沟通指在正式沟通渠道之外进行的信息传递和交流。

2)上行沟通、下行沟通和平行沟通

(1)上行沟通:下级的意见向上级反映,即自下而上的沟通。

(2)下行沟通:领导者对员工进行的自上而下的信息沟通。

(3)平行沟通:组织中各平行部门之间的信息交流。

3)单向沟通与双向沟通

(1)单向沟通。发送者和接收者两者之间的地位不变(单向传递),一方只发送信息,另一方只接收信息。

(2)双向沟通。发送者和接收者两者之间的位置不断交换,且发送者是以协商和讨论的姿态面对接收者,信息发出以后还需及时听取反馈意见,必要时双方可进行多次重复商谈,直到双方共同明确和满意,如交谈、协商等。

（3）书面沟通和口头沟通。

（4）言语沟通和体语沟通。

8.3.8 项目风险管理

1. 项目风险管理的定义

项目风险管理是指通过风险识别、风险分析和风险评价去认识项目的风险，并以此为基础合理地使用各种风险应对措施、管理方法技术和手段，对项目的风险实行有效的控制，妥善地处理风险事件造成的不利后果，以最小的成本保证项目总体目标实现的管理工作。可以通过界定项目范围梳理风险管理与项目管理的关系，从而更进一步地明确项目的范围，将项目的任务细分为更具体、更便于管理的部分，避免遗漏而产生风险。风险管理可以通过对风险的识别、分析来评价不确定性，从而向项目范围管理提出任务。

2. 项目风险管理的主要内容

（1）风险识别：确认有可能会影响项目进展的风险，并记录每种风险所具有的特点。

（2）风险量化：评估风险和风险之间的相互作用，以便评定项目可能产出结果的范围。

（3）风险对策研究：确定对机会进行选择及对危险作出应对的步骤。

（4）风险对策实施控制：对项目进程中风险所产生的变化作出反应。以上程序不仅相互作用，且与其他一些区域内的程序互相影响。每个程序都可能涉及基于项目本身需要的一个人甚至一组人的努力，从而提升项目绩效。

项目风险管理对项目绩效的影响如图 8-7 所示。

图 8-7 项目风险管理对项目绩效的影响

8.3.9 项目采购管理

1. 项目采购管理的概念

项目采购管理是指在项目实施过程中，根据项目需要，对必需的产品、服务或工程进行购买或租赁的管理过程，涉及项目范围内所需的各种资源的采购、交付和管理，并确保这些资源按时、按质、按量地供应给项目，以支持项目的顺利实施。

2. 项目采购管理的内容

项目采购管理包括合同管理和变更控制过程。通过这些过程，编制合同或订购单，并由具备相应权限的项目团队成员签发，然后再对合同或订购单进行管理。其包括四个过程：规划采购管理——记录项目采购决策、明确采购方法、识别潜在卖方的过程；实施采购——获取卖方应答、选择卖方并授予合同的过程；控制采购——管理采购关系、监督合同执行情况，并根据需要实施变更和采取纠正措施的过程；结束采购——完结单次采购的过程。

8.3.10 项目干系人管理

1. 项目干系人的概念

项目干系人是参与该项目工作的个体和组织,或由于项目的实施与项目的成功,其利益会直接或间接地受到正面或负面影响的个人和组织。项目管理工作组必须识别哪些个体和组织是项目的干系人,确定其需求和期望,然后设法满足和影响其需求、期望,以确保项目成功。项目的主要涉及人员有客户、用户、项目投资人、项目经理、项目组成员、高层管理人员、反对项目的人、施加影响者。

2. 项目干系人的主要人员

(1)项目经理:负责管理项目的人。

(2)客户或用户:会使用项目产品的组织或个人。顾客会有若干层次。

(3)执行组织:雇员直接为项目工作的组织。

(4)项目组成员:执行项目工作的一组人。

(5)项目管理团队:直接参与项目管理的项目组成员。

(6)资助人:以现金或实物形式为项目提供经济资源的组织或个人。

(7)发起人:以现金或者其他形式,为项目提供财务资源的个人或团体。

(8)权力阶层:因为自身在消费者组织或执行组织中的位置,可以对项目进程施加积极或消极影响的个人或组织。

(9)项目管理办公室(PMO):如果在执行组织中存在,并对项目的结果负有直接或间接的责任,项目管理办公室可能也是项目干系人之一。

其还有许多其他类型,包括:内部和外部干系人,业主和投资商,销售商和分包商,团队成员和家属,政府机构和媒体渠道,公民,临时或永久的游说团体,甚至整个社会。项目干系人的命名和分组,主要是为了鉴别哪些个人和组织将他们自己看成项目干系人。项目干系人的角色和责任可以重合。项目干系人如图 8-8 所示。

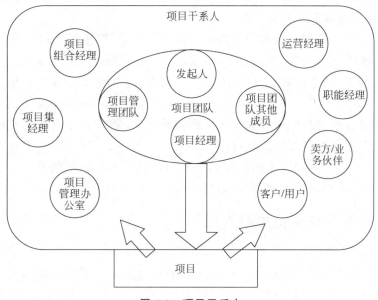

图 8-8 项目干系人

3. 项目干系人管理方法

（1）项目干系人分析。识别出项目的干系人，并对干系人的兴趣、影响力等进行分析，理解关键项目干系人的需要、希望和期望。

（2）沟通管理。根据项目干系人分析的结果，制订相应的沟通计划，并予以执行。

（3）问题管理。对沟通过程发现的问题，记录，并采取行动进行解决。

8.4　项目管理的环境

8.4.1　组织对项目产生的影响

项目通常只是组织的一部分，有时甚至当一个项目本身就是一个组织（合资合作）时，项目仍旧会受到设立该项目的一个或多个组织的影响。

1. 组织系统

以项目为基础的组织是通过项目来实现运作的，可以分为以下两个大类。

（1）通过为其他组织担当项目来猎取收入的组织，如建筑设计公司、工程设计公司、咨询机构、建筑施工单位、政府分包商等。

（2）通过项目实施管理的组织，都偏向于建立一个便于项目管理的管理系统。比如：特地设计了能对多个项目同时进行核算、跟踪、汇报的财务系统。

2. 组织的文化与风格

多数的组织都已经形成了自己独特的、可描述的组织文化。比如，在组织的价值观、行为准则、信仰、期望上，在组织的政策、程序上，在对上下级关系的观点上以及其他方面上，组织文化常常会对项目产生直接的影响。比如：①在一个开拓型的组织中，工作组所提出的非常规性或高风险性的建议更容易被接受；②等级制度严格的组织高度民主的项目经理可能容易遇到麻烦，而在很民主的组织中注意等级的项目经理同样也会受到挑战。

3. 组织结构对项目的影响

执行组织的结构会对取得项目资源的可能性有所限制，组织的结构类型从职能型到项目型，跨度很大。项目型组织中，工作成员经过搭配。项目工作会运用到大部分的组织资源，而项目经理也有高度独立性，享有高度的权力。项目型组织中也会设立一些组织单位，但是这些工作组不仅要直接向某一项目经理汇报工作，还要为各个不同的项目供应服务。矩阵型组织是职能型组织和项目型组织的混合体，具有职能型组织的特征又具有项目型组织的特征。弱矩阵型组织保持了较多的职能型组织特征，项目负责人扮演的是协调者、协助者的角色。强矩阵型组织则具备较多的项目型组织的特征：有专职的权力很大的项目经理，有专职项目行政管理人员。

8.4.2　项目阶段和项目生命周期

1. 项目阶段

（1）项目阶段的概念及内涵。项目阶段是两个主要项目里程碑之间的时间段。组织在实施项目时会将每个项目分解为几个阶段，以便更好地管理和控制，并将执行组织正在进行的工程与整个项目更好地连接起来。每个阶段都以一个或一个以上工作成果完成为标志。

（2）项目阶段的目的。①确定项目是否应当继续实施，并进入下一阶段（go/no go）；②以最低的成本纠正错误与偏差（corrective action）；③经验教训（lessons learned）。阶段末审查往往称为阶段放行口（phase exit）、阶段关卡（stage gates）、验收站（kill points）。

2. 项目生命周期

（1）项目生命周期是一个项目从概念到完成所经过的所有阶段。其最简单的形式主要由概念阶段、开发或定义阶段、执行（实施或开发）阶段和结束（试运行或结束）阶段构成。

（2）大多数项目生命周期的说明具有以下共同的特点：①对成本和工作人员的需求最初比较少，在发展过程中需求越来越多，当项目要结束时又会剧烈地减少。②在项目开始时，成功的概率是最低的，而风险和不确定性是最高的。随着项目逐步地发展，成功的可能性也越来越大。③在项目起始阶段，项目涉及人员的能力对项目产品的最终特征和最终成本的影响力是最大的，随着项目的进行，影响力逐渐削弱。大多数项目生命周期确定的阶段的顺序通常会涉及一些技术转移或转让，如设计要求、操作安排、生产设计等。在下阶段工作开始前，通常需要验收现阶段的工作成果。但是，后继阶段也会在前一阶段工作成果通过验收之前就开始。

项目生命周期如图 8-9 所示。

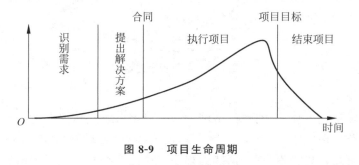

图 8-9　项目生命周期

8.5　项目管理的过程管理

8.5.1　项目管理流程

1. 项目启动

启动阶段是开始一个新项目的过程。例如：启动信息技术的项目，必须了解企业组织内部在目前和未来主要业务发展方向，使用技术及相应的使用环境。

2. 项目计划

计划的编制是最复杂的阶段，项目计划工作涉及十个项目管理知识领域。在计划制订出来后，项目的实施阶段将严格按照计划进行控制。所有变更都将因与计划不同而产生。特别是项目质量依靠规划、设计，而不是依据检查实现。

3. 项目实施

项目实施阶段是占用大量资源的阶段，此阶段必须按照上一阶段制订的计划采取必要的活动,来完成计划阶段制订的任务。项目经理应将项目按技术类别或按各部分完成的功能分成不同的子项目,由项目团队中不同的成员来完成各个子项目的工作。

4．项目收尾

项目的收尾过程涉及整个项目的阶段性结束,即项目的干系人对项目产品的正式接收,使项目井然有序地结束。其间包含所有可交付成果的完成,如项目各阶段产生的文档、项目管理过程中的文档、与项目有关的各种记录等,同时通过项目审计。

5．项目维护

在项目收尾阶段结束后,项目将进入后续的维护期。项目的后续维护期的工作,将是保证信息技术为企业中的重要业务提供服务的基础,也是使项目产生效益的阶段。

8.5.2　项目管理过程群与相互作用

项目管理是指通过计划、组织、指导和控制资源,以达成特定目标的一种管理方式。项目管理有五个过程组,分别是启动、规划、执行、监控和收尾,如图 8-10 所示。

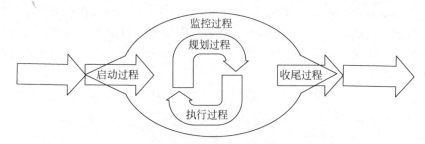

图 8-10　项目管理过程组

1．启动过程组

项目经理需要明确项目的目标、范围、时间、成本、质量、风险等方面的要求,确定项目的可行性和可行性研究报告,制定项目章程,明确项目的组织结构和角色职责等,确保项目的可行性和可行性研究报告,为后续的规划、执行、监控和收尾过程组提供基础。

2．规划过程组

项目经理需要制订详细的项目计划,包括项目范围、时间、成本、质量、风险等方面的计划,明确项目的目标和目标达成的方式,制定项目的工作分解结构,确定项目的资源需求和分配,制订项目的沟通计划和风险管理计划等,确保项目的目标和目标达成的方式,为后续的执行、监控和收尾过程组提供基础。

3．执行过程组

项目经理需要按照项目计划实施项目,包括组织团队、分配资源、执行工作、监督进度、控制成本、管理风险等,确保项目按照计划进行,为后续监控和收尾过程组提供基础。

4．监控过程组

项目经理需要监控项目进度、成本、质量、风险等,及时发现问题并采取措施进行调整,确保项目按照计划进行,为后续的收尾过程组提供基础。

5．收尾过程组

项目经理需要对项目进行总结和评估,制定项目的收尾报告,交付项目成果,关闭项目。确保项目按照计划结束,为下一个项目的启动做好准备。

项目管理的五个过程组相互关联、相互依存,每个过程组都有其独特目的和任务,但又衔接、相互支持,只有每个过程组都做好了自己的任务,才能确保整个项目的成功。

8.6　网络计划技术

8.6.1　网络计划技术的内涵与功能

1. 网络计划技术的概念与特点

网络计划技术是指以网络图为基础的计划模型,直观地反映工作项目之间的相互关系,使一项计划构成一个系统的整体,为实现计划的定量分析奠定了基础。同时,网络计划作为系统工程的一个分支,在制订一项计划时,总是把研究的对象当作一个系统的整体来考虑。运用数学最优化原理,揭示整个计划的关键工作以及巧妙地安排计划中的各项工作,从而使计划管理人员依照执行的情况信息,有科学根据地对未来作出预测,使得计划自始至终在人们的监督和控制之中,使用尽可能短的工期、尽可能少的资源、尽可能好的流程、尽可能低的成本来完成所控制的项目。网络计划包括计划评审技术或计划协调技术(program evaluation and review technique,PERT)与关键路径法。由于网络法是一种定量化的数学方法,有一定的数学理论基础,因而在运用网络法的同时可以广泛、有效地使用电子计算机,使人们在较短的时间内,从众多的方案中选出一种能以最短的工期、最少的资源、最好的流程、最低的成本来完成所下达任务的方案。

2. 网络计划技术的功能

用 PERT/CPM 制订工程计划的功能基本上有如下几个方面。

(1)利用网络图的形式表达某项工程计划的各种要素,诸如:工作项目、工作先后顺序,时间进度以及所需费用、资源等的全貌,从而使各有关方面做到胸中有全局,便于配合和协调,有利于均衡生产。

(2)对于实现工程计划的各项作业的顺序、所需时间、费用和资源等,可以预先规定和设计,并制订若干替代方案进行分析比较,从中选出最优计划方案,付诸实施。

(3)在计划执行过程中,可以及时地获得有关执行进度的信息,并测算执行过程中的主要矛盾,以便采取措施,保证计划顺利进行。

(4)当生产条件发生变化需调整计划时,只需进行局部调整即可,从而使因计划调整而受到的损失最小。

(5)改进计划的制订、管理、决策,可对决策进行模拟,使计划的决策由局部最优达到总体最优。

8.6.2　网络图绘制方法

网络图绘制方法主要包括网络图的分类、绘制工具的选择与绘制步骤、绘制注意事项与常见问题解决方法等方面的内容。

1. 网络图的分类

网络图按照用途和形式可分为多种类型,如拓扑图、流程图、时序图、系统结构图等。

其中,拓扑图是最常见和重要的网络图形之一,是指表达网络结构和连接关系的图形。常见的网络拓扑结构及其优缺点如图 8-11～图 8-15 所示。

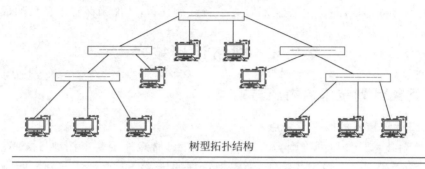

图 8-11 树型网络拓扑结构

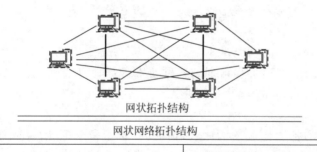

图 8-12 网状网络拓扑结构

2. 绘制工具的选择与绘制步骤

网络图的绘制通常需要借助专业的绘图工具,如 Visio、PPT、CAD 等。其中,Visio 是最常用和最受欢迎的网络图绘制工具之一,具有简单易用、功能丰富、支持多种格式输出等特点。PPT 和 CAD 也是常用绘图工具,分别具有动态演示和三维建模的优势。还有 DIA、Grafana 等,免费且功能不弱,但需要一定学习成本。以总体拓扑图为例,网络图

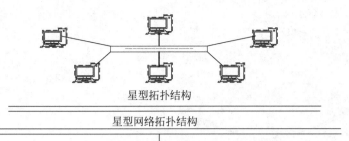

星型拓扑结构

星型网络拓扑结构	
所有节点通过一个中心节点连接在一起。	
优点：容易在网络中增加新的节点。通信数据必须经过中心节点中转，易于实现网络监控。	
缺点：中心节点的故障会影响到整个网络的通信。	

图 8-13　星型网络拓扑结构

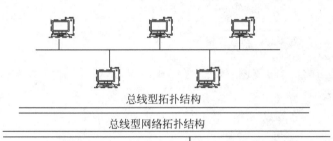

总线型拓扑结构

总线型网络拓扑结构	
所有节点通过一条总线（如同轴电缆）连接在一起。	
优点：安装简便；节省线缆。某一节点的故障一般不会影响到整个网络的通信。	
缺点：总线故障会影响到整个网络的通信。某一节点发出的信息可以被所有其他节点收到，安全性低。	

图 8-14　总线型网络拓扑结构

绘制的步骤包含：①确定绘制对象和边界范围；②绘制基础框架和连接线；③添加设备节点和属性；④绘制连接线和连接关系；⑤添加标注和说明；⑥美化和输出。

3. 绘制注意事项与常见问题解决方法

1）需要注意的一些细节和技巧

（1）对网络进行充分了解，熟悉设备类型、数量、连接关系等，进行全面和准确的绘制。

（2）选择合适的绘图工具，了解并熟练掌握各种绘图工具的基本操作和高级功能。

（3）注意数据的准确性和实时性，及时更新和维护网络图中的数据，以便及时反映网络的变化。

（4）注意调整节点位置和线条位置，以便符合实际的物理位置和逻辑连接关系。

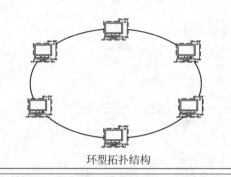

环型网络拓扑结构

环型网络拓扑结构	
所有节点连成一个封闭的环形。	
优点：节省线缆。	
缺点：增加新的节点比较麻烦，必须先中断原来的环，才能插入新节点以形成新环。	

图 8-15　环型网络拓扑结构

（5）注意美化和输出，选择合适的颜色、线型、字体和标注等，以便清晰、易读和美观。

2）常见的问题解决方法

（1）节点重叠：尝试手动调整节点位置、删除多余节点、改变节点大小和形状等方式进行解决。

（2）连接错乱：尝试手动调整连接线的位置、改变连接线类型、添加连接点等方式进行解决。

（3）数据错误：尝试更新数据源、手动更改数据、重新绘制网络图等方式进行解决。

8.6.3　关键路径分析

1. 关键路径法的概念与使用步骤

关键路径是指设计中从输入到输出经过的延时最长的逻辑路径。优化关键路径是一种加快设计工作速度的有效方法。关键路径法一般从输入到输出的延时取决于信号所经过的延时最大路径，而与其他延时小的路径无关。在优化设计过程中可以反复使用，直到不可能减少关键路径延时为止。电子设计自动化（EDA）工具中综合器及设计分析器通常都提供关键路径的信息以便设计者改进设计、加快速度。其使用步骤如下。

（1）画出网络图，以节点标明事件，由箭头代表作业，习惯上项目开始于左方、终止于右方。

（2）在箭头上标出每项作业的持续时间（T）。

（3）从左边开始计算每项作业的最早结束时间（early finish，EF）。该时间等于最早可能的开始时间（ES）加上该作业的持续时间。

（4）所有的计算都完成时最后算出的时间就是完成整个项目所需要的时间。

（5）从右边开始，根据整个项目的持续时间决定每项作业的最迟结束时间（late finish，LF）。

（6）最迟结束时间减去作业的持续时间得到最迟开始时间（late start，LS）。

（7）每项作业的最迟结束时间与最早结束时间，或者最迟开始时间与最早开始时间的差额就是该作业的时差。

（8）如果某作业的时差为零，那么该作业就在关键路线上。

（9）项目的关键路线就是所有作业的时差为零的路线。

2．关键路径法的分类

关键路径法是用寻找关键路径及其时间长度来确定项目的完成日期与总工期的方法。关键路径法可以分为两种。

（1）箭线图法（ADM）：又称双代号网络图法，以横线表示活动而以带编号的节点连接活动，活动间可以有一种逻辑关系，结束-开始型逻辑关系。在箭线图中需要引入虚工作的概念。箭线图要表示的是一个项目的计划，清晰的逻辑关系和良好的可读性非常重要。绘制箭线图时主要有以下一些规则：不能出现回路；一般要求从左向右绘制；每一个节点都要编号，号码不一定要连续，但是不能重复，且按照前后顺序不断增大；一般编号不能连续，并且要预留一定的间隔；表示活动的线条不一定要带箭头；双代号网络图要开始于一个节点，并且结束于一个节点；在绘制网络图时，连线不能相交，在相交无法避免时，可以采用过桥法或者指向法等避免混淆。

（2）前导图法（PDM）：又称单代号网络图法，以节点表示活动而以节点间的连线表示活动间的逻辑关系，可以有四种逻辑关系：结束—开始、结束—结束、开始—开始和开始—结束。绘制前导图时主要有以下一些规则：单代号网络图必须正确表达已定的逻辑关系；严禁出现循环回路；严禁出现双向箭头或无箭头的连线；严禁出现没有箭尾节点和箭头节点的箭线；箭线不宜交叉，当交叉不可避免时，可采用过桥法或指向法绘制。

3．关键路径法时间参数与时间计算

关键路径法中一般有以下的时间参数：最早开始时间（early start）是指活动最早开始时间，由所有前置活动中最后一个最早结束时间确定；最早结束时间是指活动最早结束时间，由活动的最早开始时间加上其工期确定；最迟结束时间是指一个活动在不耽误整个项目的结束时间的情况下能够最迟结束的时间，等于所有紧后工作中最晚的一个最迟开始时间加上工期；最迟开始时间是指一个活动在不耽误整个项目的结束时间的情况下能够最迟开始的时间，等于活动的最迟结束时间减去活动的工期；总时差（total float）是指一项活动在不影响整体计划工期的情况下最大的浮动时间；自由时差（free float）是指活动在不影响其紧后工作的最早开始时间的情况下可以浮动的时间。箭线图法用到的时间参数还常有：最早节点时间（early event occurrence time），由其前置活动中最晚的最早结束时间确定；最迟节点时间（late event occurrence time），由其后置活动中最早的最迟开始时间确定。

箭线图的计算一般有两种。①正推法（forward pass）：用于计算活动和节点的最早时间；②逆推法（backward pass）：活动和节点的最迟时间采用逆推法计算，一般从项目的最后一个活动开始，直到计算第一个节点的时间为止。

4．网络计划的优化

网络计划的优化是指在一定约束条件下，按既定目标对网络计划不断改进，以寻求满意方案的过程。网络计划的优化可分为以下几方面。

（1）工期优化的基本方法是在不改变网络计划中各项工作之间逻辑关系的前提下，通过压缩关键工作的持续时间来达到优化目标。

（2）费用优化的基本思路是不断地在网络计划中找出直接费用率（或组合直接费用率）最小的关键工作，缩短其持续时间，同时考虑间接费随工期缩短而减少的数值，最后求得工程总成本最低时的最优工期安排或按要求工期求得最低成本的计划安排。

（3）网络计划中资源优化分为两种，即"资源有限，工期最短"优化和"工期固定，资源均衡"优化。

片式电阻技改项目

PCC 科技股份有限公司（以下简称"PCC 公司"）实施片式电阻器生产线技术改造项目，建成的片式电阻器生产线，工艺布置先进合理，具有国际先进水平。在项目的整个生命周期，从立项、可行性方案论证、初步设计开始到项目实施计划、项目过程管理和控制，直至项目竣工验收，都注意从整体上对项目进行管理和把握，对项目的各个环节进行高效率的计划、组织和控制，在项目实施全过程中进行动态管理和项目目标的综合协调与优化，对项目整个过程进行管理。通过合理的目标分解，项目目标以从来未有的方式深入人心，落实到项目每一个组织成员身上。生产线技术改造项目的实施成功充分说明了项目整体管理的重要性。

1．项目启动：方案的选择与论证

在项目启动阶段，方案的选择和论证工作主要针对项目整体方案和关键的局部方案进行。片式电阻器从原来的主流产品 1206 和 0805 系列逐渐转向 0603 和 0402 系列。世界上当时流行的是 0603 系列，占总销售额的 70%。而该公司的片式电阻器生产线生产0603 系列仅几亿只，远远难以满足庞大的市场需求，规模小、成本高，无法与日本、韩国等国家竞争，存在着被淘汰的危险，必须尽快形成规模经济生产能力，抢占市场。PCC 公司制订了通过引进世界一流的先进设备，增加两个品种系列，年新增 90 亿只生产能力的目标，同时委托具有甲级资质的某设计研究院编制了项目可行性研究报告和初步设计，经过充分论证后对项目进行了优化，确定了通向目标的最佳途径。

2．注重项目过程管理和控制

为确保项目顺利实施和达到项目目标，公司专门成立了项目领导小组，并由公司法人代表王董事长担任领导小组组长和项目负责人。严格执行投资、质量、工期"三包干"制度，并签订了技术改造项目责任书。其一，抓住进口设备采购这个关键环节，一要保证设备的先进性；二要在保证设备技术性能的同时，做到价廉物美，努力降低投资成本。在采购工作中，坚决贯彻执行国家的招标投标法，委托中国电子进出口总公司进行了国际、国内公开招标,通过招投标,确保采购到国际上一流的设备,为建成具有国际先进水平的片式电阻器生产线提供了有力的保障,通过招投标为项目节省了大量的投资,一举两得。其二,本项目新建电镀厂房 572 平方米,辅助动力设施用房 801 平方米,首先是动员施工队伍日夜奋战,抢进度;其次是交叉作业,在厂房还没有完全完工前,设备提前进场,确保了项目的整体进度。其三,环境保护、安全、消防和工业卫生,做到"三同时",均按设计要求竣工,并在项目总体竣工验收前通过了国家有关部门的单项验收。

资料来源:项目管理案例分析(二)[EB/OL].(2023-01-30).https://zhidao.baidu.com/question/819122959369060732.html.

空客 A380:近代最失败的项目管理案例

项目背景

1994 年 3 月,波音公司与空中客车公司(以下简称"空客")签署了共同研究 500～800 座、最大航程 19 000 千米飞机的备忘录,但在对未来航空市场的判断上,空客认为改善 21 世纪空中交通拥挤的最好办法是增加运力;波音则坚信利于直航的中型飞机将成为主流产品,由于两大集团不能找到足够的共同点,1996 年终止了合作关系。随后,空客宣布 A3XX 超大型运输机计划。2000 年 12 月,A3XX 被命名为 A380,正式启动。

项目计划

最初的立项计划便渗透着空客与生俱来的欧洲野心,总投资 107 亿美元,2004 年 5 月开始总装,2006 年首飞并正式交货。

项目订单

每架 A380 标价 4.45 亿美元,2004 年空客已有 129 架的订单。到 2005 年,A380 已经收到了全球 16 家客户 154 架的订单,在 400 座以上大型客机市场中获得了 89% 的市场份额。甚至,数家订购 A380 的航空公司改建了机场设施,以便迎接这个备受推崇的新机型。

项目管理中的问题

第一,由法、德、英、西四国组建的空客,伙伴公司相互独立,其实更像一个负责销售和市场营销的合资企业。然而,一些股东甚至对于空客详细的财务和运营情况都不知晓,如此松散的公司风格是否具备一种灵敏的市场感应能力和强大的组织管理协调能力,以应对如此规模庞大的 A380 项目,谁也无法保证。

第二,A380 制造全球招标,零部件来自 40 多个国家的数百家厂商,飞机机翼在英国设计制造,尾翼在西班牙设计制造,机身的前段、后段及飞机内部装饰在德国完成,驾驶舱、机身中部以及机身和机翼的联结工作在法国完成,组装一般在法国进行。来自 40 多个国家的数百家厂商零部件悉数到达,各种制造组装工厂之间的沟通和组织效率着实令人担忧。

第三,空客的系统体制缺陷严重。比如线路盒的设计和研发在法国的图卢兹完成,而生产组装则在德国的汉堡,彼此之间缺乏足够的沟通。

第四，尽管有四国共同参股，但是从股权结构来分析空客实际上是一个巨大的法德双控组合，两国各自拥有股份以维持一种微妙的权利平衡。空客设立两个董事长、两位首席执行官职位，法、德双方各居其一，享有平等的管理权力。因此，为了达到政治目的，空客的管理结构和生产进程中有太多没必要的低效设置，使得协调沟通非常困难。

第五，效率低下。因为辗转于各个国家间的一些烦冗的请示、核准、沟通，空客花费了比竞争对手长两年的时间来设计飞机，无效率的支出增加了 25% 的管理成本，而将众多装置从一个工厂搬运到另一个工厂，不仅要花费大量的金钱和时间，还要求支付更高昂的运费。

第六，上层领导频频更换。A380 试飞的当天，空客宣布重大人事调整，任命马里奥·海宁为 A380 项目负责人，而自延期事件以来，空客的首席执行官已经换到第三任。

项目结果

首先，项目成果延期交付。2005 年 6 月，空客宣布向首批客户交付的 A380 飞机将推迟 2~6 个月交付；2006 年 6 月，空客再度宣布将 A380 的交付的时间推迟 6~7 个月；2006 年 10 月 3 日，A380 在 16 个月内第三次延迟交机。而 2007 年只能交机 1 架。

其次，客户发生转移。A380 的第一位客户新加坡航空公司在空客宣布 A380 第二次延迟交货的第二天，便与波音签署了购买 20 架波音 787-9 以及另外 20 架同类飞机购买权的协议书，订单总值亿美元，并就 A380 推迟交货的问题向空客索赔。

再次，客户赔偿严重。第三次延期使得马来西亚国有航空公司工会要求取消该公司 6 架 A380 的订货。包括新航和汉莎航空在内的多家购买者，已开始商讨赔偿的具体细节。空客将准备总额为数十亿美元的赔偿金。算上空客应为推迟交付飞机所付的赔偿，昂贵的 A380 或许将成为世界上最物美价廉的飞机。

最后，导致收入缩减。第三次延迟将使 EADS（欧洲宇航防务集团）在 2006 年到 2010 年间减少 48 亿欧元的利润和 63 亿欧元的收入，截至 2010 年，交机延后带来的损失高达 34 亿美元。更重要的是，此举还将直接影响空客整体市场策略的施行。

教训

在项目计划、风险评估、组织构建、内部信息交流、项目负责人进行重大决策时需要正确选择，否则技术再强大也不会达成目标，反而会拖累企业的正常运营。

资料来源：A380 项目管理惨败案例［EB/OL］.（2020-12-30）. https://wenku. baidu. com/view/366e09e8e209581b6bd97f19227916888486b97d. html?_wkts.

本章思考题

1. 简述项目管理的概念与分类。
2. 项目管理知识领域有哪些？
3. 简述项目管理的过程管理。
4. 简述网络计划技术的关键路径。

即测即练

第 9 章

质量管理与连续改进

本章学习目标

1. 了解质量环与质量螺旋。
2. 了解质量连续改进。
3. 学习统计质量管理方法——"QC"七种工具。
4. 了解服务运营质量管理。

割草的男孩

一个替人割草打工的男孩打电话给一位陈太太:"您需不需要割草?"陈太太回答:"不需要了,我已有了割草工。"男孩又说:"我会帮您拔掉花丛中的杂草。"陈太太回答:"我的割草工也做了。"男孩又说:"我会帮您把草与走道的四周割齐。"陈太太说:"我请的那人也已做了,谢谢你,我不需要新的割草工人。"男孩便挂了电话,此时男孩的室友问他:"你不是就在陈太太那割草打工吗?为什么还要打这电话?"男孩说:"我只是想知道我做得有多好!"故事反映以顾客为关注焦点——"持续改进"思想。

资料来源:质量强国|14 个质量小故事,带给你不一样的启发[EB/OL]. (2019-09-29). https://baijiahao. baidu. com/s?id=16459700152996670732&wfr=spider&for=pc.

9.1 质量的基本概念

9.1.1 质量的定义与内涵

1. 质量专家的质量定义与内涵

质量管理专家约瑟夫·M. 朱兰(Joseph M. Juran)博士从顾客的角度出发,提出了产品质量就是产品的适用性。菲利普·克罗斯比(Philip Crosby)从生产者的角度出发把质量概括为"产品符合规定要求的程度";德鲁克认为"质量就是满足需要";全面质量控制的创始人阿曼德·费根堡姆(Armand Feigenbaum)认为,产品或服务质量是指营销、设计、制造、维修中各种特性的综合体,包含使用要求和满足程度。质量不是一个固定不变的概念,是动态的、变化的、发展的;随着时间、地点、使用对象的不同而不同,随着社会的发展、技术的进步而不断更新和丰富。质量并不要求技术特性越高越好,而是追求诸如性能、成本、数量、交货期、服务等因素的最佳组合,即所谓的最适当。

2. ISO 8402"质量术语"定义与内涵

质量是反映实体满足明确或隐含需要能力的特性总和。

(1)在合同环境中需要是规定的,而在其他环境中隐含需要则应加以识别和确定。

(2)质量就其本质来说是一种客观事物具有某种能力的属性,客观事物具备了某种能力,才可能满足人们的需要,需要由两个层次构成:①产品或服务必须满足规定或潜在的需要,"需要"实质上就是产品或服务的"适用性";②质量是产品特征和特性的总和,可以是活动、过程、产品、组织、体系、人以及它们的组合。企业除了要研究质量的"适用性"之外,还要研究"符合性"。

3. ISO 9000:2015"质量"定义与内涵

ISO 9000:2015《质量管理体系——基础和术语》中对质量的定义是:一组固有特性满足要求的程度。

(1)"质量"既可以是零部件、计算机软件或服务等产品的质量,也可以是某项活动或某个过程的工作质量,还可以是企业的信誉、体系的有效性。

(2)定义中特性是指事物所特有的性质,固有特性是事物本来就有的,通过产品、过程或体系设计和开发及其之后实现过程形成的属性。

(3)满足要求就是应满足明示的(如明确规定的)、通常隐含的(如组织的惯例、一般习惯)或必须履行的(如法律法规、行业规则)需要和期望。

(4)顾客和其他相关方对产品、体系或过程的质量要求是动态的、发展的和相对的。应定期对质量进行评审,按照变化的需要和期望,相应地改进产品、体系或过程的质量,确保持续地满足顾客和其他相关方的要求。

(5)"质量"一词可用形容词如差、好或优秀等来修饰。除了产品质量之外,其还包括工作质量。

9.1.2 质量环与质量螺旋

1. 质量环

1)质量环(quality loop)的概念及内涵

质量环是指从识别需要到评定这些需要是否得到满足的各阶段中,影响质量的相互作用活动的概念模式。质量环反映的是一个连续不断、周而复始的过程,通过不断地循环,实现持续的质量改进。从最初识别需要到最终满足要求和期望的各阶段中影响质量的相互作用活动的概念模式称为质量螺旋或产品寿命周期,而质量环正是对产品质量的产生、形成和实现过程进行的抽象描述和理论概括。质量环模式如图 9-1 所示。

2)质量环的主要特点与质量控制

(1)质量环的主要特点包含:①质量环中的一系列活动中一环扣一环,互相制约,互相依存,互相促进。②质量环不断循环,每经过一次循环,就意味着产品质量的一次提高。

(2)质量控制是为达到规范或规定对数据质量要求而采取的作业技术和措施。

(3)质量控制点。质量控制对象根据重要程度和监督控制要求不同,可以设置见证点或停止点。见证点和停止点通常由工程承包单位在质量计划中明确,但施工单位应将

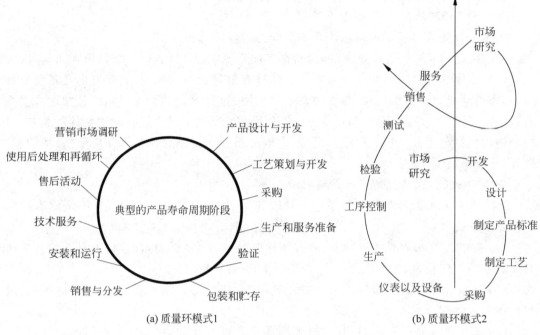

(a) 质量环模式1　　　　　　　　(b) 质量环模式2

图 9-1　质量环模式

施工计划和质量提交监理工程师审批。如果监理工程对见证点和停止的设置有不同意见,应书面通知施工单位,要求予以修改,再报监理工程审批后执行。

2. 质量螺旋

朱兰提出质量螺旋模型。产品质量由市场调查、开发、设计、计划、采购、生产、控制、检验、销售、服务、反馈等环节构成,同时又在此过程中不断循环、仿真、提高。质量螺旋是表述影响质量的相互作用活动的概念模型,是一条呈螺旋上升的曲线,把全过程中各个质量职能按逻辑顺序串联起来,用以表征产品质量形成的整个过程及其规律性,产品质量从产生、形成到实现的各个环节都存在着相互依存、相互制约、相互促进的关系,并不断循环,周而复始。每经过一次循环,产品质量就提高一步。质量螺旋对质量管理的指导作用如下。

(1) 产品的质量形成过程包括:市场研究,产品开发、设计,制定产品规格、工艺,采购,仪器仪表及设备装置,生产,工序控制,产品检验、测试,销售及服务等。各个环节之间相互依存、相互联系、相互促进。

(2) 产品质量形成的过程是一个不断上升、不断提高的过程。

(3) 要完成产品质量形成的全过程,就必须将各个环节的品质管理活动落实到各个部门以及有关的人员,要对产品质量进行全过程的管理。

(4) 质量管理是一个社会系统工程,不仅涉及企业内各部门及员工,还涉及企业外的供应商、零售商、批发商以及用户等单位及个人。

(5) 质量管理是以人为主体的管理。质量管理应该提倡以人为主体的管理。此外,要使"循环"顺着螺旋曲线上升,必须依靠人力的推动,领导是关键,要依靠企业领导者做好计划、组织、控制、协调等工作,形成强大的合力去推动质量循环不断前进、不断上升、不断提高。

9.1.3　现代质量观的变化趋势及其动态性

质量已经成为市场竞争的焦点、企业生存和发展的决定因素、商品进入国际市场的通行证,构成社会物质财富和精神财富的实质内容。人类质量观念不断更新,质量管理呈现出以下几种趋势。

1. 全面质量和质量管理的社会化趋势

现代质量观念认为质量是指全面质量,其含义表现在:全面质量是一个完整的、系统的、整体的概念,即企业必须用系统论的思想和方法来认识与对待质量。企业的产成品质量、半成品和零部件质量、原材料质量、工艺工序质量、工作和服务质量等是一个整体,质量管理应该是整个企业全体人员的总体行为;人们对质量的认识向深度和广度发展。"用户需要什么就生产什么"正体现了这种现代质量价值观;"质量已经进入人类社会的所有领域"。质量的定义已从产品的物理特性戏剧般地扩展到为顾客提供满意程度的特性的总和。

质量管理问题已从企业内部向社会扩展。其主要原因有以下几个。

(1) 企业的产品质量受社会因素的影响日趋严重。

(2) 质量问题造成的资源损失日益为社会所关注。

(3) 人类社会越来越重视因质量问题引起的环境污染。

(4) 顾客日益群体化。

2. 微观质量管理和宏观质量管理同步发展的趋势

微观质量管理主要是指生产企业或经营企业对产品或商品实施的质量管理。宏观质量管理主要是指国家、行业对整个国家或行业的质量问题实施的调控和管理。在全面质量管理的发展过程中,管理者对微观质量管理的理论和应用进行了大量研究,促进了质量管理的长足进步。鉴于质量问题日趋社会化,加强宏观质量管理的任务必然更加尖锐地摆在管理者面前。只有把质量放在重要的战略地位,在做好微观质量管理的同时,同步地提高宏观质量管理的水平,才能有效地促进质量管理的发展,以保证商品质量的稳定提高。把宏观质量管理和微观质量管理很好地结合起来,使之成为一个有机整体,是国际上质量管理的发展方向。

3. 更加重视人的作用和素质

质量管理是全员性的管理,只有调动一切积极因素,动员社会力量和企业全体人员都积极参加管理,才能确保商品质量。经济发达国家在经历国际市场的风风雨雨后,清醒地认识到:"质量就是市场""人的素质最终决定着商品质量"。发展中国家在发展经济、狠抓质量的同时,要始终想到人才和教育的基础地位。只有不断提高人的素质,才能确保商品质量,扩大国际市场,更迅速地促进经济发展。

4. 重视环境对质量管理的影响

在现代市场经济条件下,企业往往处于合同和非合同两种经营环境中,因而也导致了两种环境条件下质量管理的差异。在非合同环境中,企业的质量管理主要是根据市场调研了解市场对质量的需求和期望,确定质量方针和目标,自行建立质量管理体系,在企业内部开展质量保证,以实现质量管理的目标。在合同环境下,质量管理不仅要在企业内部展开,还要延伸到企业外部,在供需双方之间实行质量保证,以取得用户对企业的产品质量和质量管理体系的信任,建立稳定的市场关系。

9.2　质量管理的基本原理

9.2.1　过程监控原理

质量管理的过程监控原理是指所有质量工作都是通过过程完成,质量管理要通过对过程的监控来实现。任何一个组织都应该识别、组织、建立和管理质量活动过程网络及其接口,从而创造、改进和提供持续稳定的质量。

1. 过程的定义

过程是"把输入转化为输出的一组互相关联的资源和活动"。"资源"可包括人员、资金、装置、设施、技术和方法。过程本身是通过人、财、物、信息等资源在输入与输出之间转换而增值的活动。质量管理都是通过对过程的控制和管理实现。对过程中人流、物流和信息流的结构与正常运行的控制;对过程中人流、物流和信息流的人、物和信息质量的控制。质量环是表述产品质量形成过程阶段的理想模式。把与产品质量相关的所有质量活动,即从市场调研识别质量开始,直到产品使用寿命期结束后的处理和再循环的活动过程分成十二个阶段:①营销和市场调研;②产品设计和开发;③过程策划和开发;④采购;⑤生产或服务准备;⑥验证;⑦包装和贮存;⑧销售和分发;⑨安装和运行;⑩技术服务和维护;⑪售后活动;⑫使用寿命结束时的处置或再循环(即回收利用)。

2. 质量体系是过程网络的组合

质量体系由若干个要素组成。要素的控制是把要素展开为一系列过程后实现过程控制。质量体系是通过一系列过程的组合而形成的,任何一个质量体系,都是相关的各个过程网络的组合。而且,只有在组成质量体系的过程网络相互协调又接口兼容时,才能使质量体系有效地运行起来。必须明确各职能部门的职责、分工和协调,才能实现对每一过程的有效控制,进而实现质量体系的有效运行。为了正确评价质量体系是否有效运作,正确解决质量问题有赖于过程管理原理的指导和运用,质量管理就是要理顺和强化对过程,尤其是对主干过程的控制和管理,达到增值即提高效益的目的。

9.2.2　系统管理原理

1. 系统管理理论的主要思想

系统管理理论是运用系统论、信息论、控制论原理,把管理视为一个系统,以实现管理优化的理论。西方称之为最新管理理论。其最初表现为"两因素论",即企业是由人、物两因素组成的系统。创始人卡斯特和卢森威认为人是管理系统的主体。后来发展为"三因素论",即管理系统由人、物、环境三因素构成,要进行全面系统分析,建立开放的管理系统。系统管理理论的核心是用系统方法分析管理系统。

　　系统管理学说的基础是普通系统论。系统论的主要思想是：①系统是由相互联系的要素构成的；②系统的整体性；③系统的层次性。

2．系统管理理论主要观点

　　(1) 企业是由人、物资、机器和其他资源在一定的目标下组成的一体化系统，发展同时受到组成要素的影响，要素的相互关系中，人是主体，其他要素则是被动成长。

　　(2) 企业是一个由许多子系统组成的、开放的社会技术系统。企业是社会这个大系统中的一个子系统，受到周围环境(如顾客、竞争者、供货者、政府等)的影响，也同时影响环境，只有在与环境的相互影响中才能达到动态平衡。企业内部又包含若干子系统：①招标和准则子系统，包括遵照社会的要求和准则，确定战略目标；②技术子系统，包括为完成任务必需的机器、工具、程序、方法和专业知识；③社会心理子系统，包括个人行为和动机、地位和作用关系、组织成员的智力开发、领导方式，正式组织系统与非正式组织系统等；④组织结构子系统，包括对组织及其任务进行合理划分和分配、协调活动；⑤外界因素子系统，包括各种市场信息、人力与物力资源的获得，以及外界环境的反映与影响等。

　　(3) 运用系统观点来考察管理的基本职能，可以提高组织的整体效率。系统管理理论的组织模式如图 9-2 所示。

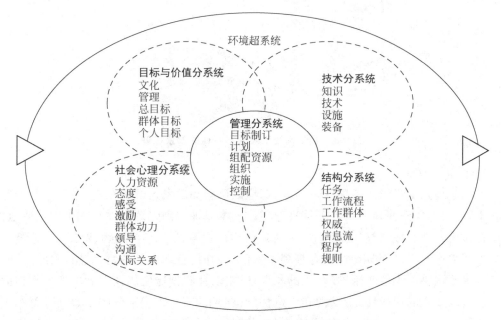

图 9-2　系统管理理论的组织模式

　　随着工业技术的发展和社会生产力的提高，如今的很多系统呈现出复杂性和不确定性两个显著的特征。复杂性是复杂系统的固有属性，在互联网、物联网和大数据等技术的推动下，系统的复杂性还可以进一步具象化为大规模、网络化和动态性等。系统内部和外部的关联关系往往呈现出网络化的结构，如金融网络，供应链网络等。更进一步，网络和网络节点状态是实时变动的，各个网络节点相互作用，牵一发而动全身。这要求管理者具备实时动态决策的能力，提高系统运行的质量和效率，规避网络带来的系统性风险。然而,复杂系统的高度不确定性进一步加大了决策的难度:一方面,系统状态变化和外部冲击的频率、方向和强度具有随机性;另一方面,复杂系统的实际运作机理往往难以彻底理解,部分子系统无法观察,具有很强的模糊性。

9.2.3　人本原理

系统方法论中,人既是"物""事"的行为主体,也是其作用对象。物理、事理的顺利实现离不开人理的支持。人理的作用体现在保证物理资源在系统各部分之间顺畅地转移和流动;人理要对事理规划活动提供必要的组织支持,协调系统各部分以及各类人员之间的矛盾。基于系统观及人本原理的质量控制如图9-3所示。

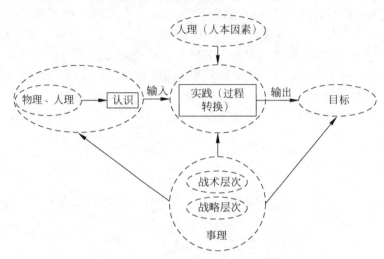

图 9-3　基于系统观及人本原理的质量控制

1．内涵及认识

人本原理是指组织的各项管理活动,都应以调动和激发人的积极性、主动性和创造性为根本,追求人的全面发展的一项管理原理。人本原理特别强调人在管理中的主体地位,强调在作为管理对象的整体系统中,人是其他构成要素的主宰,财、物、时间、信息等只有在为人所掌握、为人所利用时,才有管理的价值。同时,管理活动的目标、组织任务的制订和完成主要取决于人的作用,以及人的积极性、主动性和创造性的调动和发挥。管理活动必须以人以及人的积极性、主动性和创造性为核心来展开,管理工作的中心任务就在于调动人的积极性、发挥人的主动性、激发人的创造性。因此,人本原理讲求和解决的核心问题是积极性问题。

2．人本经济学原理

依据新人本原理的内容,可以延伸出如下几条管理原则。

(1)激励原则。激励—保健因素理论,又称双因素理论。

(2)行为原则。需要与动机是决定人的行为之基础,人类的行为规律是需要决定动机,动机产生行为,行为指向目标,目标完成需要得到满足,于是又产生新的需要、动机、行为,以实现新的目标。

（3）能级原则。所谓能级原则是指根据人的能力大小，赋予相应的权力和责任，使组织的每一个人都各司其职，以此来保持和发挥组织的整体效用。

（4）动力原则。没有动力，事物不会运动，组织不会向前发展。动力来源于物质动力、精神动力、信息动力。

（5）纪律原则。不以规矩，无以成方圆。

9.2.4　TQC 思想

1．TQC 概念与检测类型

TQC 是英文 total quality control（全面质量管理）的缩写，全面质量管理是一种综合的、全面的经营管理方式和理念。以产品质量为核心，以全员参与为基础，其根本目的是通过顾客满意来实现组织的长期成功，增加组织全体成员及全社会的利益。其代表了质量管理发展的最新阶段。

TQC 检测类型包含以下几种。

（1）物理性能检测：附着力、抗磨性检测、硬度、涂抹涂布、涂层厚度测量、杯突仪、延展、细度和密度检测设备。

（2）涂料黏度检测：各种型号的黏度杯产品等。

（3）表面光泽度测试：单/多角光泽度检测设备。

（4）色差检测标准比色箱。

（5）金属表面测量金属、船体粗糙度测量仪器。

2．TQC 内容和特点

全面质量管理内容和特点，概括起来是"三全""四一切"。

1）"三全"

"三全"是指对全面质量、全部过程和由全体人员参加的管理。

（1）全面质量的管理。企业必须在抓好产品质量的同时，抓成本质量、交货期质量和服务质量。质量管理必须对广义质量的全部内容进行管理。产品质量＋成本＋交货期＋服务＝全面质量。

（2）全部过程的管理。其包括市场调查、研究、设计、试制、工艺与工装的设计制造、原材料供应、生产制造、检验出厂和销售服务。用户的意见又反馈到企业加以改进，整个过程可看作一个循环过程。质量管理必须对这种全部过程的每个环节都进行管理。

（3）由全体人员参加的管理。质量管理必须由全体人员进行管理，人人有责。

2）"四一切"

（1）一切为用户着想——树立"质量第一"的思想。

（2）一切以预防为主——好的产品是设计和生产出来的。

（3）一切用数据说话——用统计的方法来处理数据。

（4）一切工作按 PDCA 循环进行。P 是计划（plan），D 是实施（do），C 是检查（check），A 是处理（action）。PDCA 循环作为质量管理的一种科学方法，适用于企业各个环节、各方面的质量工作。

3. 具体实施

（1）四个阶段：计划，实施，检查和处理，即首先制订工作计划，然后实施，并进行检查，对检查出的质量问题提出改进措施。有先后、有联系、头尾相接，每执行一次为一个循环，称为PDCA循环，每个循环相对上一循环都有一个提高。

（2）八个步骤：找问题、找出影响因素、明确重要因素、提出改进措施、执行措施、检查执行情况、对执行好的措施使其标准化、对遗留的问题进行处理。

（3）十四种工具：在计划的执行和检查阶段，为了分析问题、解决问题，利用了十四种工具（方法），即分层法、排列图法、因果分析法、直方图法、控制图法、相关分析图法、检查图法、关系图法、KJ法、系统图法、矩阵图法、矩阵数据分析法、PDPC（过程决策程序图）法和矢线图法。

9.3   质量连续改进

9.3.1   质量连续改进的基本思想

1. 质量连续改进治理思想

质量连续改进是一种治理思想，是全面质量治理实施活动的基础。将质量改进作为一个永不终止、不断获得小进步的过程，是全面质量治理体系各个部分的集成。连续质量改进的思想能够追溯到威廉·爱德华兹·戴明（William Edwards Deming）提出的循环和朱兰的质量环。循环将质量改进分成四个时期、八个步骤，提出了一般工作流改进的概念模型。朱兰从产品开发到售后服务的各个时期，指出质量改进是一个螺旋式上升的过程。

2. 质量连续改进的PDCA循环

质量连续改进也叫PDCA循环。任何一个质量连续改进活动都要遵循PDCA循环过程，是大环套小环不断上升的循环过程。质量连续改进是企业质量管理永恒的主题和工作重点。只有提高产品质量水平，提高顾客的满意程度，不断地降低生产成本，企业才能增强市场的竞争能力，促进其生存与持续性发展。随着市场改革的不断深化和发展，市场竞争已由以价格竞争为主转向以质量竞争为主，不断地提高质量管理水平，而质量管理水平的提高，来源于不断的质量改进，即质量连续改进。管理层必须意识到质量管理是多方面的，包括至少八个维度：性能（performance），可靠性（reliability），耐久性（durability），可维护性（serviceability），美学（aesthetics），功能（features），感知质量（perceived quality），符合标准（conformance to standards），如图9-4所示。

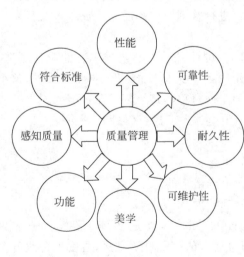

图9-4   质量连续改进

9.3.2　质量成本与连续改进

质量是企业生存根本，"连续质量改进、不断提高顾客满意度"是企业永恒主题。机械制造企业在生产过程质量管理工作中，推行质量成本管理，能不断提高质量保证能力，减少质量损失，降低成本，实现企业"高质量，低成本、快速反应"的目标。质量成本管理的主要内容如图 9-5 所示。

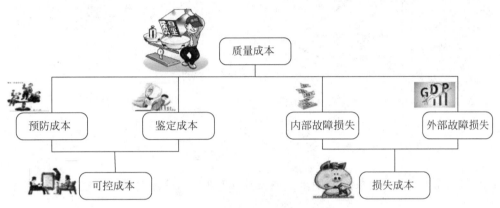

图 9-5　质量成本管理的主要内容

1. 质量成本概述

质量成本是指为获得顾客满意的质量并对组织外部作出质量保证而发生的费用以及没有达到顾客满意的质量而造成的损失，包括预防成本、鉴定成本、内部故障损失、外部故障损失。质量管理五要素"人、机、料、法、环"费用支出，构成企业生产过程中的质量成本。其主要包含以下几方面。

（1）人工方面质量成本："第一次就把事情做对"。员工第一次就生产出满足质量要求的产品即"一次交检合格品"。

（2）机器设备方面质量成本：选择能满足加工产品质量等级要求的合适设备。

（3）物料方面质量成本：物料包含生产性原、辅材料。

（4）"法"——工艺方面质量成本：合理工艺流程，可以为产品质量保证和质量稳定提供有力保障，减少不合格品引起的质量成本支出。

（5）环境方面质量成本：保证产品质量前提下，对生产、测量环境特殊要求而付出的成本，属于预防成本。质量成本战略管理如图 9-6 所示。

2. 加强质量过程管理，降低质量成本

（1）提升员工质量素养，降低人工方面质量成本。开展质量管理宣传，依据质量成本与员工签订质量责任书，进行质量成果考核，促进员工质量意识和责任心提高。

（2）加强机器设备管控，降低设备方面质量成本。质量策划选择能满足产品设计质量要求的设备。根据质量管理体系要求，对设备、工装进行建档滚动管理，明确责任人，按时完成维修、维护、保养和鉴定等工作，保证设备的工作能力。

（3）加强采购物料品质管理，降低物料方面质量成本。与供应商签订质量协议和技

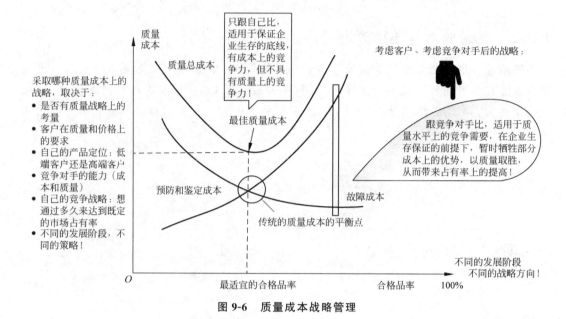

图 9-6　质量成本战略管理

术协议,明确供货品质要求。共同推进质量成本管理,明确质量改善重点,共同实现质量连续改进。

（4）优化工艺,降低工艺方面质量成本。明确产品工艺策划和质量策划,提升工艺能力,提高质量保证。

（5）综合考虑环境因素,降低环境方面质量成本。选择能满足产品质量要求的合适设备。质量成本管理如图 9-7 所示。

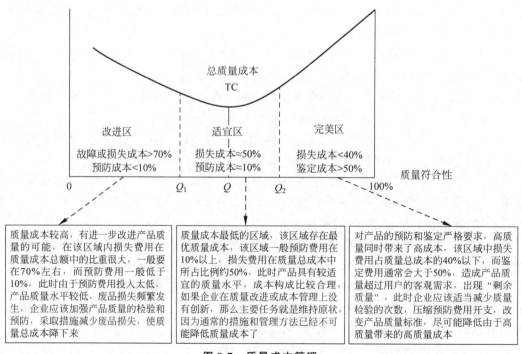

图 9-7　质量成本管理

9.3.3　统计质量管理方法——"QC"七种工具

1. 排列图法

1）排列图的做法

（1）收集整理数据。

（2）排列图的绘制：①画横坐标；②画纵坐标；③画频数直方形；④画累计频率曲线；⑤记录必要的事项。其具体如表 9-1 和图 9-8 所示。

表 9-1　排列图——不合格点项目频数统计表

序　号	项　目	频　数	频率/%	累计频率/%
1	表面平整度	75	50.0	50.0
2	截面尺寸	45	30.0	50.0＋30.0＝80.0
3	平面水平度	15	10.0	80.0＋10.0＝90.0
4	垂直度	8	5.3	90.0＋5.3＝95.3
5	标高	4	2.7	95.3＋2.7＝98.0
6	其他	3	2.0	98.0＋2.0
合计		150	100	100

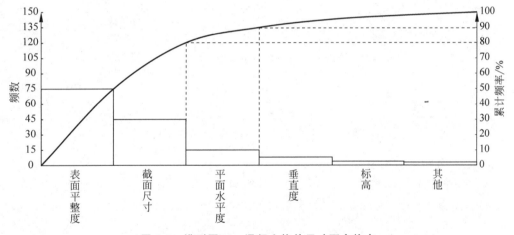

图 9-8　排列图——混凝土构件尺寸不合格点

2）排列图观察与分析

（1）观察直方形。

（2）利用 ABC 分类法，确定主次因素。将累计频率值分为：0～80％为 A 类，主要因素；80％～90％为 B 类，次要因素；90％～100％为 C 类。

3）排列图的应用

（1）按不合格点的缺陷形式分类，可以分析出造成质量问题的薄弱环节。

（2）按生产作业分类，可以找出生产不合格品最多的关键过程。

（3）按生产班组或单位分类，可以分析比较各单位技术水平和质量管理水平。

（4）对采取提高质量措施前后的排列图对比，可以分析采取的措施是否有效。此外，还可以用于成本费用分析、安全问题分析等。

2．因果分析图法

因果分析图法是利用因果分析图来整理分析质量问题(结果)与其产生原因之间关系的有效工具。因果分析图也称特性要因图,又因其形状常被称为树枝图或鱼刺图。因果分析图的绘制步骤如下。

(1) 明确质量问题—结果。画出质量特性的主干线,箭头指向右侧的一个矩形框,框内注明研究的问题,即结果。

(2) 分析确定影响质量特性大的方面原因。一般从人、机、料、方法、环境方面分析。

(3) 将大原因进一步分解为中原因、小原因,直至可以采取具体措施加以解决。

(4) 检查图中所列原因是否齐全,做必要的补充及修改。

(5) 选择出影响较大的因素作出标记,以便重点采取措施,如图 9-9 所示。

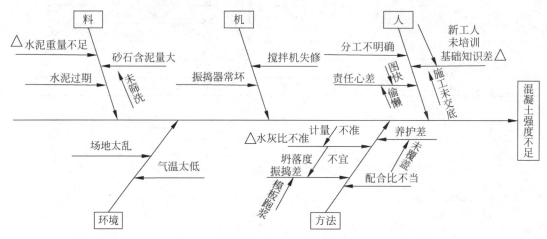

图 9-9　因果分析图——混凝土强度不足

3．频数分布直方图法

频数分布直方图法,简称直方图法,是对收集到的质量数据进行分组整理,绘制成频数分布直方图,用以描述质量分布状态的一种分析方法,所以又称质量分布图法,如图 9-10 所示。

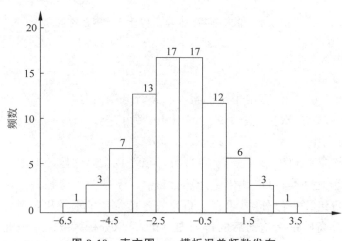

图 9-10　直方图——模板误差频数发布

（1）直方图的绘制方法。①收集整理数据；②计算极差 R；③确定组数、组距、组限；④编制数据频数统计表；⑤绘制频数分布直方图。

（2）直方图的观察与分析。①观察直方图的形状，判断质量分布状态；②将直方图与质量标准比较，判断实际生产过程能力。

4. 控制图法

控制图又称管理图，是在直角坐标系内画有控制界线，描述生产过程中产品质量波动状态的图形。利用控制图区分质量波动原因，判断生产工序是否处于稳定状态。

（1）控制图的基本形式及其作用。①控制图的基本形式（图 9-11）。②控制图的作用：分析生产过程是否稳定；控制生产过程质量状态。

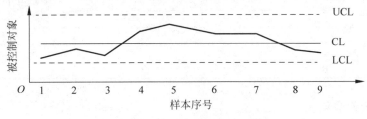

图 9-11　控制图的基本形式

（2）控制图的原理。质量特征值的波动性，或称质量数据的差异性。一类是偶然性原因，具有随机性的特点；一类是系统性原因，也称异常原因因素。

（3）控制图的种类。①分析用控制图：用来调查分析生产过程是否处于控制状态；②管理用控制图：用来控制生产过程，使之经常保持在稳定状态下。

5. 相关图法

相关图是用来显示两种质量数据之间关系的一种图形。质量数据之间的关系多属相关关系。其有三种类型：一是质量特性和影响因素之间的关系；二是质量特性和质量特性之间的关系；三是影响因素和影响因素之间的关系。用 y 和 x 分别表示质量特性值和影响因素。

（1）相关图的绘制方法：①收集数据；② 绘制相关图。

（2）相关图的观察与分析相关图中点的集合，反映了两种数据之间的散布状况，归纳起来，有六种类型，如图 9-12 所示。

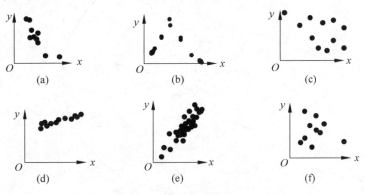

图 9-12　相关图类型

（3）相关系数：用相关系数定量地度量两个变量之间线性相关的密切程度,包含：①相关系数的计算；②相关系数的意义；③相关系数的检验。

6.分层法

分层法是指将调查收集的原始数据,根据不同的目的和要求,按某一性质进行分组、整理的分析方法。

例如：一个焊工班组有三个工人实施焊接作业,共抽检 60 个焊接点,发现有 18 个点不合格,占 30%,如表 9-2 所示。问题究竟在哪里？

表 9-2　分层调查统计数据表

作业工人	抽检点数	不合格点数	个体不合格率/%	占不合格点总数百分率/%
A	20	2	10	11
B	20	4	20	22
C	20	12	60	67
合计	60	18	—	—

7.统计调查表法

统计调查表法是利用专门设计的统计调查表的方法。常用调查表有：①产品缺陷部位统计调查表；②不合格项目统计调查表；③不合格原因调查表；④施工质量检查评定用调查表。

9.3.4　系统性质量管理方法

质量连续改进是一种系统性的方法,旨在通过不断识别和消除质量问题的根本原因,提高产品和过程的质量水平。以下是 10 种常用的质量连续改进方法。

1.六西格玛

六西格玛是一种基于数据和统计分析的质量管理方法,旨在通过减少质量变异性和缺陷,使过程达到更高的性能水平。六西格玛采用 DMAIC 的方法,通过数据驱动的改进过程,优化产品和过程的质量,如图 9-13 所示。

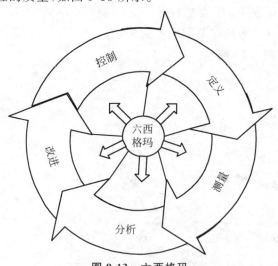

图 9-13　六西格玛

2．PDCA 循环

PDCA 循环也被称为德鲁克循环。通过不断循环执行计划、实施、检查和处理阶段，实现质量的连续改进(图 9-14)。PDCA 循环强调在改进过程中的系统性思考和数据驱动的决策。

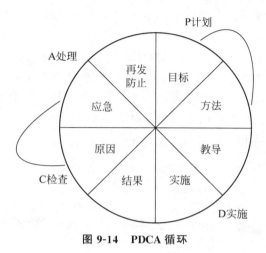

图 9-14　PDCA 循环

3．田口方法

田口方法(Taguchi method)是一种统计方法和实验设计技术，旨在通过优化产品和过程设计，降低质量变异性，提高产品的稳定性和可靠性。田口方法强调通过实验设计和统计分析来识别和控制对质量产生最大影响的因素，以实现质量的改进和成本的降低，如图 9-15 所示。

				外设计 (噪声因子)			
			X	−	+	−	+
			Y	−	−	+	+
			Z	+	−	−	+
A	B	C					
−	−	−					
+	−	−					
−	+	−					
+	+	−					
−	−	+					
+	−	+					
−	+	+					
+	+	+					

内设计（过程因子）

图 9-15　田口方法

4．故障模式与影响分析(FMEA)

系统性的方法用于识别和评估潜在的故障模式与其对产品或过程的影响。通过分析故障的潜在原因和后果，采取相应的预防措施，减少故障的发生，并提高产品和过程的质量。

5. 连续质量改进

连续质量改进(continuous quality improvement,CQI)是一种基于团队合作和持续改进的方法,强调不断寻找和消除质量问题的根本原因,并通过团队的努力和参与来实现质量的连续改进,这是汽车行业最常用的工具之一。

6. 5W1H 分析法

此即通过回答 what(是什么)、why(为什么)、where(在哪里)、when(何时)、who(谁)、how(如何)这六个问题,帮助识别和理解问题的本质,并找到解决问题的方法和措施。

7. 8D(eight disciplines)问题解决法

团队协作的方法用于识别、分析和解决质量问题,包括八个步骤,从问题描述到根本原因分析、实施纠正措施和预防措施,以确保问题得到彻底解决和持续改进,如图 9-16 所示。

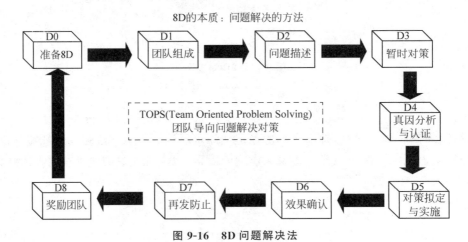

图 9-16　8D 问题解决法

8. 5S 方法

5S 是一种管理方法,旨在改善工作环境和工作效率。它包括整理、整顿、清扫、标准化和维护的五个步骤,通过创建整洁、有序、高效的工作环境,提高工作质量和效率。

9. 根本原因分析(RCA)

根本原因分析用于确定质量问题根本原因,并采取相应的措施来消除这些原因,包括使用工具和技术,如鱼骨图(因果图)、5W1H 分析等,帮助深入分析问题并找到长期解决方案,如图 9-17 所示。

10. 质量功能展开(QFD)

质量管理工具用于将客户需求转化为产品设计和过程控制的要求。通过将客户需求与产品特征和工艺参数相对应,QFD 确保产品和过程满足客户期望,从而提高质量和满意度,如图 9-18 所示。

以上十大质量连续改进的方法,每一种都需质量人耗费大量的精力和时间来完善它们。十大质量连续改进的方法是时刻伴随企业质量管理的工具,而且是质量管理和控制过程中有效的方法。

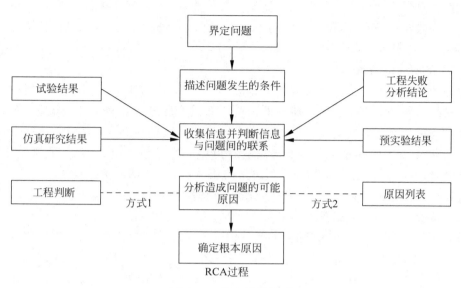

图 9-17　根本原因分析

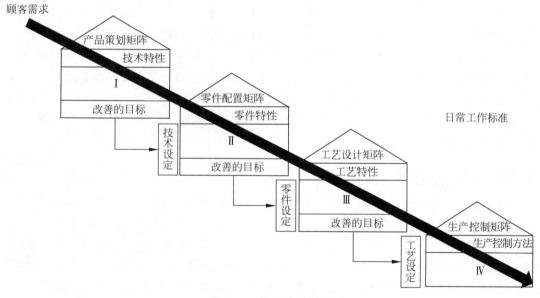

图 9-18　质量功能展开

9.4　服务运营质量管理

9.4.1　服务质量的概念与特性

1. 服务质量的概念

服务质量是指企业在提供产品或服务过程中所表现出来的各种特征和特性,直接关系到企业的声誉和竞争力。服务水平类似质量的观念,指的是所提供的服务为顾客所带来的外显与隐含利益水平,可再分成期望服务水平(expected service level)及认知服务水平(perceived service level)。

2. 服务质量的特性

服务质量的特性泛指顾客对服务质量的好坏认知,通常来自顾客期望得到的服务及实际感受到的服务的差距。服务质量的衡量不只是看服务的结果而已,同时也包含在服务传递过程的衡量。顾客对服务质量的衡量比对产品质量的衡量要困难。

Rosander 认为服务业需要一个比制造业更广的服务质量,如:①人员绩效的质量;②设备绩效的质量;③资料的质量;④决策的质量;⑤产出的质量。

克里斯廷·格罗鲁斯(Christian Grönroos)将服务质量分为:①技术质量(technical quality),指实际所传送之服务内容的质量水平;②功能质量(functional quality),服务传递的方式,可决定顾客最后所知觉到的整体服务质量。格罗鲁斯认为,顾客在接受服务前会先有一个期望质量(expected quality),接受服务后会产生经验质量(experienced quality),两者的差距为总体认知质量(total perceived quality),如果经验质量大于或等于期望质量,则总体认知质量是好的;反之则为差的。詹姆斯·L. 赫斯克特(James L. Heskett)认为顾客是以认知质量与期望质量间的关系来衡量其所接受的服务。

此外,服务价值共创已成为企业构建战略资本和塑造核心能力的全新取向。顾客参与行为通过影响其他利益相关者对公司服务的感知、偏好、预期、行动等来影响价值共创,可以用社会架构理论来解释服务交换和服务价值共创。从服务使用价值、顾客所处情境以及顾客的服务体验三方面可以对比供应商主导和顾客主导逻辑的服务价值共创。还有一些研究认为可以用合作博弈理论分析不同供应方的最优价值分配机制。例如两阶段混合博弈模型应用于制造企业中服务价值创造与分配,基于分配比例规则建立服务供求双方的博弈模型。

9.4.2 服务质量环

服务质量环用以描述从识别服务需要开始直到需要得到满足的整个过程中所有活动的概念模式。服务质量环把服务的全过程分为服务市场开发、服务设计、服务提供、业绩分析与改进等几个相互联系的阶段。服务市场开发是从服务组织与顾客接触出发,了解、识别和确定顾客对服务的需要,结合本组织的实际情况,调查、研究和开发某种服务市场。明确服务需要、服务类型、服务规模、服务档次、服务质量、服务承诺、服务基本方式等。服务设计是在服务市场开发的基础上解决如何进行服务的问题,要制定出服务过程中所应用的服务规范、服务提供规范和服务质量控制规范,还要对服务设施、服务环境、服务方式和方法进行设计。服务提供是依据服务设计阶段所制定的三种规范向顾客提供服务。服务提供结束后,应对服务的结果进行评估或评定。通过业绩分析和改进阶段把存在问题和建议反馈回服务市场开发、服务设计和服务提供的各个阶段,使这一过程成为一个不断循环的过程,如图 9-19 所示。

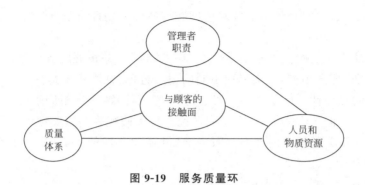

图 9-19　服务质量环

9.4.3　服务质量系统运营要素

1. 可靠性

企业在承诺的时间和条件内能够按照规定的标准提供稳定、准确的产品或服务。可靠的企业应该遵守承诺,不断提高自身的技术水平和服务水平,确保产品或服务的稳定性和可靠性。

2. 响应性

企业能够及时回应客户的需求和问题,并给予满意的答复或解决方案。应该有快速反应的机制和专业的客户服务团队,能够迅速处理客户的各种问题和投诉,并及时给予解决方案。

3. 保证性

企业对所提供的产品或服务承担一定的责任和保证。具有保证性的企业应该提供透明的服务承诺和售后保障,在产品出现问题或服务不满意时,及时提供修复或补偿措施。

4. 同理心

具有同理心的企业能够理解客户的需求和情感,注重与客户的沟通和互动,倾听客户的意见和建议,不断改进产品和服务,以满足客户的个性化需求。

5. 可信度

企业在市场上的信誉和声誉,客户对企业的信任程度。具有可信度的企业应该遵守道德和法律规范,诚实守信,言行一致,不断提高产品和服务的质量,以赢得客户的认可和口碑。

以上要素相互补充、相互促进,赢得客户的信赖和长期合作。企业高度重视服务质量的五个要素,不断改进和提升,以满足客户的需求和期望,实现可持续发展。

9.4.4　服务质量管理的特殊性

1. 服务的特点分析

(1) 服务的无形性、不可触性。服务不像有形产品那样容易描述和定义,也无法储藏,无法用专利来保护,从而带来了服务管理中的一系列独特性。

(2) 生产与消费的不可分性。服务特性使得服务质量不可能预先"把关",使得服务能力(设施能力、人员能力)计划必须对应顾客到达的波动性,使得服务的"生产"与"销售"无法区分。

(3) 服务的不同质性。服务不是一个单一整体,而是相关服务要素的集合。同一种核心服务,其周边服务不同,也会形成不同的服务特色,且服务者具有多样性。

(4) 顾客的多样性。即使是同一种服务规范,不同顾客的不同个性也会导致不同的服务结果;服务的同一组成部分,在不同情况下对不同顾客的重要性可能不同。

(5) 顾客在服务过程中的参与。服务业"顾客就在你的工厂中"。服务过程中,顾客从始至终参与其中。

服务质量的差异模型如图 9-20 所示。

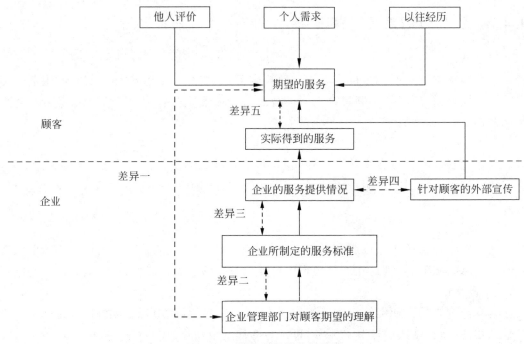

图 9-20 服务质量的差异模型

2. 服务运作过程、管理过程与制造业的主要区别

(1) 制造业是以产品为中心组织运作,而服务业是以人为中心组织服务运作。

(2) 在制造业企业,产品和生产系统可分别设计,而在服务业企业,服务和服务提供系统须同时设计。

(3) 在制造业企业,可以用库存来调节供需矛盾,而在服务业企业,往往无法用库存来调节供需矛盾。

(4) 制造业企业的生产系统是封闭式的,顾客在生产过程中不起作用,而服务业企业的运作系统是非封闭式的,顾客在服务过程中会起一定作用。

(5) 在制造业企业,"生产运作""销售"和"人力资源管理"三种职能的划分明显,而在服务业企业,这样的职能划分是模糊的。

扁 鹊 论 医

魏文王问名医扁鹊："你们家兄弟三人,都精于医术,到底哪一位医术最好呢?"扁鹊答说:"长兄最好,中兄次之,我最差。"文王吃惊地问:"你的名气最大,为何长兄医术最高呢?"扁鹊惭愧地说:"我扁鹊治病,是治病于病情严重之时。一般人都看到我在经脉上穿针管来放血、在皮肤上敷药等大手术,所以以为我的医术高明,名气因此响遍全国。我中兄治病,是治病于病情初起之时。一般人以为他只能治轻微的小病,所以他的名气只及于本乡里。而我长兄治病,是治病于病情发作之前。由于一般人不知道他事先能铲除病因,所以觉得他水平一般,但在医学专家看来他水平最高。"

启示:以上的"病"可以理解为"质量事故"。能将质量事故在"病"情发作之前就进行消除,才是"善之善者也"。预防质量事故,要从"小病"做起,也就是要防患于未然。事后控制不如事中控制,事中控制不如事前控制。对于成功处理质量事故的人要进行奖励,同时,更要对预防质量事故的人和行为进行奖励。质量管理如同医生看病,治标不能忘固本。许多企业悬挂着"质量是企业的生命"的标语,而现实中却陷入"头疼医头、脚疼医脚"的质量管理误区。造成"重结果轻过程"的现象是因为:结果控制者因为改正了管理错误,得到员工和领导的认可;而默默无闻的过程控制者不容易引起员工和领导的重视。这最终导致管理者对表面文章乐此不疲,而对预防式的事前控制和事中控制敬而远之。

如何提高事前控制和事中控制的执行力呢?首先,从上到下应当有很强的全过程质量管理意识。其次,每个环节都制定详细的质量管理标准。再次,用业绩考核改变公司不利局面。最后,客户和员工是最好的质量改善者。

资料来源:小故事大道理——《扁鹊论医》之企业管理启悟[EB/OL]. (2022-04-28). http://www.isohangbiao.com/newsinfo/3164908.html.

某飞机发动机厂 QC 小组实例

小组名称:改善 WP-8 机后舱缺陷 QC 攻关小组

课　　题:提高 4-01-219 后舱合格率

课题类型:攻关型

小组成员:共 8 人,其中,高级工程师 1 人,工程师 2 人,工人 4 人,检验员 1 人

4-01-219 后舱下方扇形件是公司 WP-8 机种的主要零件之一,是发动机中机匣的主要组成部分。在以往的生产中由于各方面的原因,产品合格率低,废品损失大。一片后舱的毛料就价值 4 344.36 元,单片铸件带浇冒口重量达到 130 kg,熔化室耗电量大,干活时操作困难,劳动强度大,原材料费用高,报废一件无论是在原材料方面还是在人力动力资源方面都造成较大的损失。为了减少废品损失、提高该铸件的入库合格率,特成立此小组,目标定在 2020 年使 4-01-219 后舱下方扇形件的合格率从 2019 年的 40.48% 提高到

55%以上。

1. 现状调查

（1）对 2019 年 4-01-219 后舱下方扇形件废品损伤调查汇总见表 9-3。

表 9-3　2019 年 4-01-219 后舱下方扇形件废品损伤调查汇总表

年　　度	零件号	投　　料	合格入库	废　　品	合格率/%
2019	4-01-219	42	15	27	40.48

（2）2019 年造成的废品经济损失为 117 297.72 元（表 9-4）。

表 9-4　废品统计表

序　　号	废品原因	频　　数	占总数/%	累计百分率/%
1	气孔	14	51.9	51.9
2	裂纹	4	14.8	66.7
3	夹渣	4	14.8	81.5
4	变形	3	11.1	92.6
5	其他	2	9.4	100

2. 原因分析

（1）生产气孔缺陷的因果分析如图 9-21 所示。

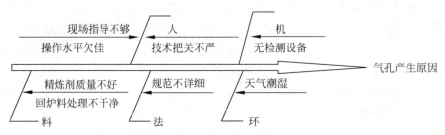

图 9-21　生产气孔缺陷的因果分析

（2）小组成员对造成缺陷原因进行评价（表 9-5）。

表 9-5　造成缺陷原因评价表

原因/人员	1	2	3	4	5	6	7	合计	备　　注
技术把关不严	1	0	0	0	0	1	1	3	
现场指导不够	0	0	0	1	1	1	0	3	
操作水平欠佳	1	1	0	1	0	1	0	4	☆
无检测设备	1	1	1	0	1	0	1	5	★
精炼剂质量不好	1	1	1	0	1	0	1	5	★
回炉料处理不干净	1	1	0	0	1	0	1	4	☆
规范不详细	0	1	0	1	0	1	1	4	☆
环境温度不均匀	0	0	1	1	0	0	0	2	

注："0"为一般因素，"1"为主要因素，"☆"为找出的次要因素，"★"为找出的主要因素。

从要因评价表可知铸件产生气孔的主要原因是精炼剂质量不好,精炼效果无检测仪器检测,合金液的熔化质量根本无法控制,加之回炉料处理不干净,工人操作水平欠佳;打芯时芯子紧实度不均匀,扎通气针时深度不够,位置不够合理。浇注时影响了铸件的排气,使铸件最终产生了气孔缺陷。

3. 制定对策

制定对策如表 9-6 所示。

表 9-6　制定对策

序号	项　目	现　状	目　标	措　施	监控人	完成日期
1	设备原因	无熔化质量检测设备	配备设备	购买设备	×××	2020 年 1—2 月
2	规范原因	工艺规范编制不详细,工人操作随意性很大	对重要工序提出详细的技术要求	召开生产班前会,讲解操作要领	×××	全过程
3	原材料原因	(1) 精炼剂质量不好 (2) 回炉料处理不干净	(1) 采用质优的精炼剂 (2) 控制好回炉料的质量	(1) 寻求精炼效果好的精炼剂 (2) 使用前对回炉料进行吹砂处理	×××	2020 年 3—5 月
4	人为因素	质量意识不强,操作水平欠佳	提高人员的质量意识和技能培训	广泛开展"以老带新"工作,加强质量意识教育	×××	全过程

4. 实施方案

增添新设备,控制合金液的熔化质量;对几种常用精炼剂的质量好坏进行实验对比,选取质优价廉的合金精炼剂;加强检验员的工序检验,严格把关;加强操作工人的技能培训,召开生产班前会由主管工艺员讲解操作要领;及时解决生产中发现的问题;加强质量意识教育,增强工人的主人翁意识,召开质量分析会;加强工人的技术培训;规定了奖惩制度。

5. 效果检查

2020 年由于 QC 小组措施得力,取得了显著效果,合格率提高了 30.6 个百分点,见表 9-7。

表 9-7　效果检查表

年　度	投　产	合格入库	废　品	合格率/%
2019	42	15	27	40.48
2020	159	113	46	71.07

6. 经济效果

创经济收益 150 170.19 元。这次 QC 小组活动,不仅提高了后舱的产品质量,而且提升了小组成员的质量意识,车间的质量管理制度也有了进一步改善,质量奖罚更为明确。

7. 巩固措施

将改进措施纳入工艺规范之中；加强质量意识教育，树立质量第一的观念，严格遵守工艺规律；大力开展"以老带新"活动，有计划地做好青年职工的技术培训；完善QC小组工作、抓好质量、减少废品损失，提高生产率。进一步推动PDCA循环，提高操作人员素质；严格执行质量考核制度，加大质量奖惩力度。

8. 遗留问题及下步打算

合格率距100%相去甚远，还需制定切实可行的管理程序，全体人员的质量意识有待进一步提高，工艺规范有待进一步改进。废品仍然存在，应继续广泛开展群众性的QC活动，向质量要效益，开展PDCA循环。2030年QC小组攻关目标为合格率99%。

以上是一个攻关型QC小组由确定课题、发现问题到解决问题、制订来年计划的全过程。其中应用到了因果分析、系统评价等系统工程方法及思想，成功地解决了4-01-219后舱下方扇形件合格率低的难题，为公司节省了资金、减少了浪费，创造了不菲的经济效益。由此看出最有效的收益方法就是减少浪费，因为在一定的生产条件下，产品的原材料和加工成本已不可能有太大改变，只有更有效地减少生产过程中的废品和冗余，才能使产品的总成本更有效地降低。QC小组在人员组成上比较科学，既有了解设计技术的工程师，又有操作熟练的工人，在解决问题时可以将理论与实践有效地结合起来，使生产中各个环节的缺陷都迅速地暴露出来，便于问题的解决。

思考题：

1. 结合案例你认为质量管理的基本任务和核心是什么？
2. 在此案例的基础上是否能进一步加强质量管理？谈一谈你的想法。

本章思考题

1. 简述质量环与质量螺旋。
2. 质量管理的基本原理是什么？
3. 质量连续改进是什么？
4. 简述统计质量管理方法——"QC"七种工具。
5. 服务运营质量管理有哪些？

 即测即练

第 10 章

精益管理与管理创新

本章学习目标

1. 理解现代企业生存与发展中的管理创新。
2. 剖析工业工程。
3. 了解丰田运营系统。
4. 理解精益管理系统。
5. 学习价值管理——全信息化精益管理模式。

机械制造公司的精益管理

　　JY 机械制造公司(以下简称"JY 公司")是一家专业生产小型机床的企业,推崇精益生产的管理理念。首先,JY 公司制订了生产生命周期管理计划,通过对整个生产流程进行细致的分析,精确掌握每项生产活动的细节,规定了严格而科学的工作流程和标准,实现生产流程的"精细化管理",大大消除浪费现象。其次,JY 公司采用了"价值流分析"方法进行生产过程优化,通过定期对每一步生产过程进行分析、测量、归纳整理,找出生产过程中的瓶颈和不必要的工序,减少浪费,提高生产效率和产品质量。经过优化后,每个工序时间和产出均实现了显著的提升。JY 公司还注意库存管理问题的解决,优化了原材料和半成品的储存方式与数量,大大节省了存储成本。最终,JY 公司实现了大幅提高产品质量和生产效率的目标,降低了成本。自采用精益生产管理以来,JY 公司的生产线正常运营时间提高了 30%,生产节拍提高了 20%,产品质量问题率降低了 15%,库存周转率提高了 25%,企业综合竞争力大幅提升。

　　资料来源:江阴机械制造有限公司[EB/OL].http://www.jymw.com.cn/.

10.1 管理创新

10.1.1 现代企业生存与发展中的管理创新

1. 管理创新概述

管理创新是指企业把新的管理要素(如新的管理方法、新的管理手段、新的管理模式等)或要素组合引入企业管理系统以更有效地实现组织目标的活动,是组织形成创造性思想并将其转换为有用的产品、服务或作业方法的过程。富有创造力的组织能够不断地将创造性思想转变为某种有用的结果。管理创新是在特定的时空条件下,通过计划、组织、指挥、协调、控制、反馈等手段,对系统所拥有的生物、非生物、资本、信息、能量等资源要素进行再优化配置,并实现人们新诉求的生物流、非生物流、资本流、信息流、能量流目标的活动。企业管理创新是在组织高管层面有完善的计划与实施步骤以及对可能出现的障碍与阻力有清醒认识。管理创新模式如图 10-1 所示。

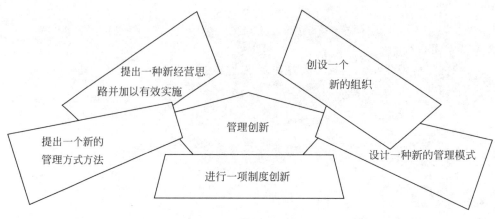

图 10-1 管理创新模式

2．科技创新推动管理创新

信息技术引领的现代科技的发展以及经济全球化的进程,推动了管理创新,既包括宏观管理层面上的创新——制度创新,也包括微观管理层面上的创新。钱学森开放的复杂巨系统理论强调知识、技术和信息化的作用,特别强调知识集成、知识管理的作用,强调信息技术引领的管理创新。管理创新与现代服务业科技创新体系如图 10-2 所示。

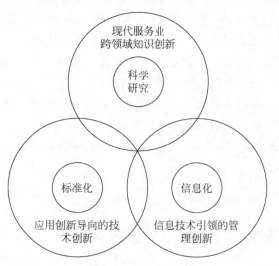

图 10-2 管理创新与现代服务业科技创新体系

知识社会环境下科技创新体系的构建需要以钱学森开放的复杂巨系统理论为指导，从科学研究、技术进步与应用创新的协同互动入手，充分考虑现代科技引领的管理创新、制度创新。科技创新正是科学研究、技术进步与应用创新协同演进下的复杂涌现，是这个三螺旋结构共同演进的产物。科技创新体系由以科学研究为先导的知识创新、以标准化为轴心的技术创新和以信息化为载体的现代科技引领的管理创新三大体系构成，知识社会新环境下三个体系相互渗透、互为支撑、互为动力，推动着科学研究、技术研发、管理与制度创新的新形态，即面向知识社会的科学、技术和管理三者的相互作用共同塑造了面向知识社会的创新形态。管理创新与面向知识社会的科技创新体系如图 10-3 所示。

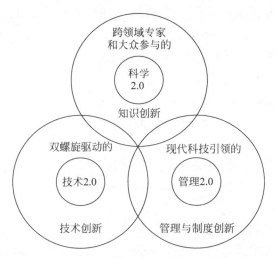

图 10-3　管理创新与面向知识社会的科技创新体系

10.1.2　管理创新的内涵

1. 管理创新的理论依据

有效地进行管理创新，必须依照企业创新的特点和基本规律，依据如下基本的理论。

（1）企业本性论。追求利润最大化——现代社会是以企业为主宰的团体社会。企业没有利润，怎样体现自己的生命意义？又怎样追求自己的价值？

（2）管理本性论。其必须依靠科学的管理实现。通过加强基础管理和专业管理，保证产品质量的提高、产量的增加、成本的下降和利润的增长。

（3）员工本性论。明确创造利润的企业本性，认识要依靠科学的管理，根据市场和社会变化，有效整合企业内部资源，创造更高的生产率，不断满足市场需求是管理创新的常新内容，还必须明确管理的主体。

（4）国企特性论。国有企业是国有资产的运营载体，当前在国民经济中占有主导地位，是一种"特殊"的企业。

2. 管理创新的主要内容

管理创新包括管理思想、管理理论、管理知识、管理方法、管理工具等的创新。按功能可以将管理创新分解为目标、计划、实行、检馈、控制、调整、领导、组织、人力九项管理职能的创新。按业务组织的系统可以将创新分为战略创新、模式创新、流程创新、标准创新、观念创新、风气创新、结构创新、制度创新。按企业职能部门管理可以将创新分为研发管理创新、生产管理创新、市场营销和销售管理创新、采购和供应链管理创新、人力资源管理创新、财务管理创新、信息管理创新等。管理创新内容也包含：①管理思想理论创新；②管理制度创新；③管理具体技术方法创新。三者从低到高,相互联系、相互作用。

10.1.3 管理技术创新的特点与方法

1. 管理技术创新的概念及特点

管理技术创新是指充分激活企业员工的积极性、主动性和创造性,加大技术、信息和知识的投入,通过品牌、专利、商标等无形资产的运作,增加产品的文化附加值,以适应国际、国内竞争的需要,满足人们日益发展的消费需要。

管理技术创新有以下主要特点。

（1）企业在新的体制下重新获得新生,自主经营,自负盈亏。

（2）企业从只注重产品的生产、产品的数量转向既注重产品生产、产品数量也注重产品创新、产品质量。

（3）企业不仅重视生产经营,而且特别重视技术开发、技术引进、技术创新。

（4）企业建立了一套有效的激励约束机制,有效地调动企业员工的积极性、主动性和创造性。

2. 管理技术创新内容与方法

管理技术创新是指在组织管理中应用的一系列技术创新和方法创新,包括以下几方面。

（1）计划管理创新。其包括长期计划创新、中期计划创新和短期计划创新的制定,以及各项具体工作的计划创新制定。具体的技术创新和方法创新包括 PDM 网络图、PERT网络图、甘特图等。

（2）组织管理创新。需要进行部门划分、人员配置、职责分工、工作协调等的管理。管理技术创新和方法可以采用流程图、组织图、职能分析、职业生涯规划等技术手段。

（3）领导管理创新。需要采取各种有效的方法,建立良好的领导风格和领导理念,通过有效的沟通和协调来带领团队完成任务和目标。领导管理技术创新和方法,可以采用360度评估、情境领导、授权领导、变革领导等手段和方案。

（4）控制管理创新。需要采用一系列的方法和技术,以便及时地发现和纠正组织活动中可能出现的错误与偏差,不断完善管理过程,达到预期的目标。控制管理技术创新和方法可以采用财务管理、绩效管理、风险管理等技术手段。

10.2 精益管理本质解析

10.2.1 精益管理的内涵

精益生产是麻省理工学院提出的概念。它在一项名为"国际汽车计划"的研究项目中,通过大量调查对比发现,丰田的生产组织、管理方式是最适合现代制造业的生产方式,称之为精益生产。精益生产的生产组织方式称准时生产。精益生产的生产管理方式称精益管理。

功能:保障全员积极参与改善,增加改善量、提升持续性。

途径:改变员工的行为习惯,保障全员积极参与改善。

目的:简单、快速、持续提高效率、品质,缩短交货期,减少浪费。

目前有三种精益管理:建议系统(适于日本企业)、平衡计分卡(BSC,适于欧美企业)、价值管理(中国企业发展方向)。随着精益生产拓展到整个产品价值流,精益管理也不再限于生产管理,而是拓展到研发、设计、技术、供应、设备、销售等各个层面。

10.2.2　精益管理的本质

1. 精益管理特征

精益改善的基础是全员积极参与改善[如 TQM、TPM(全面生产维护)、一个流、5S等]。由此可见,精益生产有两大特征:①生产组织,准时生产;②生产管理,能“保障全员积极参与改善”。精益管理是“能保障全员积极参与改善”的管理方式。

2. 日式精益管理

20 世纪 60 年代,大野耐一发明了改善效率、品质,降低成本的方法,称之为“精益改善工具”。在推动员工改善方面,靠“自上而下强压式”推动。时间一久,员工抗拒改善、应付改善,改善量小、持续性差,效果很不理想。

20 世纪 70 年代,“改善思想之父”“精益之父”今井正明发明了建议系统。建议系统通过改变员工的行为习惯,使员工“不断提建议”。然后,相关部门评估、实施建议,从而获得大量改善。因此,改善量大幅提升,且大量改善自动持续进行。

3. 欧美式精益管理

20 世纪 80 年代,建议系统带来的效益已举世闻名,欧美企业开始学习。最终发现,无论怎样努力,建议系统在欧美企业都无法落地。

1992 年,哈佛大学发明了 BSC,用 BSC 代替建议系统,有异曲同工之妙。BSC 通过改变管理者的行为习惯,使管理者成为持续改善者,从而提高改善速度、持续性。

4. 中国式精益管理展望

展望中国企业精益管理技术发展方向,可以运用价值管理。融合 BSC、建议系统原理、技术,使之既可在中国企业轻易落地,又同时具备 BSC、建议系统功能。价值管理可以使用 BSC 改变管理者的行为价值,使所有管理者立即成为持续改善者;管理者按行为矩阵模型(建议系统技术)改变员工的行为习惯,使员工不断变快、变准、变严谨,或者有某个改善行为。大幅提升员工改善价值,且大量改善自动持续产生。

最终确保精益管理长期稳定发挥作用、持续完善提升的是精益系统。精益系统可视为涵盖精益生产、精益设计与精益管理的总体架构,而其核心和本质就是精益思想。精益思想在深层意义上可以视为不断进取、创造价值、实现企业核心诉求的精益求精精神,即追求尽善尽美,杜绝一切浪费,体现价值,打造最佳品质的精神。

10.3 工 业 工 程

10.3.1 工业工程的内涵

1. 工业工程的概念

工业工程,是一门应用性工程专业技术的科学管理。传统 IE 是通过时间研究与动作研究、工厂布置、物料搬运、生产计划和日程安排等,以提高劳动生产率。现代 IE 以运筹学和系统工程作为理论基础,以计算机作为先进手段,兼容并蕴含了诸多新学科和理论技术。工业工程是经济和社会发展的重要理论与方法;创新(管理创新＋技术创新)是经济与社会发展的不懈动力。

美国工业工程师学会(AIIE)对 IE 的定义:工业工程是对人、物料、设备、能源和信息等所组成的集成系统,进行设计、改善和实施的一门学科,综合运用数学、物理学和社会学的专门知识和技术,结合工程分析和设计的原理与方法,对该系统所取得的成果进行确认、预测和评价。

日本对 IE 的新定义:IE 以科学的方法,有效地利用人、财、物、信息、时间等经营资源,优质、廉价并及时地提供市场所需要的商品和服务,同时探求各种方法给从事这些工作的人们带来满足和幸福。

中国对工业工程的定义:工业工程是一门工程技术与管理技术相结合的综合性工程学科,是将科学技术转化为生产力的科学手段。对人员、物料、设备、能源和信息等所组成的集成生产与服务系统进行系统分析、设计、控制与评价等工程与管理活动,以追求高效率、高质量、低成本的目标,并用于多种产业和部门。

2. 工业工程的五大意识

IE 的意识是 IE 实践的产物,是对 IE 应用有指导作用的原则和思想方法,主要包括以下方面。

(1)成本与效率的意识。IE 追求整体效益最佳(以提高总生产率为目标),必须树立成本与效率的意识。

(2)问题和改革的意识。从操作方法、生产流程直至组织管理各项业务及各个系统的合理化。树立问题与改革意识,不断发现问题,考察分析,寻求对策,勇于改革和创新。

(3)工作简化和标准化意识。推动工作简化、专门化和标准化,降低成本、提高效率。

(4)全局和整体意识。现代 IE 追求系统整体的优化,从全局和整体出发选择适当 IE 手法,并结合 IE 的整体和全局性取得良好整体效果。

(5)以人为中心的意识。坚持以人为中心来研究生产系统的设计、管理、革新和发展,使每个人都关心和参与改进工作,提高效率。IE 的运用中树立 IE 意识比掌握 IE 技术和方法更为重要,效率意识又是尤为重要。

10.3.2 现代工业工程领域涉及的专业技术体系和研究方向

1. 现代工业工程领域涉及的专业技术体系

(1)工效学与人因工程:包括劳动生理学、劳动心理学、劳动生物力学、组织行为学、人力资源开发与管理，人、机、环境工程、可用性理论、人机界面、生产与安全工程、职业安全与健康。

（2）生产及制造系统工程：包括现代制造工程、生产计划与控制、质量管理与可靠性、现场管理优化、并行工程（concurrent engineering）、先进制造系统等。

（3）现代经营过程工程：包括工程经济、成本工程、企业战略经营管理、企业过程重组、管理信息系统、企业集成与信息化等。

（4）工业系统分析方法与优化技术：包括运筹学、统计学、企业建模与仿真、信息系统、项目计划与控制、风险分析与管理、系统优化等。

（5）物流工程：主要包括供应链管理、客户关系管理、物流战略、物流设施布局与规划、网络与交通管理、库存管理、采购与合同管理、配送管理、协调机制。

（6）服务运作系统工程：在诸如通信、银行、交通、医疗卫生、教育以及政府部门等均普遍应用。其核心仍是运用运筹学的基本方法，以提高系统效率、降低系统成本为主要目标，开展系统建模、数理统计、运作分析、系统优化等方面的研究工作。近年来更多的工业工程师投身到诸如物流、信息、金融、医疗、服务、研发、国防等众多产业当中从事系统分析与改进工作。

2．工业工程的研究领域

工业工程的三大技术体系考虑中国国情的划分如图 10-4 所示。

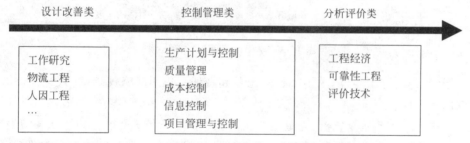

图 10-4　工业工程的三大技术体系考虑中国国情的划分

3．工业工程在运营系统中的应用

（1）改进运营流程。企业可以利用工业工程的技术和方法，来优化运营过程中的各个环节，提高设备利用率，减少工人的空闲时间，降低失误率，从而提高产品质量和产量。

（2）提高产品质量。对运营流程进行科学规划和控制，以确保产品的质量稳定性和一致性。通过实施员工培训计划和制定标准作业程序等方式，帮助企业改善产品质量管理和控制。

（3）降低产品成本：从多个方面入手，优化运营流程，简化作业，降低运营成本，实现对市场的竞争优势。

（4）优化人力资源：通过科学的员工组织结构管理和人力资源规划，实现人力资源的最优化配置和利用。通过对员工培训计划的制订和执行，帮助企业提高员工的绩效和质量管理水平。工业工程正在向数字化、信息化和智能化等方向发展，推进企业数字化转型，提高企业生产效率和管理水平，将成为未来的重要发展方向。

10.4　丰田运营系统

10.4.1　丰田运营系统的内涵

1. 丰田运营系统的战略规划设置

丰田汽车所取得的成绩与丰田汽车长期注重中长期的战略规划,并能够在丰田集团内部坚定不移地执行集团战略是分不开的。丰田汽车在制定战略和执行战略中不断地总结成功经验,形成了一整套制定战略性系统架构和运行体制。丰田构筑了两层管理体系:由董事会判断"做什么",由各地区、各职能本部长判断"怎么做"。其设置如图 10-5 所示。

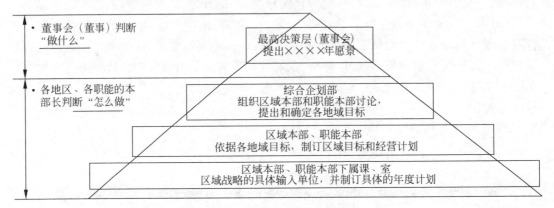

图 10-5　丰田两层管理体系设置

各层级/部门分工明确,承担各自的角色和责任。集团战略规划部门(综合企划部)主要负责以下方面。

(1)进行内外部环境分析,为最高决策层提供分析支持;衡量公司层面业绩表现。

(2)为最高决策层提供分析支持,提出公司的战略方向及目标,向区域/职能部门发布公司战略方向和目标。

(3)向区域/职能部门提供指导,汇总地域/职能部门战略报告。

(4)向最高决策层提供对区域/职能战略的分析意见,形成公司战略规划和年度方针。

丰田战略运营系统,包括战略规划和年度经营计划每年都做滚动更新,如图 10-6 所示。

2. 丰田运营系统的战略规划实施

总结丰田战略管理体系能够高效落地的几个方面如下。

(1)具备完整的战略管理体系:丰田总部综合企划部得到董事会授权,组织制订中长期战略目标,并对区域提出战略目标期望,总部职能部门参与区域中长期战略目标制订,区域设立战略制定主查职务,负责协调参与区域战略制定的总部职能部门和区域的执行部门。

(2)部门间的明确分工和协作是丰田构筑战略制定体系的关键要素之一,业务和战

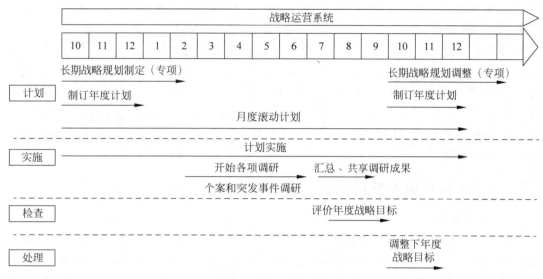

图 10-6　丰田战略运营系统

略管理部门、区域和总部紧密的联动是战略管理体系有效性的基础。

（3）最高决策层领导的重视，为中长期战略和年度方针的制定、实施提供了必要保障，在丰田最高决策层中有两位专务分管综合企划部。

（4）丰田通过人事派遣制度，加强集团本部与区域之间部门的联系，使丰田汽车的战略严格地执行。丰田区域本部能够独立制定区域发展战略，通过人事制度的派遣管理保证了区域战略的制定和执行与总公司的期待目标保持一致。

10.4.2　丰田运营系统的特点、特征

1. 拉动式准时化生产

其要求以最终用户的需求为生产起点，强调物流平衡，追求零库存，要求上一道工序加工完的零件立即进入下一道工序。生产线依靠看板传递信息。生产节拍由人工干预、控制，重在保证生产中的物流平衡。生产中的计划与调度实质上是由各个生产单元来完成，在形式上不采用集中计划，但操作过程中生产单元之间的协调则极为重要。

2. 全面质量管理

其强调质量是生产出来而非检验出来的，由生产中的质量管理来保证产品的最终质量。在每道工序进行时均注意质量检测与控制，保证及时发现质量问题，培养每位员工的质量意识。

3. 团队工作方法（team work）

组织团队的原则根据业务关系来划分。团队成员强调一专多能，工作的氛围是信任，以一种长期的监督控制为主，提高工作效率。团队针对不同的事物发生变动。

4. 并行工程

在产品设计开发期间，将概念设计、结构设计、工艺设计、最终需求等结合起来，保证以最快的速度按要求的质量完成。

TPS不仅仅是准时生产与看板管理。just in time(在必要时间生产必要数量的必要产品)是TPS核心问题之一。拉动式生产是just in time的主要手段,但不能脱离人员自主化和改善而独立存在。TPS开发必然是长期行为的系统管理,是一个全员参加的、思想统一的、不断改进的系统过程。推行丰田生产方式的改善是TPS理论的基础与条件,推行TPS首先应从连续改善入手。其次,TPS的实行需要有较高水平的管理基础。例如:先进的操作方法、合理的物流系统、科学的定额标准、员工素质与设备完好率高等。所有条件必须具备才能实行TPS生产。质量管理必须融于生产现场的加工操作、包装、运输的全部过程。

10.4.3 丰田运营系统的运营体系

1.及时与自动化

对生产的持续性流动或者对市场上数量和种类两个方面需求变化的适应,需要实现及时和自动化才能达到。"及时"是在必要的时间生产必要数量的必需品。"自动化"可以理解为对不符合条件的产品进行自动监视管理的机械装置,能够阻止次品从前工序流向后工序、进而扰乱后工序,以此来支持及时的生产。

2.减少库存使诸多的问题显现

通过减少库存,或者使库存减少的活动,使制造现场的诸多问题得以显现,再通过解决问题的改良活动,来削减制造过程中的诸多无用的成本消耗。

3.数量管理、质量保证、人性的尊重

TPS把生产性(降低成本)作为终极目标和指导性。①数量管理,从数量和种类两个方面适应每天或每月的需求变动;②质量保证,使各个工序只供给其后工序优质的产品;③要实现降低成本的目标,利用人力资源,同时必须提高对人性的尊重。

丰田运营系统如图10-7所示。

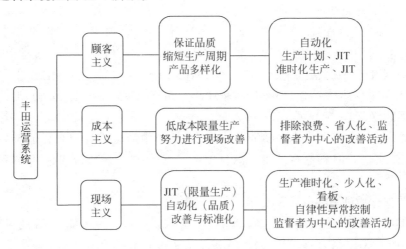

图10-7 丰田运营系统

4.丰田的终极目的是通过降低成本获得收益

丰田生产方式是制造产品的合理生产方式。针对创造公司整体收益这一终极目的的

有效方法,丰田生产方式以降低成本为基本的目标提高生产性,彻底排除生产上的无用要素(过剩的库存和过剩的人员)。丰田运营系统的三个主义如图 10-8 所示。

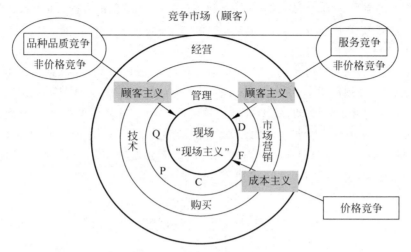

图 10-8　丰田运营系统的三个主义

10.5　精益管理系统

10.5.1　一大目标、两大支柱和三大基础

精益管理系统是对丰田精益屋的拓展,丰田精益屋其实就是丰田体系的外化(图 10-9)。虽然不同人对丰田体系的认识和理解有所不同,但基本上对丰田体系目标、支柱和基础是广泛认同的。

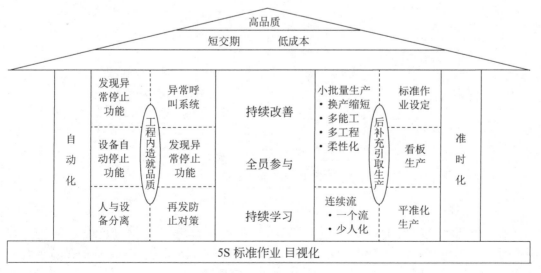

图 10-9　丰田精益屋

1. 一大目标

TPS 的目标,最早谈及的是追求最高质量、最低成本和最短交期,最大限度地使客户满意。精益管理系统现在已经延展和完善到了追求 QCDSMF 最优,即质量、成本、交期、安全、士气、财务最优。

2. 两大支柱

(1) 自动化,实现人机分离。把人从机器中解放出来,从一人一机到一人多机,这是效率上的巨大飞跃。同时,增加的防错装置,能避免人为质量问题,是质量方面的巨大突破。

(2) JIT,目的是加快流动,减少过早过量生产。过早过量生产是最大浪费,会导致库存、等待、搬运、动作等一系列浪费和二次、三次浪费。而 JIT,通过布局调整、节拍生产、看板管理,甚至单件流来实现在客户需要的时间生产必要数量的产品,极大程度消除了工厂里面的诸多浪费,意义非凡,甚至早期很多人把 JIT 等同于丰田生产方式。

两大支柱如图 10-10 所示。

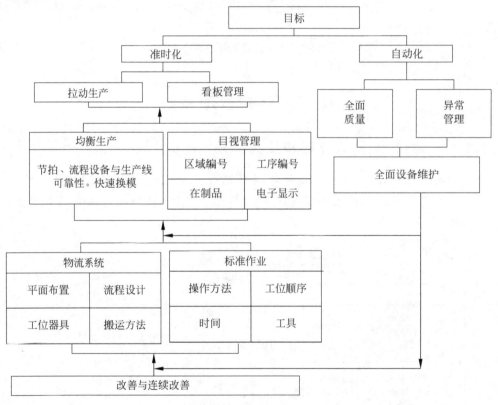

图 10-10　两大支柱

3. 三大基础

(1) 标准作业。做出标准作业票,把生产的节拍、作业顺序、标准手持都定义清楚,说明做了大量的测算和优化工作,具有较好的标准制定和执行能力。更重要的是数据都是来源于现场,很多其他数据来源于此,很多决策也依据于此。

(2) 柔性生产。强调生产的灵活性,但灵活性是非常标准化的快速调整和应对。比如生产人、机、料的柔性,有人请假或者离职,其他人能马上顶上去;不同的产品要生产时,机器能适应不同型号的产品生产,并且能快速调整和切换;前后工序有卡滞或者停顿时,有缓冲物料可以应对异常,减小对产线的影响。柔性,就能极大减小市场波动给企业带来的影响。

（3）持续改善。持续改善一定是尽可能多人员参与的持续改善,工作＝作业＋改善,改善,就是每天在给自己、给企业增值。

10.5.2　改善与连续改善系统

1. 改善与连续改善系统的含义

连续改善的关键因素是质量、所有雇员的努力、介入,自愿改变和沟通。连续改善被作为系统层面的一部分来加以应用并进行改进。通过流动和拉式系统来改进交货时间、流程的灵活性和对顾客的响应速度,改善活动从头到尾地改进了企业的进程。

2. 改善与连续改善系统特征

（1）长远的、持续的、平和的,但不显著。

（2）许多的小幅度。

（3）连续的和增量。

（4）逐步的和稳定。

（5）涉及每一个人。

（6）集体主义、团队奋斗和系统方法。

（7）传统的诀窍和达到最新的技术发展水平的目标。

（8）维护和改进。

（9）强调较小的投资,但非常努力维持。

（10）向人员倾斜。

（11）争取更好结果（能力）的过程。

（12）对慢速增长的经济有效。

（13）要形成一股文化氛围,才能长期坚持和螺旋式进步。

3. 改善与连续改善技巧

（1）全员参与的改善提案制度。改善提案是先改善后提案,先去做,先去改善,然后再提案,改善提案制度是全员参与持续改进的基础,从全员的削减浪费开始。

（2）中高层的课题改善制度。每一位领导、每一位干部都需要引领一个课题,焦点课题多涉及流程改善等较大方面的改善。

（3）全员的发表会制度。不管是改善提案,还是改善大课题,都要以成果的发布作为鉴定成绩的结果。

（4）专家诊断、总经理/董事长的诊断制度。需要外部专家、总经理/董事长给出指引:目前还有哪些问题?下一步需要往哪里走?同时,诊断的过程也是检验前段改善效果过程。

（5）相关改善工具的全员培训,不掌握改善工具就无法去改善,即使去改善,也是无从下手。改善工具的训练是必修课,包含从新人到老员工、从基层到领导各个层面的培训、学习。

以上五个方面：改善提案、大课题改善、发表发布、专家诊断与工具训练构成持续改进的循环，以此使企业形成一种持续改进氛围与文化。

10.5.3 价值管理——全信息化精益管理模式

1. 价值管理——全信息化精益管理的核心

价值管理是企业管理体系中的高层次管理，也是精益管理的核心。企业活动就是创造价值的过程，只有对价值的创造进行有效规划和执行，对价值创造进行精细化评估，对价值创造实施有效的激励，才能使企业的价值创造循环提升，达到精益化的管理水平。价值管理成为精益管理的发展趋势。价值管理的主要内容如图 10-11 所示。

图 10-11 价值管理的主要内容

全信息化精益管理软件（WIMS）价值核算——部门核算示意图如图 10-12 所示，包含以下几方面。

（1）核算基础。产品价格基准线：物料或零件的采购计划价、产品计划定额成本、产品销售基准价、产品实际售价。

（2）收入核算。在产品生产、采购和销售过程中，根据产品价格基准和实际价格之间的价差与价值核算模型，确认相应公司、部门、二级部门、个人或项目的收入。

（3）支出核算。对公司、部门、二级部门、个人或项目的所有支出进行明细记账。

（4）利润核算。会计期间，公司、部门、二级部门、个人或项目的收入减去费用，即为该独立核算单元创造的新增价值。

2. 六大体系——全信息化精益管理的保障

1）基础管理体系

（1）产品和物料。器材目录、产品目录、图文档、产品标准工艺（CAPP）、现场作业工艺、产品结构（BOM）、产品工艺定额表、质量控制标准。

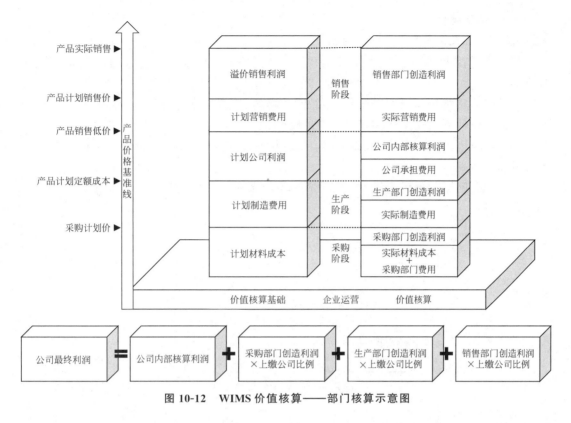

图 10-12　WIMS 价值核算——部门核算示意图

（2）组织和人员。组织机构、岗位及人员的相关信息，各组织单元、岗位及人员的考评方案，岗位及人员的薪酬核算方案。

（3）价值核算模型。确定公司、部门、二级部门、员工和项目的收入来源方式、费用分配比例和结转规则、利润分配方法。

（4）账务处理模型。设置有效票据、凭证模板和内部核算科目，实现财务总账、价值核算账、薪资核算账的实时、自动同步记账。

2）计划保障体系

企业要建立完善的三类计划体系：供应链计划体系、项目计划体系和任务目标计划体系，根据企业产品特点、组织机构、生产组织模式，确定各类计划应用模式。其包含以下几方面。

（1）供应链计划体系。针对互为来源和需求的企业所有连续型业务活动进行的科学规划，有效地平衡销、产、供各环节资源要素之间需求与供给的节奏和数量。

（2）项目计划体系。计划管理和项目管理中的要素包括项目目标、项目范围、时间要求、质量要求、成本要求等，以及对项目各项预期目标达成率指标的定期追踪考核措施。

（3）任务目标计划体系。针对所有任务目标型业务活动进行科学系统的规划，将任务目标数字化并实行计划管理模式，使各项任务目标的下达、执行和考核等全部运作过程始终处于有序发展和受控管理状态。

3）质量保障体系

质量保障体系主要包含以下内容。

（1）质量控制体系。建立闭环的质量控制体系实现产品全生命周期质量控制和追溯。

（2）产品质量标识码所有产品、零部件及物料，均有唯一的产品质量标识码。

（3）质量数据。完整保存产品所有的检测记录及相关业务信息。

（4）特殊流程。正向质量控制产生的让步接收、返工、报废、退货等及反向质量追溯的各种特殊流程。

（5）质量问题。售后产品、在产品、在库品等质量问题的处理办法。质量保障体系如图 10-13 所示。

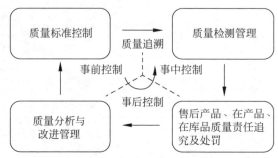

图 10-13　质量保障体系

4）产品研发管理

产品研发管理包含以下几方面。

（1）研发项目管理。将新产品研发、产品改进、技术改进、现场改善等采用项目管理手段进行控制。

（2）研发过程对研发的前期调研、纳入立项目录、前期试验、方案评审、下达立项实施计划、设计、试制、工业性验证等全过程的业务规则、流程及考核进行规定。

（3）研发成果对图纸、工艺、产品结构（BOM）、质量控制标准等基础数据的编码规则、编制、会签、批准、变更等进行规定。研发项目管理如图 10-14 所示。

项目管理	项目进度				
新产品开发 产品改进 技术改善 …	阶段一	阶段二	阶段三	阶段四	阶段五
	立项准备工作	立项目录编制	立项计划编制与审批	立项计划执行 1. 设计阶段 2. 试制阶段 3. 工业性试制阶段	立项计划验收与考核

研发项目管理

图 10-14　研发项目管理

5）制造保障体系

制造保障体系包含以下几方面。

（1）生产制造。建立完善的车间生产制造执行体系，包括车间排产、工序进度汇报、现场改善、5S 管理。

（2）供应保障。完善采购和委外管理体系，以及对合格供应商的管理和评价体系。

（3）生产物流。对物流各环节的流转时间、交接确认，以及票物同行等进行规定。

（4）生产与运作优化。针对产品批量、生产过程中流转时间、搬运距离等要素的分析，运用成组技术，完善企业的生产布局及物流优化工作。

6）业务流程体系

实现企业对业务流程的梳理和优化，对业务流程的诸要素进行明确规定，包括流程的适用情况、流程图、流程中使用的 WIMS 表单、流程异常停止时的升级处理程序、流程中各节点的考核要素等内容。

办公室精益管理

项目背景

在市场激烈的竞争之下，为迈入汽车行业前三名之列，某汽车集团将"拼搏、发展、精益管理"定为发展战略，明确要将精益生产提升到精益管理领域，以管理信息部为试点突破，引进精益办公模块。围绕内部整体诊断需求，以绩效目标为引领、流程优化为核心，培育精益办公人才，改善办公环境，进行短期快速突破。

项目目标

（1）核心业务处理提升 30％，核心流程处理提升 30％，办公目视化程度提升 50％，人员精益技能提升 50％。

（2）精益办公的标准和运行机制（作战室，5S 评比，精益办公队伍）。

首先以内部流程梳理为重点，快速对其九处一室的内容进行流程梳理和改善，SIPOC 为改善工具确定和简化企业的核心业务与核心流程，以管理创新为出发点，以 IT 实施为手段构建未来的数字化、标准化、流程化体系，融入企业核心管理需求和管理审计等内容；其次构建企业的快速沟通反馈和问题解决，通过内部优化，以目视化的方式暴露问题，用问题的闭环机制进行持续改善，形成正向的业务流动、本部门的自我循环和逆向的客户拉动的改善模式；最后通过环境的改善构建和锻炼企业内部的人员的改善能力，并形成内部的日常改善系统，构建 5S 在企业的植入和深度开展，构建企业内部分级检查检查，定期评比和内部激励，同时让改善的文化和氛围逐步地深入部门的日常运作和工作行为当中。

下一步计划

结合前期实施的试点突破项目，建议改善方向和改善建议。

业务流程突破：①内部构建 VSM 分析改善项目进行；②业务流程和 KPI 地图的优化模拟；③内部全价值流梳理；④管理和 IT 的接口管理；⑤完善内部的需求和渠道管理。

团队建设：①建立完善的 TL/GL 训练中层改善突破；②分级建立内部的改善团队；③完善精益改善活动和宣传 3P。

办公室布局优化：①办公室 5S 和目视化持续推进；②企业文化和宣传内容的建立；

③内部办公环境的改善；④企业文化的项目改善；⑤办公室柔性布局的改善。

精益种子培养：①建立内部精益培训和实践；②晋升内部精益办公改善专员；③构建内部精益人才梯队建设。

资料来源：办公室精益管理案例分享［EB/OL］. (2022-07-18). https://zhidao.baidu.com/question/656231189070485605.html.

一汽轿车精益管理创新(HPS)

一、概述

中国第一汽车集团有限公司(以下简称"一汽")推行精益生产方式经历了一个不断认识、逐步深化的过程。

1983年7月，一汽开始了以换型改造为内容的规模宏大的第二次创业。1987年，第二次创业刚刚结束，一汽就不失时机地开展了以调整产品、产品结构，上轻轿为主要内容的第三次创业。在引进日本日野公司带有同步器变速箱产品和制造技术的同时，引入了先进的"准时化"生产方式，建立了一汽第一个全面推行精益生产方式的样板厂。近年来，公司连续举办了十三期处级领导干部精益生产方式学习研讨班，要求每个领导干部都成为"精益迷"。公司积极培养推行精益生产方式的典型，用典型引路，进一步提高认识、统一思想。

二、精益生产的主要内容

1. 确定精益生产的目标，重在思想观念上的转变

生产管理追求无库存，质量管理追求无缺陷，设备管理追求无停台，成本管理追求无浪费；优化生产，优化服务；提高劳动生产率。在制订推行精益生产方式总体目标的同时，还制定了主要技术经济指标：第一步，要达到本厂历史最高水平；第二步，要达到同行业先进水平；第三步，要接近或达到国际同行业先进水平。

2. 由生产管理入手，实现生产过程精益化

首先着重于生产制造过程实现生产过程的精益化。

(1) 全面实行拉动式生产。①努力实现均衡生产。②做好生产作业现场整体优化。③组织看板生产。④计算机辅助生产管理。

(2) 实现以质量改进为内容的质量体系。

(3) 实行"三为"体制。

(4) 开展"5S"活动改善现场环境。

3. 按照精益思想的要求，深入企业内部改革，转变经营机制

深化企业内部改革。①全面推行管理制度改革。②坚持"精干主体，剥离辅助"的原则。

4．以精益思想为指导，大干产品创新、技术创新

（1）实行主查制领导方式。

（2）实行并行工程。

（3）把质量管理从生产制造领域延伸到产品开发领域，抓好投产前质量控制。

（4）坚持内部挖潜，做到少投入、多产出，快投入、快产出，边投入、边产出。

（5）坚持开展"协互会"活动，提高协作配置管理水平。

（6）做好班组建设，开展群众性的改进改善活动。①确定了班组建设以党政工团齐抓共管的领导体制。②开展班组升级达标活动。③开展群众性改进改善活动。

（7）开展业务知识和操作技能训练。

三、经验与体会

通过推行精益生产方式，一汽有以下几点经验和体会。

（1）推行精益生产方式是振兴汽车工业的必由之路。

（2）推行精益生产方式，主要领导干部必须亲自带头。

（3）推行精益生产方式与企业的改造、改制、改组密切结合。

（4）推行精益生产方式必须调动全体职工的积极性。

资料来源：中国第一汽车集团有限公司［EB/OL］.https://www.faw.com.cn/.

本章思考题

1．精益管理的本质是什么？

2．简述工业工程的概念及内涵。

3．简述丰田运营系统的内涵。

4．简述精益管理系统的内涵。

5．价值管理——全信息化精益管理模式是什么？

 即测即练

参 考 文 献

[1] 卢福财,陈慧.工业互联网、企业成长性与价值创造[J].经济管理,2023,45(1):5-24.

[2] 吕铁,李载驰.数字技术赋能制造业高质量发展——基于价值创造和价值获取的视角[J].学术月刊,2021,53(4):56-65,80.

[3] 李晓华.制造业数字化转型与价值创造能力提升[J].改革,2022(11):24-36.

[4] ZHANG S,MENG Q C,XIE J C. Closed-loop supply chain value co-creation considering equity crowdfunding[J]. Expert systems with applications,2022,199(8):1-18.

[5] 李树文,罗瑾琏,张志菲.AI能力如何助推企业实现价值共创——基于企业与客户间互动的探索性案例研究[J].中国工业经济,2023,422(5):174-192.

[6] PATARE S,VENKATARAMAN S V. Strategies in supply chain competition:a game theoretic approach[J]. Computers & industrial engineering,2023,180(1):42-60.

[7] 刘海兵,杨磊.后发高新技术企业创新能力演化规律和提升机制[J].科研管理,2022,43(11):111-123.

[8] 徐映梅,李坤.基于数字融合的产品价值链路径研究[J].统计与信息论坛,2022,37(9):3-22.

[9] 蔡庆丰,林少勤,吴冠琛,等.反收购强度、企业研发决策与长期价值创造[J].南开管理评论,2021,25(3):15-24,25-26,117.

[10] 张瑞琛,温磊,宋敏丽.减税降费、企业金融化和企业价值创造[J].经济问题,2022(8):79-85.

[11] 徐玉德,杨晓璇,刘剑民.信息化密度、社会信任与企业价值创造[J].中国软科学,2022(1):98-110.

[12] 罗建强,郭亚涛.既定产品技术下制造企业服务创新价值创造机理研究[J].运筹与管理,2022,31(8):225-231.

[13] 焦勇.数字经济赋能制造业转型:从价值重塑到价值创造[J].经济学家,2020(6):87-94.

[14] 张振刚,杨玉玲,陈一华.制造企业数字服务化:数字赋能价值创造的内在机理研究[J].科学学与科学技术管理,2022,43(1):38-56.

[15] 张伸,孟庆春.销售商持股制造商的闭环供应链价值创造研究[J].软科学,2020,34(4):119-126.

[16] 夏良杰,冯锦茹,王君,等.预售模式下考虑消费者过度自信的低碳供应链减排与定价决策[J].管理评论,2024,36(6):243-254.

[17] 孟庆春,张正.消费者参与创新对供应链价值创造的影响研究[J].科研管理,2021,42(10):113-121.

[18] KIWALA Y,OLIVIER J,KINTU I. Entrepreneurial competence and supply chain value creation in local procurement[J]. Development Southern Africa,2021,38(3):423-436.

[19] 张子元,裔士明,于丽英.基于顾客价值的双渠道供应链合作增值服务决策研究[J/OL].中国管理科学:1-13(2022-10-24). https://kns. cnki. net/kcms/detail/11. 2835. G3. 20221022. 1917. 002. html.

[20] WU X H,LI S H. Impacts of CSR undertaking modes on technological innovation and carbon-emission-reduction decisions of supply chain[J]. Sustainability,2022,14(20):1-25.

[21] 沈丽琼,黄光于,叶飞.供应链政策与企业技术创新——来自政府认定供应链创新试点企业的经验证据[J].科技管理研究,2022,42(19):97-110.

[22] NI J,ZHAO J,CHU L K. Supply contracting and process innovation in a dynamic supply chain with information asymmetry[J]. European journal of operational research,2021,288(2):552-562.

[23] 郭晓玲,付迪,李凯.新零售模式下零售商自有品牌与制造商技术创新决策研究[J].产经评论,2023,14(1):13-24.

［24］ 刘鹏振,武文杰,顾恒,等.政府补贴对高新技术企业绿色创新的影响研究——基于企业生命周期和产业集聚视角[J].软科学,2023(10)：9-15.

［25］ 韩忠雪,段丽娜,高心仪.供应商集中度与技术创新——基于内部资本市场与商业信用的调节作用[J].软科学,2021,35(9)：61-67.

［26］ 郭强,张婷,李增禄,等.网络外部性对供应链创新技术投资策略的影响[J].管理工程学报,2020,34(4)：79-88.

［27］ 张娟,王子钥,余菲菲.纵向供应链中新产品技术创新模式选择[J].管理学报,2020,17(11)：1697-1705.

［28］ 敦帅,陈强,谢智敏,等.感知产品创新性对购买意愿的影响机制——来自智能手机行业的证据[J].系统工程,2020,38(6)：43-51.

［29］ 黄丽清.策略型消费者创新感知与产品定价换代策略研究[J].中国管理科学,2021,29(2)：89-98.

［30］ GIMENEZ C, SIERRA V. Sustainable supply chains: governance mechanisms to greening suppliers[J]. Journal of business ethics,2020,116(1)：189-203.

［31］ KUMAR S,CHANDRA C. U. S. ,Japan and EU auto industries' closed loop supply chains: a system dynamics study [J]. Information knowledge systems management, 2021, 11 (3, 4)：225-254.

［32］ 林志炳.考虑企业社会责任的绿色供应链定价与制造策略研究[J].管理工程学报,2022,36：131-138.

［33］ GOVINDAN K,POPIUC M N, DIABAT A. Overview of coordination contracts within forward and reverse supply chains[J]. Journal of cleaner production,2013,47(5)：319-334.

［34］ KUMAR S, MALEGEANT P. Strategic alliance in a closed-loop supply chain, a case of manufacturer and eco-non-profit organization[J]. Technovation,2006,26(10)：1127-1135.

［35］ 尤天慧,刘春怡,曹兵兵,等.制造商主导且回收商资金约束的闭环供应链融资模式选择策略[J].管理学报,2020,17 (1)：143-151.

［36］ LI J,GONG S. Coordination of closed-loop supply chain with dual-source supply and low-carbon concern[J]. Complexity,2020(5)：1-14.

［37］ DAS K,POSINASETTI N R. Addressing environmental concerns in closed loop supply chain design and planning[J]. International journal of production economics,2015,163(5)：34-47.

［38］ 桑圣举.基于不确定理论的绿色供应链最优决策研究[J].中国管理科学,2020,28(9)：127-136.

［39］ KUMAR M,RODRIGUES V S. Synergetic effect of lean and green on innovation: a resource-based perspective[J]. International journal of production economics,2020,219(2)：469-479.

教师服务

感谢您选用清华大学出版社的教材！为了更好地服务教学，我们为授课教师提供本书的教学辅助资源，以及本学科重点教材信息。请您扫码获取。

≫ 教辅获取

本书教辅资源，授课教师扫码获取

≫ 样书赠送

企业管理类重点教材，教师扫码获取样书

 清华大学出版社

E-mail: tupfuwu@163.com	网址：https://www.tup.com.cn/
电话：010-83470332 / 83470142	传真：8610-83470107
地址：北京市海淀区双清路学研大厦 B 座 509	邮编：100084